家庭、社會支持與老人心理福祉

二十世紀末的台灣經驗

陳肇男、林惠玲　著

中央研究院

聯經出版公司

孫序

　　受到急劇社會變遷的影響，近半世紀的台灣人口情勢呈現多種變化，不但隨著社會的現代化而改變，更透過家庭計畫的推廣，在1983年完成人口轉型。到1993年則進入人口老化的社會。預計在將來的三、四年內，台灣將變成高齡化的社會。我和陳肇男教授都參與家庭計畫的推廣工作，也參與行政院的人口政策諮詢。而陳肇男教授和林惠玲教授更進一步利用多種調查資料進行人口老化的相關研究，他們再花時間把已發表的研究成果串聯成本書。

　　我個人認為本書的核心「戶基護航網絡」對在地老化會是一個有用的指標。基本上，它是由「修正式擴大家庭」與「護航網絡」兩個概念合併而成的。社會工作者透過簡單的口頭詢問就可以得知老人有哪些社會支持的來源，再參考老人的健康與經濟狀況，就可以判定老人的照護需求。有些老人可能需要居家照護；有些則可能需要日托；而有些則可能進一步需要進駐安養機構。運用「戶基護航網絡」是可以很輕易的做出判斷。在高齡化快速進行中的台灣，本書對如何使老人能過快樂、有意義的生活，將是一本非常重要的參考指引。

　　本書的另一個特色是作者們也把他們研究探索的心路歷程作了簡略的描述。對年輕學者而言，或許可以把它當作一個特例。雖然本書的章次是合乎邏輯的順序安排，但是實際的研究過程是迂迴的。它是先發現「戶基護航網絡」對代間支持與老人心理福祉有影響，再回頭去探討將「修正式擴大家庭」納入「戶基護航網絡」的合理性。

　　個人很高興有機會先閱讀本書，也很高興向讀者們提供個人的心得。

至於細部的豐富研究內涵，則留待讀者們自己去品嘗。

　　　　　　　　　　台大公共衛生研究所兼任教授　孫得雄　識於台北

黃序

　　我經常講：「台灣是中華文化現代化最好的實驗室」，從1945年第二次世界大戰結束以來，在二戰前後出生的一個世代，開始在台灣推動了一場巨大的實驗：他們以儒、釋、道作爲基底的中華文化，開始吸納經由美國輸入的西方文明。這場實驗有成功，也有失敗。它最大的成功，是爲戰後出生的嬰兒潮世代創造了一個舒適的生活環境；它最大的失敗，則是在1994年推動「民粹式教改」，沒有給自己留下一條「後路」。

　　曾幾何時，推動這場巨大實驗的嬰兒潮世代如今都已經邁入老年，而成爲本書所研究的對象。本書作者陳肇男教授是1970年代跟我一起到夏威夷留學的同學，當時我念社會心理學，陳教授則是攻讀人口學與社會學。在這本《家庭、社會支持與老人心理福祉》中，他根據台灣省家庭計畫研究所、美國密西根大學人口研究中心與老人研究所在1989與1993年所作的兩次大規模調查資料，透過細緻的統計分析，探討五大類因素對老年人主觀心理福祉(subjective psychological well-being)的影響。有關的五類可能影響因素，包括(1)社會結構的人口特徵，(2)社經成就或資源，(3)生理健康，(4)初級組織的參與及支持，及(5)社團與休閒活動，獲取了極爲豐碩的研究成果，並據此而提出許多積極的政策性建議。

　　整體而言，這是一個盛行於台灣社會科學界的實證研究。從我個人多年來一向主張的社會科學本土化的角度來看，這個實證研究的結果也提供了許多本土文化與西方理論對話的空間。舉例言之，過去有許多西方理論探討休閒活動對老人生活滿意的影響，包括角色退出理論(disengagement theory)、身分危機理論(identity crisis theory)、活動理論(activity theory)與身分延續理論(continuity theory)。在本書中的理論，不僅只是要引導實證資料的設計、分析與解釋，而且要能夠說明未來可能的變化。本研究資料收集的時期是1986年代末期與1990年代初，陳教授提出了「戶基護航網絡」的概念，並進行實證研究。它是合併「修正式擴大家庭」與「護航網絡」兩個概念而成。因為它是以中國人所重視的家庭為基礎，所發展出來的一個反應角色理論的社會支持系統指標，所以它不但是一個融合中西的本土化社會支持系統概念，它並且具有鑑別正負向心理福祉的影響因素之能力。

我個人認為：當前的台灣文化是以儒、釋、道文化作為基底，再吸納西方現代文化所形成的一種「文化融合體」(hybrid of culture)。假設將來有社會心理學家能夠把握此一原則，仔細思考本研究的各項發現，他便有可能發展出「含攝文化的社會學理論」(culture-inclusive theories in sociology)，一方面吸納國內相關領域的研究成果，一方面跟西方理論進行對話。譬如，本研究所用「主觀心理福祉」一詞，如改用「心理社會均衡」(psycho-social homeostasis)會來得更貼切。

理論建構的時候，當時的台灣已經處於工業化發展的末期。從1994年教改啟動之後，台灣社會同時也經歷了產業外移、政治對立、政黨惡鬥、財富集中、分配不均等等的變化。在這二十年中成長的「教改世代」投入就業市場之後，台灣的社會結構會發生什麼樣的變化？當台灣社會墜入因「少子化」所造成的「人口懸崖」之後，年輕的「教改世代」會用什麼樣的智慧來應付他們所面臨的危機？他們有沒有能力支撐「老齡化社會」中的老人，讓他繼續保持「心理社會均衡」？身為現代的社會科學家，諸如此類的問題都是我們不能不持續關心的。

國家講座教授　黃光國

陳序

　　俗話說「十年磨一劍」。我個人最後十餘年的研究工作，就像在玩一個拼圖。試著把家庭、社會支持與老人心理福祉湊在一起。起先是用內政部國民生活狀況調查資料探討老人的心理福祉。很幸運的找到「年輪效應」與「退出理論」的相關現象，被SSCI期刊接受，也被一些人引用。接著得到章英華與伊慶春教授的邀請，參與2001年社會變遷調查家庭組的問卷計與資料分析。分析時，偶然間把「修正式擴大家庭」與「護航網絡」兩個概念湊在一起，命名為「戶基護航網絡」，再進行它的三個衡量方法對代間支持交換的影響。接著再探討它對老人心理福祉的影響，最後再回頭探討將「修正式擴大家庭」插入「戶基護航網絡」的正當性。

　　本書能夠完成要感謝來自多方面的協助。首先要感謝中研院經濟所提供研究設備，其次是科技部(前國科會)多年來提供研究補助。當然也要感謝研究合作者的貢獻，包括劉克智先生、董安琪副教授、廖培珊教授、謝美智小姐及林欣韻小姐。另外，很重要的是在匆促成書後得到兩位評審的寶貴意見，才能從獨立的篇章，轉成脈絡相連的專書。最後，要感謝的是周亞萱小姐長時間的文書整理，沒有她的幫忙，本書就無法具體呈現出來。

　　寫書是很花時間的，作者都是有一股癡心支持著。衷心希望會有人閱讀，更希望有人會把他的概念修正、擴大，再延續下去。雖然研究是職業，不過要產生興趣才能支撐下去。

陳肇男　識　2014.5.

目次

孫序 i

黃序 iii

陳序 v

第一章　引言 1

一、社會變遷 2

　1.都市化 2

　2.人口老化 4

二、家庭型態變遷 8

　1.家庭變遷理論 9

　2.台灣家庭型態的變遷 11

三、社會支持與心理福祉 14

　1.社會支持的研究類別 14

　2.社會支持的定義 15

　3.社會支持的衡量方法 17

　4.社會網絡 20

四、支持結構與支持行為 24

　1.社會支持行為之相關理論檢視 24

　2.支持結構對支持行為之影響 28

　　五、結語：本書結構 ………………………………………… 31

第二章　家庭型態與代間支持 ……………………………… 41

　　一、新式家庭型態分類 …………………………………… 41

　　　1.資料來源 ………………………………………………… 42

　　　2.分類方法 ………………………………………………… 42

　　　3.結果 ……………………………………………………… 44

　　二、兩代家戶型態 ………………………………………… 54

　　　1.資料 ……………………………………………………… 54

　　　2.方法 ……………………………………………………… 55

　　　3.結果 ……………………………………………………… 56

　　三、結語 …………………………………………………… 64

第三章　戶基護航網絡與支持行為 ……………………… 67

　　一、資料來源 ……………………………………………… 68

　　二、戶基護航網絡之建構與類型 ………………………… 68

　　　1.建構方法 ………………………………………………… 68

　　　2.戶基護航網絡各圈之成員分配 ………………………… 70

　　　3.戶基護航網絡之細分類類型 …………………………… 73

　　　4.潛在類型 ………………………………………………… 76

　　三、戶基護航網絡之支持功能 …………………………… 79

　　　1.潛在類型之支持功能與決定因素 ……………………… 79

　　　2.戶基護航網絡各圈之支持功能的影響因素與相互性 …… 87

　　　3.戶基護航網絡完整性之影響 …………………………… 97

　　四、戶基護航網絡之動態性 ……………………………… 104

五、結語 ……………………………………………………… 106

第四章　老人心理福祉 ……………………………………… 111

一、年齡對生活滿意的影響途徑 ……………………… 112

1.年齡對生活滿意的影響 ……………………………… 112

2.研究方法 ……………………………………………… 116

3.研究結果 ……………………………………………… 122

二、年輪效應 ……………………………………………… 126

1.迴歸分析 ……………………………………………… 126

2.年輪效應的成因與政策意涵 ……………………… 130

三、休閒生活之理論與實務 …………………………… 132

1.相關理論 ……………………………………………… 132

2.資料與方法 …………………………………………… 138

3.各種活動參與之分配與變化 ……………………… 139

4.活動參與變化之影響因素 ………………………… 149

四、結語 …………………………………………………… 158

第五章　社會支持與老人心理福祉 …………………… 165

一、戶基護航網絡與生活滿意 ………………………… 166

1.生活滿意之定義與測量 …………………………… 166

2.生活滿意之影響因素 ……………………………… 168

3.研究架構 ……………………………………………… 170

4.研究變項之操作型定義 …………………………… 170

5.分析結果 ……………………………………………… 174

6.討論 …………………………………………………… 183

二、戶基護航網絡與憂鬱傾向 ……………………… 185

　1.文獻探討 …………………… 186

　2.分析方法 …………………… 190

　3.分析結果 …………………… 191

　4.討論 ………………………… 199

三、結語 ………………………………………… 200

第六章　台灣老人家庭、社會支持與心理福祉研究的
　　　　挑戰與對策 ………………………………… 211

一、本書的挑戰 ………………………………… 211

　1.根本的挑戰 ……………………… 211

　2.領域的挑戰 ……………………… 212

　3.資料的挑戰 ……………………… 212

　4.分析方法的挑戰 ………………… 213

二、本書對挑戰的對策 …………………………… 214

　1.根本問題的對策 ………………… 214

　2.領域上的對策 …………………… 215

　3.資料的對策 ……………………… 215

　4.分析方法的對策 ………………… 216

第一章　引言

　　家庭、社會支持與老人心理福祉是三個不同的研究領域。本書將三個不同的研究領域串聯在一起，顯示本書的主旨是探討台灣社會的快速變遷是否會使得家庭型態日益核心化，而減弱家庭的養老的功能？促使老人不得不向遷徙在外的親人以及其他次級關係尋求支持。如何系統化衡量這種社會支持結構的改變乃成為本書的核心議題。而社會支持系統建構方法的正當性則必須透過它對代間支持交換與老人的正負向心理福祉之影響予以檢討？隨著台灣人口從1993年進入聯合國所界定的老化社會，並開始快速老化，使得上述的議題日趨重要。有鑑於此，本書乃呈現分析1989-2006年的多種相關調查研究之結果，以增加相關學者與政府機構的了解與重視。

　　受到都市化與工業化的影響，台灣自1950年代以後經歷了快速的社會變遷。社會學者Goode(1963, p. 2)曾倡言，都市化與工業化會影響到家庭系統。台灣的學者大多也認為家庭是受到工業化與都市化的影響(徐良熙、林忠正，1984；羅紀瓊，1987；章英華、齊力，1991)而有所改變。我們認為工業化對人類社會帶來兩大衝擊：都市化與人口老化。它透過生產技術的革新讓農村釋出多餘的勞力，向工廠與商業中心匯集，形成一般所說的都市化。另外，它也透過醫藥衛生的發明降低死亡率，延長人類的壽命，而促成人口老化。

　　都市化與人口老化所產生的社會變遷會進一步衝擊到家庭。移向都市的人口是有選擇性的(陳肇男，1988)。年輕人為了追求學業與更好的工作機會，大量的移向都市，而把老弱人口留在鄉下，使得獨居老人的比率大量增加。另外，都市與遷徙人口的生育率較低，除了進一步加深人口老化，也讓家庭人口變少。家庭結構由大家庭為主，逐漸轉為以核心家庭為主。而離婚率的提升會讓家庭型態更核心化。

　　上述社會與家庭型態的變遷有可能會進一步改變老人的社會網絡或非正式社會支持體系而影響到老人生活支持與心理福祉。都市人口來自多方，所以都市人口的組成迥異於鄉村社會的人口組成。都市人的周遭不再是親戚或族人，取而代之的是沒有血緣關係的同事、朋友與鄰居。這種改變一則會改變代間支持的交換。因為兩代不住在一起，產生的空間距離，使得有些代間支持無法進行而影響到老人的生活；二則會影響到老人的健康與心理福祉。例如：生病時，無法取得照顧使得生活滿意度降低；或引發憂鬱症。更極端的情形，就如涂爾幹(Durkheim, 1951)的經典名著「自殺」(Suicide)所描繪的，疏離感(alienation)會使得一國或一個社會的自殺率顯著提高。生活滿意是正向的心理福祉指標，而憂鬱傾向則是負向的心理福祉指標。社會支持系統的成員對正負向的心理福祉指標是否會產生不同或分化的作用，則是另一個研究重點。

　　有鑑於社會支持對老人個人與社會的重要性，本書內容以社會支持為探討主軸，加上它的主要成員的來源「家庭」以及它所影響的「老人心理福祉」，所以本書取名為「家庭、社會支持與老人心理福祉」。探討的重點為系統性整理相關之台灣實證結果，以達成串聯三個領域之目的。

　　本章為引言，其目的為介紹本書所引用研究之理論與時空背景。主要共分五節，包括：(1)社會變遷，(2)家庭型態變遷，(3)社會支持與心理福祉，(4)支持結構與支持行為。最後則為(5)結語：本書結構。

一、社會變遷

1.都市化

　　工業化帶來都市化與人口老化。根據Van den Berg et al. (1982)的研究，現代歐洲國家都市成長型態可分為四個階段：(1)都市化階段——勞動力從農村遷移到城市中的工業部門。都市中心人口因此增加，而都市外圈人口則是減少。(2)都市化及少許都市郊區化——由於交通及通訊設施的改善，服務業得以擴展，製造業移出都市中心，而少數市民也移居郊區。(3)都市郊區化——移居郊區的人口繼續增加，都市中心人口因此減少，使得都市地區人口仍然繼續緩和增加。(4)後都市化——郊區人口持續增加，促進都市中心以外的衛星市鎮發展，都市地區人口則呈現減少。

　　劉克智與董安琪(2003)檢視台灣1956-2010年期間的都市發展，認為它與Van den Berg et al. (1982)的都市發展前三個階段極為相似：(1)1950-1970年為都市化階段。此期間都市地區的人口增加最快(見圖1-1-1)。(2)1970-1990年為都市化及少許郊區化。都市地區人口快速增加，而都市中人口則多於都市外圈人口。(3)1990-2010年為都市郊區化。都市地區人口達到極致，而都市外圈人口反而多於都市中心人口。(4)2010年以後進入後都市化階段。都市地區人口開始減少，而都市外圈人口更多於都市中心人口。

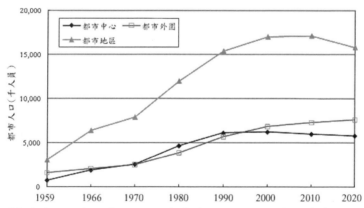

註：(1)「都市中心」為50萬以上人口都市的合計，在1956年僅有台北市，到1996
　　　年增加高雄市，到1980年又增加台中市及台南市；
　　(2)「都市外圈」為10-50萬人口都市的合計；
　　(3)「都市地區」為所有5萬人以上都市的合計，含都市中心與都市外圈。
資料來源：劉克智、董安琪(2003)，〈台灣都市發展的演進——歷史的回顧與展
　　　　　望〉，《人口學刊》26：15。

圖1-1-1　台灣在經濟發展時期各類都市人口數及預估人口數，1956-2020

　　台灣都市化的速度相當快，前三期都只需二十年的時間。另外，依據經建會的統計資料顯示，都市化程度也很高。居住在10萬人以上的都市地區人口占總人口的比率在1951年爲25.9%。到1969年增加爲53.9%。1983年再增爲53.9%。而2003年時已高達78.3%(Tung, Chen & Liu, 2006)。

2.人口老化

(1)人口老化的成因

　　依人口學而言，人口老化的基本因素有二：一爲生育率的降低，二爲預期壽命的延長。生育率的降低使得幼年人口數減少，老年人口所占總人口的比率因此相對提高。而預期壽命的增加使得老年人口的絕對數增加，所占總人口的比率自然也隨著增加。另外，人口組成則是有推波助瀾的作用。二次戰後嬰兒潮世代一旦進入老年期，會使得人口更快速老化。

　　出生與死亡的變化會產生所謂的「人口轉型」，促使人口結構趨向老化。主要是受到工業化所引起的各種現代化社會變遷的影響。依照以往歐洲國家的經驗，兩者之相對應變化可以分成四期：(1)社會尚未現代化以前，出生率與死亡率都很高，人口數量變化不大。(2)現代化初期的社會，出生率依然很高，但死亡率卻逐漸降低，所以自然增加變多。(3)工業化與都市化的進一步發展使得出生率開始下降，人口增加的趨勢於是減緩。(4)文明再進步，出生率繼續下降，死亡率則停留在相當低的水準。低出生、低死亡使得老年人口比率增加，而出現人口老化的現象。從高出生、高死亡轉變爲低出生、低死亡的過程，人口學稱爲人口轉型。歐洲國家從1750年開始人口轉型的過程，到1950年代才完成整個過程，前後一共花了兩百年的時間(Notestein, 1945)。

　　受到各種社會變遷的影響，台灣地區的人口轉型速度非常快，前後只花了六十三年時間就完成人口轉型。台灣地區的死亡率從1920年開始下降，由32.5‰降爲1932年的20.50‰(陳紹馨，1979)。下降的主因包括社會的相對安定、醫藥和公共衛生的改進。到第二次世界大戰末期(1943)死亡率更降爲18.8‰。台灣光復以後，從國外引進新的醫療技術和藥品，再加上公共衛生的顯著改進以及生活水準的提高，死亡率遂急速下降（陳紹馨，1979）。由1947年的17.6‰降為1952年的9.9‰。爾後隨著經濟發展持續緩慢下降到1978年的4.68‰，再緩慢回升到2008年的6.25‰（經建會，2008）（見圖1-1-2）。

　　早期台灣地區的出生率受到傳統大家庭觀念的影響，一直都很高，大都維持在40‰左右。二次戰後的嬰兒潮，更促使出生率遽升為1951年的50‰。偏高的出生率與偏低的死亡率導致自然增加率偏高。人口數量自然大幅增加，進而侵蝕經濟發展的成果。為了促進經濟發展，政府從1965年開始推行家庭計畫。雇用大批的家庭計畫工作人員，主動到各個家庭訪視已婚婦女。先從教導已婚婦女婦幼衛生知識，取得她們的信任，再教導她們如何計畫生育。而屬於長期低水準的死亡率也讓婦女們意識到不需要生太多子女就能有足夠的存活子女數（陳肇男等，2003）。另外，隨著生活水準的提高也讓養育子女的費用水漲船高，婦女的生育態度乃轉為接受小家庭的概念，理想子女人數降為替代水準的2.1個小孩，總生育率也在1983

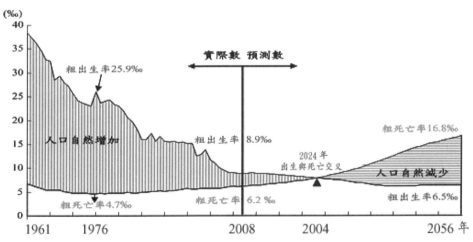

資料來源：行政院經濟建設委員會(2008)，《中華民國台灣2008年至2056年人口推計》，頁13。

圖1-1-2　台灣地區出生率、死亡率及自然增加率變動趨勢—中推計

年降為2.05，台灣地區的人口轉型於是完成。從1920-1983年的短短六十三年，台灣地區就快速完成人口轉型。爾後長期處於低出生、低死亡的狀況，使得老年人口增加，而出現老化現象。

(2)人口老化的速度

　　台灣地區人口老化的速度出人意料的非常快。在1970年代，古典人口轉型理論學者與聯合國人口專家都認為生育率會受到社會經濟的發展而下降，當人口轉型完成後，生育率最終會停留在替代水準(UN, 1973; 1976)。以英、美、法的經驗而言，總生育率並不曾低於1.6。但是台灣的總生育率卻像日本、韓國、香港一樣，在達到替代水準以後，又一路下降。1985年總生育率為1.88，到2008年則降為1.05，比替代水準幾乎少了1人。快速下降的生育率以及偏低的死亡率，使得台灣地區的人口開始快速老化。1984年的老化指數為16.04，到2008年已增加為59.54。也就是每100個兒童就有60個65歲以上老人。二十四年間增加了兩倍多。同一期間老年人口數也由92萬人增加為237萬人，所占人口的比率也由4.84%增加為10.30%。

　　依世界衛生組織(WTO)的界定，一個社會裡，65歲以上老人所占總人口比率達到7%，這個社會就是人口老化的社會。而依據聯合國的界定，老年人口比率占總人口比率為14%時(見圖1-1-3)，該社會就是高齡化社會。台灣在1993年就加入人口老化社會的行列。由於嬰兒潮世代即將進入老年期，台灣社會很快就會進入高齡化社會的行列。依據行政院經濟建設委員會在2008年所作的中推計，台灣地區的65歲以上老年人口比率將在2019年達到15.07%。爾後繼續快速增加，到2041年短短的二十二年間，將再增加一倍，成為30.95%。此後，增加的速度稍緩，到2051年時將增加為36.97%。大約每三個人中就有一個是65歲以上老人，老人的數量將增加為686萬人。

(3)人口老化的社會特徵

　　人口老化會對社會產生相當大的影響，1993年的老人狀況調查報告曾提出一些台灣地區人口老化的特徵(內政部，1994)。茲擇其要者，再參考

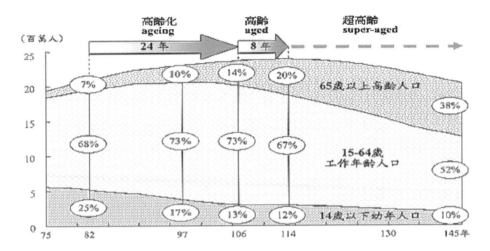

資料來源：行政院經濟建設委員會(2008)，《中華民國台灣97年至145年人口推計》，頁16。

圖1-1-3 台灣地區三階段人口年齡結構活變動趨勢—中推計

歷年老人狀況報告結果，簡述台灣人口老化的一些社會特徵：

(一)農業縣份人口老化嚴重

　　人口老化具城鄉差別。偏遠或農業縣份之就業機會較少，青壯年人口外流情形自然嚴重。這些地區的65歲以上老年人口所占比率較高。以2008年為例，台灣地區老年人口比率為10.3%，而嘉義縣、澎湖縣及雲林縣分別為15.2%、15.0%，及14.6%(內政部，2008)。

(二)老人者眾，就醫頻繁

　　慢性疾病使老人就醫次數變多。2002年的老人狀況調查結果指出，很多65歲以上老人罹患慢性或重大疾病。其中以循環性疾病之罹患比率最高，達33.26%(內政部，2002)。其次為骨骼肌肉疾病(19.77%)及內分泌及代謝疾病(10.91%)。罹病使得老人就醫頻繁。最近一個月曾看病的老人高達64%，過去一年曾住院者占20.43%。

(三)生活費由子女供應者漸減

　　經濟自立的老人變多。老人生活費主要由子女供應者日減。由1986年65.8%減為1994年的52.3%(內政部，1994)，以及2002年的51.72%。政府救助或津貼則漸增，到2002年高達22.58%。而覺得經濟狀況有點困難需要補助者也達21.53%。

(四)老人與子女同住者漸減

老人獨居比率變多。都市化與工業化使得子女外出謀職者多，老人與子女同住比率逐漸減少。由1986年的70.2%減為1994年的62.2%，到2002年則略增為63.71%。不與子女同住會使得老人取得子女日常生活扶助變少。

(五)休閒活動過於貧乏

年老力衰，使得老人從事休閒活動的比率逐年遞減。1994年時，過去一年曾從事外宿旅遊活動的老人有26.9%。而2002年時，有從事休閒娛樂活動的老人只占14.94%。

(六)生活不快樂的人比率漸增

由上述這些特徵依稀可見本書所關切的幾個主題。第一個特徵指出都市化對老年人口分布的影響。第四個特徵顯示都市化對家庭型態的衝擊。而第二、三個特徵則點出家庭型態變化對老人生活支持的影響。另外，第五個特徵，休閒問題則影響到老人的心理福祉，使得老人生活不快樂的比率漸增。1994年時，感覺生活不快樂的老人只有13.5%，到了2002年時則增加為26.71%。

二、家庭型態變遷

都市化與人口老化所引起的社會變遷最先會衝擊到家庭的型態，透過家庭型態的改變，再影響社會支持與老人的心理福祉，所以有必要先探討家庭型態的變遷。為了探討家庭型態變遷，學者提出不少概念與假設說。本節將先約略說明這些概念與假說，再說明台灣家庭型態的變化。而家庭型態如何化約為支持系統之一員的最適方法則留待下一章，再做詳細的說明。

1.家庭變遷理論

新的家庭概念相當多元化,例如修正式擴大家庭(modified extended family)(Litwak, 1960; Hoyert, 1991),地方家庭圈(the local family circle)(Bonvalet, 2003),聯邦家庭(the federal family)(莊英章,1972),以及合作團體(corporate group)(Silverstein et al., 2002)。這些概念是來自觀察不同社會所得的不同結果,顯示家庭變遷是一個全球化的趨勢。不過,這些概念的共同焦點是如何將核心家庭(nuclear family)重新與他們的原生家庭(original family)集結在一起。由於各自源於不同的社會背景,才會延伸出不同的概念。

在20世紀,美國家庭經歷了一連串的變化。而「修正式擴大家庭」一詞很精確的反應這一系列變化的開端。「修正式擴大家庭」提議,一個典型的美國家庭是一個由幾個半獨立自主的核心家庭所組成的一個網絡。一對已婚夫婦形成一個基本單位,對單位內的成員提供實質服務(tangible assistance),而修正式擴大家庭內的其他核心家庭大致上只提供情感性的支持。主因是大家不住在一起,所以無法提供實質服務,代間支持也是局限在情感性服務。要偏離這種代間支持型態的可能原因包括婚姻狀況(Aldous, 1985; Stoller, 1983),年齡、教育(Soldol, 1981),以及種族與性別(Aldous, 1985)。對這些偏離個案,直系子孫是最重要的支持來源(Cherlin, 1981)。擁有數個子女,相互支持的機率就大很多。

在歐洲,多項大規模調查結果顯示歐洲的核心家庭不像帕森思(Parsons)所斷言的,會由大家庭分解成獨立,自主,保持距離的數個小家庭;反過來,這些小家庭仍然與親戚維持親密的連結(Bonvalet, 2003)。對這些連結的核心問題是它們是形成一個網絡(network),或形成一個超越家戶的家庭社區(family community)?為解答這個問題,學者用家庭圈(family circle)的概念進行研究,其目的為將家戶重新插入親屬團體。一般採用三個面向(criteria)來衡量家庭圈,包括親密性(affinities),接觸頻率(frequency of contact),與相互幫助(mutual help)。有些特例會把空間距離也考慮進去，結果可以產生一個家庭類型學，將家庭分成三類，包括地方擴大家庭(local extended family)，分散家庭(dispersed family)，及稀釋家庭(attenuated family)(Bonvalet, 2003)。三類家庭的分配情形就能回答上述的核心問題，也就是這一些個人的集合體(aggregate of persons)能否代表一個有凝聚力(coherent)或有意義的團體(meaningful group)。

　　台灣的情況與歐美不盡相同。父系擴大家庭(以同住共食界定)一直是主要的家庭型態。1960年代以後，受到急劇社會變遷的衝擊，很多擴大家庭分解成數個核心家庭。如果在共同利益下，這些核心家庭願意將資產交給一個家長管理就形成所謂的聯邦家庭(federal family)(莊英章，1972)。雖然中國大陸的家庭傳統與台灣相似，但是中國大陸的幅員較大，與父母居住較近的核心家庭可以提供父母實質的幫助，而居住較遠的核心家庭則提供金錢協助。如此一來則形成所謂的合作團體(corporate group)(Silverstein et al., 2002)。

　　就家庭型態的變化而言，美國提供一個多元變化的範例。美國南加大班勝(Bengtson, 2001)教授以四個假說來說明美國所經歷過的家庭型態轉型。第一個假說是有關工業化以後，現代化小家庭的興起。很多擴大家庭轉型為小家庭。第二個假說則指出現代化小家庭也逐漸式微。第三個假說點出離婚率提升以後，家庭成員的關係變成多元化。經過多次離婚與再婚，使得家庭成員的關係有可能超出生物的(biological)或婚姻的(conjugal)關係。換言之，家庭中的小孩，可能與家庭中的父母既無血緣，也無婚姻所延伸而來的關係。第四個假說則與第三個假說有關。由於婚姻關係不穩定性增加，使得多代關係的重要性逐漸浮出。很多單親家庭為了工作，不得不將小孩交給祖父母扶養。小家庭的功能遂逐漸喪失，改由祖父母來幫助小孩學習社會化。綜合而言，家庭型態的研究所關心的仍是家庭功能是否衰退的問題，本書則是偏重探討家庭型態變遷對社會支持之結構與行為及老人之心理福祉之影響。

2.台灣家庭型態的變遷

台灣地區家庭型態的演變，大致上只進入班勝教授（Bengtson）的第二個假說階段。因為粗離婚率並未大幅提升，最高為2013年的2.88‰，到2011年也只有2.46‰（內政部，2012），所以無力進入第三個假說階段。相反的，卻有多種社會變遷，促使台灣的家庭型態步入第二期。

1965-1973年，擴大家庭的比率由66%減為59%，而核心家庭則由35%增為40%（表1-2-1）（Tung et al, 2006）。這一期間的變化主要是由都市化所引起的選擇性遷移所造成。在這個時期，幾乎所有的大學或專科學校都設在都市區。年輕人為追求學業與工作遷往都市地區就學然後就業，將老年父母留在鄉下，核心家庭的比率因此增加（楊靜利、陳寬政，2002）。另外也有研究指出兒子離家就學的比率由1956-1966年的4%增加為1966-1970年的7.8%。同一期間，女兒離家比率則由1.7%增加為3.1%。兒子因就業而離家的比率由36.7%增加為38.8%；而女兒的相對比率則由7.8%增加為15.8%。完成學業後就落地生根的比率也很高。該研究也指出96%的男性遷徙者會在一至二年間將居住在鄉下的配偶與子女接到都市地區同住（Speare et al., 1980）。

表1-2-1 家戶型態的百分比分配，1965-2001

家戶型態	1965	1967	1973	1980	1986	2001
核心家庭	35	36	40	50	56	64
擴大家庭	66	64	59	50	43	36
主幹家庭	36	35	39	35	35	31
聯合主幹家庭	30	29	20	15	8	6
合計	100	100	100	100	100	100
數量	2,876	3,598	4,165	3,155	2,733	244

＊含20-39歲已婚婦女。

註：（1）核心家庭：一對已婚婦女及未婚子女或親戚。
　　（2）擴大家庭：除一對已婚夫婦外，含父母、岳父母或其他已婚夫婦。

　　a.主幹家庭：除一對已婚夫婦外，含父母、岳父母或祖父母。
　　b.聯合主幹家庭：除一對已婚夫婦，含其他同輩已婚夫婦，其他直系或旁
　　　系親屬。
資料來源：Tung et al. (2006). "The Emergence of the Neo-Extended. Family in
　　　　　Contemporary Taiwan."《人口學刊》32：130。

　　1973-1986年間，核心家庭的比率由40%增加爲56%；而擴大家庭的比
率則由59%減爲43%，這一期的家庭核心化則是由商業組織與所得增加所
引起的。在此之前，都市商店的規模都很小。通常由一個擴大家庭的成員
所擁有並經營。而且住家與商店還在同一處所(Pannell, 1973; Liu, 1979)。
隨後現代化企業逐漸取代小的家庭企業，擴大家庭因此失去它存在的原
因。

　　由1986-2001年，擴大家庭的比率進一步由43%降爲36%；而核心家庭
的比率則由56%增加爲64%。家庭型態進一步核心化的理由是交通進一步
改善與所得的再增加。生活水平的提升是引發較大坪數住宅的需求，而較
大的住宅是在都市郊區比較容易取得。另外，兒子爲追求較好的居住環境
而離開父母的比率由1960年代的17.4%，增加爲1970年代的20.2%，再增
加爲1980年代的36.3%(楊靜利、陳寬政，2002)。由於上述的社會變遷，
1980年代以後，台灣地區的核心家庭比率就變成多數。

　　家庭核心化的一個特殊現象是老人獨居的比率會快速增加。1976年
時，獨居(含僅與配偶同住)的老人只占8.97%。到1993年則達到峰點
34.08%。隨後因榮民凋零而下降，1996年時降爲32.91%。到2005年升爲
35.82%；2008年又升爲39.72%(見表1-2-2)。

表1-2-2　台灣老人居住安排之分配，1976-2005

年	居住安排			
	獨居	僅與配偶同住	與子女同住	與他人同住
1976	8.97	—	83.68	7.53
1977	9.34	—	84.95	5.71

1978	8.90	—	85.12	5.98
1979	11.78	—	82.65	5.60
1980	12.79	—	81.60	5.61
1981	13.24	—	81.40	5.36
1982	12.80	—	81.89	5.31
1983	14.16	—	80.48	5.36
1984	15.40	—	79.16	5.44
1985	17.28	—	78.31	4.41
1986	11.58	14.01	70.24	4.17
1987	11.49	13.42	70.97	4.12
1988	13.73	14.98	67.88	3.41
1989	12.90	18.17	65.65	3.28
1991	14.52	18.70	62.93	3.85
1993	10.47	23.61[a]	62.19	3.72
1996	12.28	20.63	64.28	2.81
2005	13.66	22.20	64.14	3.07
2008	12.27	27.45	59.96	3.34

註：(a)含兩代同鄰之4.98%。

資料來源：(1)陳肇男(1999)，《老年三寶：老本、老伴與老友——臺灣老人生活狀況探討》，中央研究院經濟研究所，經濟研究叢書第19種。

(2)《2005年老人狀況調查》，內政部。

(3)《2008年老人狀況調查》，內政部。

　　分析1983年主計處所收集的人力調查資源。陳肇男與史培爾(1990)建議台灣老人獨居之快速增加是受到四種機制的影響，即：(1)1950年代的選擇性遷徙，(2)1980年代的選擇性遷徙，(3)分化的死亡率，及(4)分化的居住安排偏好。1950年代的遷徙是指1940年代由大陸遷來的士兵，而1980年代的選擇性遷徙則是上述青年離鄉就學與就業的遷徙。分化的死亡率是指女性預期壽命較長，而寡婦與子女同住的可能性大於鰥夫。分化的居住安排偏好是指高教育、高收入的老人偏向獨居。

　　1993年以前，第一種機制——1950年代的遷徙——使得老人獨居比率逐漸攀升。爾後，隨著老榮民的凋零，獨居的比率轉由後三項因素所制約。第二、四項對獨居具正影響力，而第三項機制則爲負影響。相較於其他家庭型態，獨居老人的社會支持與心理福祉最差。

三、社會支持與心理福祉

社會支持與心理福祉都是具有長久歷史的研究領域。心理福祉指標又分成生活滿意、生活領域之滿意與憂鬱傾向三種。以往這三類的研究大多是從個人角度切入。本書則是採用戶基護航網絡(household-based convoy)(Chen, 2006a)爲社會支持系統指標，它包含四圈(家庭型態，常來往之不同住家人，親戚，與朋友)。所以社會支持是包含家庭及其他個人對老人心理福祉的影響。基本上，本書是立基於上述三個領域所發展出來的理論，所以在介紹家庭理論之後有必要對社會支持與心理福祉的相關理論做一個簡要的介紹。

社會支持是個通俗的用詞，口語、文學與宗教都會用到它。但是它又是一個非常複雜的概念，社會學、心理學、社區衛生等學科已經研究它幾十年了，仍然未出現一個廣爲眾人所接受的定義。定義的分歧使得它的衡量方法也是百家爭鳴(Antonucci & Akiyama, 1994)。面對這種複雜的概念，本節試著從四方面檢討以設定本書對它的處理原則，包括：(1)研究類別，(2)定義，(3)衡量方法，及(4)社會網絡。

1.社會支持的研究類別

社會支持的研究可以依支持來源與支持目的或功能來作分類。依支持來源可以分成正式社會支持與非正式社會支持(House, 1981)或自然支持系統(natural support system)(Hirsch, 1980)。

正式社會支持，指的是專業性社會系統，所提供之社會支持。其支持範圍較廣，可視爲廣義的社會支持體系，包括老人相關法制、醫療及社會福利機構；另一個是非正式社會支持，指的是老人個人之互動社會網絡，其支持系統範圍較小，而對象亦屬於較接近老人生活圈的重要他人，可視為較狹義的社會支持體系，成員包括其家人、親戚、朋友、同事及鄰居。

其次，依研究功能或目的而分，社會支持的研究有兩支主流（Antonucci & Akiyama, 1994）。一支是探討社會關係的特徵。這些研究的重點在於形容社會網絡的大小、型態、成員與成員間所作的支持交換（Burt, 1980; Wellmen & Wortley, 1989）。另外一支主流專注於社會支持，與健康及心理福祉的關係上。這一類研究大都出現在老年學與流行病學的範疇。這一類研究有助於透視如何協助老人維護健康與心理福祉（Antonucci & Akiyama, 1994）。

上述兩種分類方法並非涇渭分明，而是兩個必須同時思考的層面。House(1981)在探討工作壓力與社會支持時就專注於非正式社會支持。理由有三：(1)當人們被要求指出實際支持來源時，最常被提到的來源就是非正式社會支持。(2)非正式社會支持具預防性功能。有效的非正式社會支持可以排除正式社會支持的需求。(3)很多研究結果指出非正式社會支持有助於減輕壓力，進而改善健康狀況，或緩衝壓力對健康的影響。

另外，人際關係的特徵探討比較偏學術性。本書則是偏實用性，所以除了探討人際關係的特徵，也會進一步探討它的功能或作用。本書希望透過對非正式社會關係特徵之探討，找出提升老人生活照顧的因素。而在心理福祉方面則是對生活滿意與憂鬱傾向提出多面向的探討方法，期能增進老人的心理福祉。

2.社會支持的定義

上述兩種分類顯示，社會支持是一個多面向的概念。有人針對支持提供者進行探討，另外一些則探討社會支持的主觀評鑑(subjective appraisal)(Vaux, 1988)；還有一些人則是研究提供支持所作的行為(Barrera, 1981)。換言之，社會支持可以採社會支持網絡，支持行為，與主觀評鑑三個面向(dimension)去概念化與衡量(Vaux and Harrison, 1985)。

　　因爲社會支持含有三個面向，所以很難下一個大家都能接受的定義與衡量方法。一者，三個面向都很複雜；二者，三者之間又互爲因果，很難釐清。例如支持行爲會被用來界定是否可以成爲社會支持系統的成員(Antonucci, 1985)，而支持行爲是不是要被接受者察覺到，並且要有正向功能才成爲支持行爲(Vaux, 1988)。依此而論，似乎很難用單一因素來界定社會支持。

　　舉例而言，如果將社會支持界定爲「社會支持是指個人藉著與他人、團體或社區，透過社會關係所獲得的支持(Lin、Simeone、Ensel & Kuo, 1979)」，則被認爲不夠明確(House, 1981)。因此此處的「社會關係」是指任何可能保護個人免於壓力與疾病的集合名詞(conglomeration)。

　　另外，有些定義是比較明確，但又不夠周全。例如Cobb(1976)將社會支持界定爲下列三種之一或以上的資訊(information)：

　　(1)能讓被研究對象相信他是被照顧或被愛的訊息。

　　(2)能讓研究對象相信他是被尊重或有價值的訊息。

　　(3)能讓被研究對象相信他是屬於一個有相互溝通與相互責任的網絡的成員。

　　換言之，Cobb(1979)認爲社會支持行爲可分爲三類，包括(1)情緒支持，(2)尊重支持，及(3)網絡支持。這種定義明確的將社會支持分成三類，但焦點只擺在最重要的一種社會支持行爲(資訊)，所以它被認爲不夠周全。

　　相反的，Kahn and Antonucci(1981)則將社會支持界定爲「個人間移轉下列三種之一或以上重要元素(element)，包括(1)愛(affect)，(2)肯定(affirmation)，及(3)幫助(aid)」。此處愛是指表達喜歡、讚賞、尊敬或愛(love)。類似Cobb所說的情緒性支持或尊重支持。肯定則是指對他人行爲或陳述表達同意或認爲是適當的或正確的。而幫助則是指移轉直接的幫助或協助，內容包括金錢、資訊、時間或給予名稱。本書將採用Kahn & Antonucci的定義。一則它比較明確與周全。二則本書所採用的次級資料大致都使用這種定義收集而來的。另外，本書所探討的社會支持是發生在受訪者與其父母之間，所以常用代間支持取代社會支持。

　　而以下各章對社會支持之探討，有時是探討社會網絡對這三種社會行為的影響。有時則是探討社會網絡對主觀心理福祉之影響。而主觀心理福祉是指個人對整體生活品質的感受(perceptions)(Campbell et al., 1976; George, 1981)。其衡量方法則採生活滿意與憂鬱傾向。

3.社會支持的衡量方法

　　社會支持是個三面向的概念，所以無法用一種衡量方法去涵蓋三方面，只有設法分開來單獨衡量。但是分開衡量又不能不考慮它與另外兩個面向的關係。再者，社會支持又是一種人際間資源的移轉，所以也要注意到移轉流程或作用機轉(mechanism)的問題。本節將先討論單獨面向之衡量時所需考慮的事項，再討論作用機轉之衡量問題。

(1)支持行為

　　House(1981)認為支持行為的衡量需考慮它的三種特性，包括(1)主觀或客觀認定的社會支持，(2)一般性或特定問題的社會支持，及(3)理想的或實際的社會支持。Vaux(1988)也有類似的觀察，並提出較具體的建議，在主客觀認定方面，他認為主觀感受與客觀事例有時是一致的，有時是分歧的。只有主觀的認知但缺乏客觀或實際的協助，往往導致不良的後果。相反的，有些事例並非有支持的動機涵義。所以資料收集須兼顧主觀與客觀的認定。

　　其次，在一般性或特定問題方面，他認為社會支持行為型態也呈分歧現象。主因是有時多種行為(activity)才能完成一種支持；有時一種支持又有多種功能。於是衍生出多種社會支持行為分類方法。如Caplan(1974)將之分成三類：(1)協助動員資源，(2)分擔工作，及(3)提供物質。Weiss(1974)則分成六類，包括依附(attachment)、社會整合、價值的再保證、可靠的聯盟、指引及教養的機會。Vaux(1988)建議依功能分成二類：工具式功能(instrumental function)及情緒性功能(affective function)。一般而言，醫療服務利用是被歸類為工具式功能。

　　最後在理想或實際的社會支持方面，Vaux則是分成假設性問題與實際問題。社會支持具有私密性，常需要針對焦點人物的詢問才能取得。而探討老人之醫療照顧問題時，常採用假設性的問題(Cantor, 1979; Litwak, 1985)。這種詢問方法往往會有低估的結果(Adams, 1986; Himes & Reidy, 2000)。另外，如果是透過實驗室取得資料，還有不具代表性的問題(Adams, 1986; Roberto, 1989)。所以照顧服務資料以客觀事例爲宜。

(2)支持關係或支持系統

　　支持行爲之能夠發生的最基本條件是具有提供者與接受者兩方。提供支持時，提供者必須付出時間、精神或金錢與實物，所以雙方會有相互性的期待。只取不給的關係是不能持久的，所以支持行爲主要發生在相對穩定的關係裡，而非陌生人之間(House, 1981)。而現代人都扮演多種角色，具有多種關係。如何將這些關係系統化或結構化一直是研究者的努力目標。

　　而支持結構的衡量，Vaux(1988)認爲有三個層次。第一個是總體層面的社會整合(social integration)，如婚姻狀況、親戚朋友之接觸，與自願組織之會員身分等，都可用來反映社會整合的程度。而社會整合的衡量方法常混合多種元素，使得社會化、親屬關係、宗教參與及其他隸屬關係之相對貢獻無從分辨。第二個是個體層面的親密關係(intimate relationships)。與社會整合相較，它探討的是個人親密關係的有無對個人心理福祉的影響。例如因居住遷徙而中斷與家人或朋友之親密關係會導致憂鬱。第三個是社會網絡。它是處在總體層次的社會整合與個人層次的個人親密關係二種層次的中間，它透過小心設計的問題來找出網絡成員，研究人員可以據以凸顯工作場所、鄰居或非正式組織中之親密關係。本書採用戶基護航網絡來衡量支持結構，它是由社會網絡發展出來，所以將在下一小節對社會網絡單獨予以說明。而戶基護航網絡則是在第三章作專章討論。

(3)心理福祉或主觀的心理評鑑

　　老年期除了生活支持以外，心理福祉也是值得關切。主因是老年期會遭遇到一連串的重大生命事件，例如退休、喪偶、健康惡化等，而引起心理調適問題。如何透過家庭與社會網絡予以心理支持乃變成一個重要議題。本書對心理福祉的探討是從二方面著手，包括生活品質及憂鬱傾向。前者可以分成三支，包括：生活滿意(life satisfaction)，士氣(morale)，快樂(happiness)與正／負向影響(positive versus negative affect)(Maddox, 1992)四者是高度相似，都是主觀反應生命整體所受的影響；不過，生活滿意與士氣是傾向於反映長期或較穩定的生活品質，而快樂與影響則是指短期或過渡性的生活品質之判斷(George, 1981)。本書以生活滿意與憂鬱傾向為研究主軸。兩者都反映整體生活品質，所以都是多面向的。本書受限次級資料，在生活滿意方面採用LSIA(Life Satisfaction Index A)(Neugarten et al., 1961)作為生活滿意指標，而憂鬱傾向則採用CES-D(Center for Epidemiology Studies Depression Scale)(Radloff, 1977)。詳細情形將在相關章節予以討論。

(4)社會支持對心理福祉之作用機轉

　　從1970年代以來，透過社會網絡所產生的社會支持功能一直被認為具有增進健康與心理福祉(health and psychological well-being)的功能，包括促進健康，減少憂鬱，提升生活品質(Kaplan et al., 1977; Peek and Lin, 1999)。而社會網絡如何產生增進心理福祉的作用機轉是個重要的議題。在探討工作壓力與社會支持之關係時，House(1981)認為社會支持會對工作壓力與健康產生主效果(major effect)，也會產生緩衝效果(buffering effect)。

　　主效果又分兩種。一種是直接滿足個人對安全，社會接觸，讚許，隸屬，與愛(見圖1-3-1箭頭c)。它們的正向效果可以推翻或平衡壓力的負向效果。另一種直接效果是直接減少職業所帶來的壓力而間接改善健康(見圖1-3-1箭頭a)。而緩衝效果並不直接影響壓力或健康。它卻像是壓力與健康之間的化學觸媒，會修正壓力對健康的影響。

　　緩衝效果曾激起很多研究(House, 1981)，不過，有學者認為社會支持扮演生活壓力之調和者(moderator)之角色，不可能出現戲劇性的主效果，所以不值得去分辨兩種效果(Cobb, 1976)。House(1981)則認為非正式社

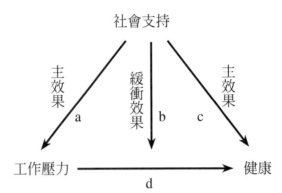

資料來源：House（1981）. *Work Stress and Social Support.*
Addison-Wesley Publishing Company.

圖1-3-1　社會支持對工作壓力與健康之潛在效果

會支持並非單靠某一種作用產生效果，所以還是值得對直接與緩衝兩種效果作出分辨。而回顧多年來各種探討心理福祉的相關研究，Geroge（2006）顯示大部分研究指出社會支持主要是發揮緩衝作用，所以都把社會支持當作中介變項（intermediate variable）。本書也把社會支持指標——戶基護航網絡——當作中介變項，探討它的成員對生活滿意與憂鬱傾向是否產生相同的中介作用？

4.社會網絡

　　1980年代以來，社會網絡的探討蔚為流行。廣義的社會網絡是「一組人際間的接觸，透過這些接觸，個人可以維持社會身分，取得情緒上的支持，物質上的幫助與服務，以及對社會接觸的相關資訊」（Walker et al., 1977）。上述定義包含支持結構與支持功能兩種元素。質言之，一般都把社會網絡當作是一種結構（structure），而社會支持則是一種功能性的行為。社會支持是透過社會網絡來完成分配或相互交換，所以，社會支持性的社會網絡是包含一組人，它們之間存在一種特定支持關係的資源之取與給。

　　社會網絡研究幾乎都是探討一個焦點人物與其他個人的系統關係。探討的重點有三：(1)結構(structure)，如大小、密度等特徵；(2)組成(composition)，如家人、朋友等所占比率；及(3)成員關係(component relationship)，如成員與焦點人物之相似性(年齡、性別等)。研究特點包括接觸頻率、地理鄰近性，及關係的持久性與強度等。而交換的內容、相互性(reciprocity)及單一種交換或多種交換等都是研究重點。社會網絡研究具爭議性的一點是如何區分社會網絡與支持網絡。早期的研究並未關心二者的差異。另外，網絡成員之取得有多種操作性定義，如指名誰是重要的人，或依親屬、朋友等類別之互動關係而列舉，及指認目前有互動關係的人等。這些方法所取得的網絡成員之包含性差別很大，遂有哪一種方式取得的網絡具有代表性的爭議。解決的方法是採取較具焦點性的收集方法，如詢問那些人提供哪些類型的支持，如情緒、財物及資訊等。焦點式問法雖然解決了部分問題，但仍有下列三點值得注意：第一，支持關係是否隨時間呈現穩定性？第二，是否有新的聯盟關係來應付緊急狀況？或一般人仍舊尋求舊聯盟關係的支持。第三，支持網絡是如何嵌在一般網絡之中？

　　Kahn & Antouncci(1981)所提出的護航網絡(convoy)概念，大致上可以回應上述三個問題。他們以角色理論為基礎，依據角色的親密性與穩定性來分辨網絡成員在網絡中的位置。基本上，護航網絡(convoy)是一種動態概念。他們認為在人的一生中雖然他的社會網絡大致是穩定的，仍然會隨著時間及周遭情境而改變。以父母與子女為例，終其一生，父母與子女彼此都在個人的社會網絡裡。不過，因時勢異，相互的關係與角色也會改變。父母會從提供支持的角色，因年齡的增長而變成接受支持的角色。「護航」的成員，除包括初級關係的親屬以外，也把次級關係的同事、朋友等納進動態的考慮裡。Kahn & Antouncci(1981)提倡用三個同心圓來表示一個人的社會網絡。圓心內是研究的焦點人(focal person)。最內圈的人，與研究的焦點人之關係最密切，也是最重要的支持交換者。配偶、親近的家人與朋友就是這一圈的代表人物。他們與焦點人的護航關係相當穩定，不會因為角色與時間的變化而改變。第二圈則是包含親戚、鄰居、親近的同事等，他們與焦點人之間的支持交換行為往往比角色所規定的要超出一些，但彼此之關係仍有可能隨時間而改變。最外面的一圈成員包括其他鄰居、同事、上司、遠親與相關專業人員。他們與焦點人的關係純粹是因角色而產生，所以很容易因角色變動而受損。

Antouncci and Akiyama(1987)曾針對1980年具全美代表性的718名男女，年齡在50-95歲之間的樣本進行探討。結果顯示護航網絡的大小約8.9人，就功能而言，受訪者的內圈成員相互交換的支持類別多於中圈以及外圈成員。半數的內圈成員提供信賴、尊重與疾病照顧。中圈與外圈成員只有在尊敬一項優於內圈成員。Peek and Lin(1999)的研究也發現最內圈與中間的人有助於紓解憂鬱。

不過，護航網絡的研究也面臨一些困擾，第一，網絡成員的取得方法並未形成共識(Peek & Lin, 1999)。網絡結構可利用三種不同的方法來加以判定：(1)計數提供支持或執行支持功能的人；(2)描述組內的正式關係，如配偶、主顧關係等；(3)受訪者列舉關係親近或重要的人。這些方法所收集到的個人都用點來表示，點與點之間用箭頭來標示彼此之間的關係或結合力，網絡的結構就顯現出來。但是，親近或重要的人並不一定一致。例如對居住安養機構的老人而言，管理員是重要的人，而家人則是親近的人。對在家安養的老人而言，親近或重要的人都是家人。

第二，護航網絡成員的不確定性。它是依角色的親密性與穩定性來區分三圈成員。任何人不論角色身分，只要具備這二種特性，就可屬於最內圈。所以三圈成員是誰，是不確定的。例如，不常來往的子女可能是屬於第三圈。這種成員不確定性對社會福利工作人員之指引功能較差。

第三，護航網絡的完整性。具三圈的護航網絡被認為是一種理想類型(Chen, 2006)。但有些人可能缺一至三圈，例如獨居老人可能三圈全缺。一項實證研究曾利用六個變數去建構64種組合，再化約成五型，分別是無親型、近親型、子女來訪型、子女同住型及子女同住加探訪型。這五型在四種扶助功能上具有顯著差異，而重要的分水嶺在有無子女，沒有子女的二種類型所得的支持顯著少於其他三種有子女的類型。因此，有別於

Kahn & Antouncci三個同心圓理論(陳肇男，1999)。

至於如何將次級關係也納進個人的支持網絡？可以依據費孝通(Fei, 1992)的差序格局與Kahn & Antouncci(1981)的護航網絡(convoy)進行規劃。1947年費孝通在他的《鄉土中國》一書中說，中國農村社會的基本結構是一種差序格局。就如同將一顆石子丟進湖裡，會出現一圈圈的漣漪，漣漪的大小視石子的大小與力道而定。而個人就如同丟進湖裡的石子，也因個人的影響力不同展現不同層次的影響力。近年來，大型的調查研究結果顯示家庭是代間支持的最重要來源(伊慶春，1999)。如果將初級及次級關係分成四類人：即同住家屬、不同住家人、其他親戚，及朋友。依據親屬距離，將四者依序排列，名之爲戶基護航網絡(Household-based convoy)(Chen, 2006a)。

戶基護航網絡之特點有三。一爲成員明確；二爲維持動態觀念，可以接受成員出缺的可能性；三爲四種成員。依親密性不同而排列。而戶基護航網絡的實證分析，可分爲三種方法。第一，將四圈成員採虛擬化(dummy)。同時具有第一圈與第二圈的人，可將之視爲屬於修正式擴大家庭(modified extended family)。如果這種家庭的比率很高，而且第一、二圈的交換功能不受第三、四圈的影響。這二種結果可用來判定代間家庭支持功能是否有衰退的情形(Chen & Lin, 2008)。另外，也可以提供代間雙向交換的實行與影響因素(Chen, 2006b)。其次，是探討四圈完整性對代間與朋友之間的交換的影響。我們發現缺任何一圈與第三、四圈同時缺少的人，其代間交換並未顯著低於四圈俱全的人(Chen, 2006b)。因爲四圈各有清楚的組成分子，上述的結果具有政策意涵。最後是對戶基護航網絡之亞型進行潛在分析(Latent analysis)。如果我們將四圈各分成4，2，2，2類，則形成一個$4 \times 2 \times 2 \times 2$的組合，可得到32種亞型。由潛在分析結果，我們得到四個類型，名之爲親社會型(pro-social convoy)，成家前型(pro-family convoy)，成熟型(maturation convoy)與擴大型(extended convoy)。這四種類型顯示，戶基護航網絡的潛在因素爲家庭生命週期。前述四種類型反應一個人的家庭生命週期由未成家、成家、成熟到擴展的週期變化

（Chen, Liao and Lin, 2010）。這種結果指出「戶基護航網絡」是一個動態概念。

　　至於戶基護航網絡四種成員對朋友之支持交換的貢獻，在文獻裡曾出現二個對立假設：專屬任務模型(task-specific model)(Litwak, 1985)與順次遞償模型(hierarchical compensatory model) (Canter, 1979)。前者強調不同支持任務，各具不同特徵。因特徵不同，所以只有某些網絡成員才願意承擔。例如親人才有財務支持交換，而朋友間只交換情感性支持。相對的，順次遞償模型則假設對網絡成員之選擇是有一個偏好順序。初級團體的網絡成員是第一優先選擇，當初級團體成員出缺時，則先由朋友或鄰居遞補，其次才是正式組織。利用戶基護航網絡驗證與朋友交換支持之實證資料，其結果顯示對某些交換任務，順次遞償會發生作用。例如缺乏親人成員時，會從朋友那裡多得到忠告，也會提供朋友較多的職業與財務支持。相反的，缺乏朋友成員時，則減少獲得照顧小孩的支持交換。而順次遞償模型之運作是受到社會人口變項的影響。以醫療服務利用之特性而言，所需勞力與時間較多，也要親身參與。如果利用戶基護航網絡予以檢視，有可能專屬任務模型比較適用。

四、支持結構與支持行為

　　上乙節係對社會支持之定義與結構提出簡單的說明。本節則是介紹支持結構與支持行為之關係，共分兩小節。第一小節先對影響支持行為之相關理論作簡短說明與實證資料之檢視；第二節則是利用另一項相關研究說明支持結構對支持行為之影響。

1.社會支持行為之相關理論檢視

　　在支持行為方面，社會交換理論(Social exchange theory)與角色理論(role theory)是兩個比較具互補性的學說。前者注重交換行為機轉(mechanism)的探討，而後者則專注於資源結構與其支持功能。Shumaker

與Brownell(1984)曾對社會交換理論作深入的探討。他們將社會支持界定為「兩個或以上的人之間的資源交換，施或受兩者之一是有意藉此交換來提升受者的福利」。這種界定法是假設支持行為最少牽涉到兩個人，而且交換行為對參與者是有潛在的成本與效益。對成本與效益的評估有兩派的說法。一為相互性(reciprocity)與親社會法(prosocial)。相互性說法是假設人得到益處都會設法回報(Goulder, 1960)。這種假設有兩個重要涵義：第一，人一旦發覺無法回報別人的幫忙，就有可能不求助或不接受幫忙；第二，一旦相互性被阻斷，施與受者的關係就有可能會消失。換言之，相互依賴性會影響支持的尋求與接受。在實證上，相互依賴性往往被化約為成本效益的分析，也就是說支持行為的評估是可以量化的。事實上，要將支持行為定價是相當有爭議性的。對親密朋友或家人而言，定價尤其困難，因為親密者之交換支持行為比疏遠朋友的交換更不具形式(Goulder, 1960)，使得親密朋友間的交換「帳」很難理得清(Walster & Berscheld, 1978; Rubin, 1973)。另一方面，親社會學說則強調那些因素會影響施與受者提供支持的決定。施與受者往往要經過一系列的決定才進行支持的行動。每一個決定都會受到受者與施者之特性及相關聯人數多寡的影響。此外，他們進一步假設，受者必須送出求助的信號，而施者要有能力也要有意願去解讀信號。這種假設也是認為人對求助是否有著落與他的社會網絡的大小或密度成正相關。不過在實際運用時，這種說法面臨很多限制。第一，這類研究重點是找出各個「決定」的影響因素，再加以干擾。但是一般人所關心的卻是哪些人提供哪類支持，目的為何？第二，這類研究將支持分成很多動作(act)，再針對每一單獨行動作研究。不過，支持所評量的，往往是還在進行中的關係。第三，研究所用的對象往往是請一個陌生人去對另外一個或多個陌生人作反映。事實上，朋友間較有可能相互提供支持。

而角色理論所關心的是網絡的結構與功能。在「護航」網絡的研究裡，Kahn and Antonucci(1981)將社會支持界定為人際間資源的移轉。它可以分成三類，即愛心(affect)、肯定(affirmation)與扶助(aid)。「愛心」

的移轉是指表達喜歡、讚美、尊敬與愛。肯定的移轉包括表達贊同，認定某些行為或言語的正當性，而扶助的移轉又可分成物質、金錢、資訊與時間等類。

　　為了檢討各種理論的適用性，我們將社會支持行為的檢討對象放大為成年人而非局限於老年人。2001年的社會變遷調查結果(章英華、傅仰止，2002)顯示20歲以上成年人的社會支持行為相當複雜。它受到交換理論、角色理論，及支持行為特性的影響。表1-4-1顯示台灣地區20歲以上成年人與父母、兒子、女兒、兄弟、姊妹、親戚，與朋友在生病照顧、料理家務、提供意見、定期生活費、不定期金錢給予，與照顧小孩。除父母外，老人與其他人的提供與接受的比率都相當接近，顯示交換理論適用於老人的社會支持行為。

表1-4-1　與各種支持來源之支持交換，2001，N=1,979

	生病照顧	料理家務	提供意見	定期生活費	不定期金錢給予	照顧小孩
父母						
提供	44.0	39.7	48.4	18.7	35.2	31.8
接受	25.5	29.4	44.8	4.4	9.9	17.3
兒子						
提供	19.8	22.9	29.4	12.8	—	11.8
接受	22.6	20.7	26.1	9.0	13.6	—
女兒						
提供	15.1	15.1	26.9	8.7	5.6	6.4
接受	18.2	19.7	25.1	4.0	14.7	—
兄弟						
提供	—	25.3	56.9	—	19.7	13.6
接受	—	24.4	54.6	—	17.3	11.3
姊妹						
提供	—	26.1	56.3	—	17.4	14.4
接受	—	27.9	55.5	—	16.4	13.1

親戚						
提供	－	－	45.2	－	10.9	8.7
接受	－	－	44.9	－	10.7	7.1
朋友						
提供	－	－	64.5	－	22.3	8.3
接受	－	－	64.6	－	21.5	6.4

資料來源：四期二次社會變遷調查。

　　另外，表1-4-1也提供很多資訊支持角色理論的適用性。第一、受訪者對父母提供支持的比率遠高於接受的比率、遠高於兒子、女兒、兄弟及姊妹。例如生病照顧及料理家務的提供比率都在40%左右、遠高於接受的比率，也遠高於與兒子、女兒、兄弟及姊妹的提供或接受比率。這種現象有可能是傳統奉養父母的角色觀念，也可能是父母生活能力較差，所以提供較多的支持。另外，在定期生活費、不定期金錢及照顧小孩方面對父母的提供比率也都遠高於其他各種角色。第二，在提供意見方面，對父母、兄弟、姊妹、親戚及朋友的提供與接受比率都很高，而與兒子及女兒的兩種比率都很低。上述現象示顯示代間關係呈明顯差異。第三，對朋友提供意見的提供與接受比率都高於其他各種角色。當然朋友的角色是提供愛心、陪伴與交換意見(Hays, 1981)，上述這種結果是符合理論預期。不過，提供不定期金錢的提供與接受比率則高達20%左右，僅次於提供父母的比率。理論上，朋友是不談錢的(Shea et al., 1988)。唯一的可能解釋是寡婦偏多，為了維持友誼，相互之間的短期周轉是可以容忍的。

　　從表1-4-1也可看出支持行為之特徵對交換比率也有影響。定期生活費與不定期金錢交換之比率，在各種角色裡都是比率最低的支持行為。需要勞務的支持行為，如生病照顧，料理家務，與照顧小孩則居次。比率最高的是提供意見，因為無關金錢，也不需勞力。

2.支持結構對支持行為之影響

有一項研究，其護航網絡之建構略異於「戶基護航網絡」，但也顯示支持結構對支持行為是有影響的(陳肇男，1999)。該研究將護航網絡分成下列五種：

(1)無親型：頂多只有親戚、朋友來訪。

(2)遠親型：這一型老人並無子女同住或來訪。不過，他們有孫子女、兄弟姊妹、朋友或鄰居來訪。

(3)子女探訪型：這一型老人雖有子女，但無子女同住，僅來探視而已。

(4)子女同住型：只有子女同住而已。

(5)子女同住加探訪型：除有子女同住外，也有不同住子女來探訪。

在支持行為各方面則分成四類，包括：(1)日常生活扶助(ADL)；(2)工具性日常扶助(IADL)；(3)財務扶助，及物質扶助。其問法如下：

(1)你現在有沒有幫人洗澡、穿衣服，或扶他上廁所等？

(2)你現在有沒有幫人料理一些家務、買東西、做飯或看小孩？

(3)你現在有沒有拿錢幫助人？

(4)你現在有沒有送人任何吃的、穿的或用的東西？

表1-4-2第一部分顯示全體樣本老人所得到與所提供之各種扶助，其要點可歸納如下：

(1)各護航網絡類型老人所得到的與所提供的扶助在統計上達顯著標準，老人所得到的四種扶助，隨著護航網絡之完整而增加(例外只有一個)。也就是子女同住加探訪型所得扶助最多。遠親型及無親型所得扶助只達子女同住加探訪型的1/3至1/2。各類型差異之卡方檢定達0.01或0.05的水準。而在老人所得提供的扶助方面，也是與網絡的完整性有關，唯一差別是子女同住型所提供的扶助最多。也許住在一起才有可能提供各式扶助。

(2)老人所得到的扶助多於所提供的扶助。唯一的例外是日常活動扶助的交換，老人所提供的是多於所得到的。這種現象有兩個可能原因，一個是老人可以照顧孫子女。另一個是老人之健康為可至良的居多，行動不便的只占4%，需要日常活動扶助相對低於被需要。

(3)工具性日常活動扶助與財物扶助之交換比率高於物質扶助與日常活動扶助，子女同住型及子女同住加探訪型之前兩種扶助，甚至高達75%或以上。四種扶助之差異除了健康因素以外，距離可能是另一個因素，不住一起自然無法或不便交換扶助。

表1-4-2　老人所得及所提供各種扶助依護航網絡類型分

| | 護航網絡 | | | | |
	無親型	遠親型	子女探訪型	子女同住型	子女同住＋探訪型	卡方
全樣本						
得到(%)						
日常活動扶助	2.6	3.8	4.9	6.0	5.2	10.7* (4)
工具性日常活動扶助	30.0	54.9	55.8	74.7	75.0	384.3** (4)
財務扶助	31.9	66.7	75.3	75.4	81.6	387.9** (4)
物質扶助	14.6	31.5	47.2	39.8	51.3	177.9** (4)
提供(%)						
日常活動扶助	2.6	2.1	8.3	7.2	8.2	32.9** (4)
工具性日常活動扶助	8.5	18.6	27.1	29.3	28.2	95.6** (4)
財務扶助	8.2	11.5	10.2	11.8	8.1	11.6* (4)
物質扶助	2.8	5.6	4.5	9.0	7.0	26.6** (4)
N	425	468	266	1998	827	
與配偶同住						
得到(%)						
日常活動扶助	4.0	3.3	4.6	4.3	3.9	0.8 (4)
工具性日常活動扶助	61.1	66.9	63.9	76.4	74.5	31.4** (4)
財務扶助	52.4	66.9	72.7	72.1	78.2	37.6** (4)

物質扶助 提供(%)	18.4	29.6	44.3	33.6	46.7	57.3** (4)
日常活動扶助	7.2	2.6	9.8	8.0	9.8	15.6** (4)
工具性日常活動扶助	19.2	23.9	34.0	29.9	27.8	12.7* (4)
財務扶助	10.4	15.1	11.9	13.5	10.2	5.8 (4)
物質扶助	7.2	7.2	5.2	10.6	8.5	9.4* (4)
N	126	305	194	1316	517	
不與配偶同住						
得到(%)						
日常活動扶助	2.0	4.9	5.5	9.5	7.4	19.8** (4)
工具性日常活動扶助	16.9	32.5	34.2	71.5	75.9	353.3** (4)
財務扶助	23.2	66.5	82.2	81.7	87.4	408.4** (4)
物質扶助	13.0	35.0	54.8	51.8	58.9	171.4** (4)
提供(%)						
日常活動扶助	0.7	0.2	4.2	5.7	5.5	18.5** (4)
工具性日常活動扶助	4.3	8.6	8.3	28.2	28.8	106.1** (4)
財務扶助	7.6	4.9	5.6	8.5	4.5	6.7 (4)
物質扶助	1.3	2.5	2.8	5.7	4.5	11.9* (4)
N	307	163	73	684	309	

註：*達0.05顯著水準，**達0.01顯著水準，( )內爲自由度。
資料來源：見表1-2-2。

　　爲了彌補護航網絡之建構不含配偶的缺陷，表1-4-2之第二、三部分顯示控制有否配偶同住後之扶助交換依護航網絡區分之分配情形。結果顯示依全樣本所觀察到的要點仍然適用。不過，配偶的功能也因此項控制而凸顯出來。有配偶同住的無親型老人所能得到的與所提供四種扶助都大幅提升到接近遠親型與子女探訪型，但仍低於有子女同住之兩型。女性配偶可以提供日常活動與工具性日常活動兩種扶助。因爲有配偶同住並提供日常扶助，五種護航網絡老人所得到之日常活動扶助變成不顯著。而工具性日常活動扶助之顯著差異仍然存在，則反映護航網絡之成員差異依舊對此項扶助有影響。對遠親型老人而言，有配偶同住老人所得到之工具性日常活動也略高於整體樣本之結果。

　　不過，財務扶助之提供在控制配偶同住情形後，護航網絡間差異就消失。表1-4-2的結果顯示不與配偶同住之無親型老人的財務扶助不低，使得類型之間的差異變得不顯著。

五、結語：本書結構

　　家庭、社會支持與心理福祉是三個不同的研究領域。而本書書名是將家庭、社會支持與心理福祉串在一起，又把心理福祉冠上老人兩個字。顯示本書的主旨是企圖探討與這三個領域相關的一連串問題。例如，台灣社會的快速變遷是否會引起家庭型態的變遷？而家庭型態的變遷是否會進一步的影響社會支持之結構與行為？最後是否也會影響老人的心理福祉？

　　本書的核心是社會支持系統之探討。它納入初級以及次級關係，再檢討這種社會支持系統是否會影響代間的支持交換以及老人的心理福祉。換言之，社會支持則是以戶基護航網絡作為指標，它包含四圈——家庭型態，常來往之不同住家人，親戚與朋友。而家庭用哪一種型態納入戶基護航網絡？如何與其他三者建構成戶基護航網絡？而戶基護航網絡的特性、分析、運用，及其對代間支持交換及老人心理福祉之影響將在第二至第五章詳細說明，第六章則為本書的檢討與結語。以下則是對第二至第六章之內容作簡單說明。

1.第二章：家庭型態與代間支持

　　本章的主要目的是探討採用何種家庭型態作為戶基護航網絡的第一圈。其方法為比較兩種研究方法對代間支持的影響。首先是採用比較複雜的三元素交叉分類方法。然後又回歸比較簡單的分類方法，區分為父母與自己同住，父母與自己的兄弟姊妹同住，及其他三類。結論是與子女同住才是影響代間支持的關鍵因素，因此決定將戶基護航網絡的家庭型態化約成兩類——兩代或以上家庭及其他。

2.第三章：戶基護航網絡與支持行為

本書以戶基護航網絡作為非正式社會支持系統之指標。它上承社會變遷對家庭功能的衝擊，被用來替代家庭成為代間支持交換與老人心理福祉之來源。所以戶基護航網絡是本書的核心，有必要對它做較詳細的說明。本章將從四方面對它予以詳述：

a.它的建構方法及分類方法

b.它的分析運用方法，包括個別成員，完整性以及潛在類型對代間支持的影響

c.它與代間支持相互性的關係

d.它的動態性

3.第四章：老人心理福祉

囿於篇幅，第一章無法對老人心理福祉做詳細的說明。如前所述，本書將老人心理福祉分成正負兩向。正向的心理福祉是指有關生活滿意的研究，本書將之又分成兩類。一為主觀的綜合生活滿意與生活領域之滿意。第四章呈現對生活滿意之研究。生活滿意所採用的指標為Neugarten等人所設計的LSIA（Life Satisfaction Index A）。探討的主旨為了解生活滿意如何隨年齡而呈動態性變化。研究重點包括下列三項：

a.年齡的影響

一般認為老人之生活滿意是隨年齡增長而遞減。這種現象實際上是反應老人期必須面對諸多困擾，所以必須控制老年期重大生命事件等相關因素的影響。

b.年輪（cohort）效應

上述研究結果出現一個例外，70-74歲老人之生活滿意顯著高於60-64歲組。70-74歲組這一組是1920年代經濟蕭條時期出生的世代，幼年期的磨練讓他們在老年期的生活滿意度較高。而呈現所謂的世代效應。

c.休閒生活

另外，研究結果也顯示休閒生活的影響僅次於生命重大事件。而老年

期多出的時間從事哪些休閒活動？退休後是否有所變動？這些變動對生活滿意是否有所影響？對這些現象，活動理論（activity theory）或延續理論（continuity theory）是否比退出理論（disengagement theory）更為適用？

d.生命三階段的差異

為了進一步探討退出理論的適用性，遂比較不同生命階段族群在生活滿意方面的差異。60歲以上的族群的生活滿意會不會與30-59歲組及29歲以下組受到不同因素的影響？

4.第五章：社會支持與老人心理福祉

第五章為總綰本書的一章，它將家庭、社會支持與老人心理福祉連接在一起。對心理福祉的探討也由動態轉為靜態。採用單一年份的資料探討社會支持對心理福祉，包括正向的生活滿意與負向的憂鬱傾向之影響。研究重點為採用戶基護航網絡作為社會網絡的指標，重點在於檢視它對心理福祉的作用機轉。理論上它主要是扮演中介角色或緩衝作用。另外，生活滿意是正向心理指標指標，而憂鬱傾向則是負向心理指標。因此另一個研究重點是「戶基護航網絡成員對正向與負向心理指標會不會有不同的作用？」如果有不同的作用，就顯示戶基護航網絡是一個有鑑別力的指標。

5.第六章：台灣老人家庭、社會支持與心理福祉研究的挑戰與對策

本章的主旨是對本書作一個總檢討。隨著台灣人口快速老化，如何使眾多老人能夠生活得到支持，心理能夠滿意，是我們的根本挑戰。另外一個伴隨而來的挑戰是社會變遷使得家庭型態改變，而減弱家庭的養老功能，促使老人必須依賴社會支持系統來取得生活支持與心理福祉。而上述的挑戰，牽涉到三個研究領域：家庭、社會支持及老人心理福祉。本書採用不同機構所舉辦的調查資料進行相關問題的探討。而分析則是依資料性質採用不同的分析方法，所以在資料與分析方法也都面臨不同的挑戰。本章將說明本書所採取的權宜對策。

參考文獻

內政部(2012)，《中華民國統計年刊，民國一百年》，台北：內政部，民國101年6月。

內政部(2008)，《中華民國人口統計年刊》，台北：內政部，民國98年6月。

內政部(1994)，《中華民國臺灣地區老人狀況調查報告》，台北：內政部，民國83年12月。

行政院經濟建設委員會(2008)，《中華民國臺灣：97年至145年人口推計》，台北：行政院經濟建設委員會。

徐良熙、林忠正(1984)，〈家庭結構與社會變遷：中美單親家庭之比較〉，《中國社會學刊》8：1-22。

陳紹馨(1979)，《臺灣的人口變遷與社會變遷》，台北：聯經出版公司。

陳肇男、孫得雄、李棟明(2003)，《臺灣的人口奇蹟：家庭計畫政策成功探源》，台北：中央研究院、聯經出版公司。

陳肇男、史培爾(1990)，〈臺灣地區現代化過程對老人居住安排之影響〉，《人口變遷與經濟社會發展研討會論文集》，台北：中央研究院經濟研究所，頁535-551。

陳肇男(1999)，《老年三寶：老本、老伴與老友──臺灣老人生活狀況探討》，台北：中央研究院經濟研究所，經濟研究叢書第19種。

陳肇男(1998)，〈臺灣地區各類型遷徙之選擇性與差異性〉，《人口學刊》13：43-58。

莊英章(1972)，〈臺灣農村家族對現代化的適應：一個田野調查實例的分析〉，《民族學研究集刊》34：85-98。

章英華、傅仰止(2002)，《臺灣地區社會變遷基本調查計畫》，〈第四期第二次調查計畫執行報告〉，台北：中央研究院社會學研究所，2002年2月。

章英華、齊力(1991)，〈臺灣家戶型態的變遷：從日據到光復後〉，《思與言》29(4)：85-113。

楊靜利，陳寬政(2002)，〈臺灣地區子女離家的原因與步調〉，《人口學刊》21：120-144。

劉克智、董安琪(2003)，〈臺灣都市發展的演進──歷史的回顧與展望〉，《人口學刊》26：1-25。

羅紀瓊(1987)，〈近十年來台灣地區老人家庭結構變遷的研究〉，《台灣經濟預測》，18(2)：83-107。

Adams, R.G. (1986). "A Look at Friendship and Aging." *The Gerontologist* 10: 40-43.

Aldous, J. (1985). "Parent-Adult Child Relations as Affected by The Grandparent Status." In V.L. Bengtson and J.F. Robertson (Eds.), *Grandparenthood*, 117-132. Beverly Hills, CA: Sage.

Antonucci, T.C. (1985). "Personal Characteristics, Social Support and Social Behavior." In R.H. Binstock and E. Shanas (Eds.), *Handbook of aging and the social sciences* (2nd ed., pp. 4-128). New York: Van Nostrand-Reinhold.

Antonucci, T.C., and Akiyama, H. (1994). "Convoys of Attachment and Social Relations in Children, Adolescents, and Adults." In Hurrelmann K. and F. Nestmann (Eds.), *Social Networks and Social Support in Childhood and Adolescence*, pp. 37-52. Berlin: Aldine de Gruyter.

Antonucci, T.C., and Akiyama, H. (1987). "Social Networks in Adult Life and A Preliminary Examination of The Convoy Model." *Journal of Gerontology* 42(5): 519-527.

Barrera, M. Jr. (1981). "Social Support in The Adjustment Assessmentof Pregnant Adolescents: Assessment Issues." In *Social Networks and Social Support* (Ed.) by B.H. Gottlieb, Sage Publication Inc.

Bengtson, V.L. (2001). "Beyond the Nuclear Family: The Importance of

Multigenerational Bond," *Journal of Marriage and Family* 63(1):1-6.

Bonvalet, C. (2003). "The Neo-Extended Family Circle." *Population: An English Selection* 58(1): 9-41.

Burt, R. (1980). "Models of Network Structure." *Annual Review of Sociology* 6:79-141.

Campbell, A. Converse, P.E. and Rodgers, W.V. (1976). "The Quality of American Life." New York: Russell Sage Foundation.

Cantor, M.H. (1979). "Neighbors and Friends: An Overlooked Resource in The Informal Support System." *Research on Aging* 1(4): 435-463.

Caplan, G. (1974). "Support Systems and Community Mental Health: Lectures on Concept Development." NewYork: Behavioral Publications.

Chen, C. (2006)b. "Does The Completeness of A Household-Based Convoy Matter in Intergenerational Support Exchanges?" *Social Indicators Research* 87: 287-305.

Chen, C. (2006)a. "A Household-Based Convoy and The Reciprocity of Support Exchanged between Adult Children and Non-CoresidingPatents." *Journal of Family Issues* 27(8): 1100-1136.

Chen, C. and Paul K.C. Liu(2007). "Is Taiwan's Lowest-Low Fertility Reversible via Socio-Economic Development?" *Journal of Population Studies* 34: 1-36.

Chen, C., P., Liao and H. Lin(2010). "Is the Household-Based Convoy a Role-Related Support Network?" *Research on Aging* 32(5): 645-676.

Cherlin, A.J. (1981). *Marriage, Divorce, Remarriage.* Cambridge, MA: Harvard University Press.

Cobb, S. (1976). "Social Support as a Moderator of Life Stress." *Psychosomatic Medicine* 38: 300-314.

Durkheim(1951). "Suicide: A Study in Sociology." Glencoe: The Free Press.

Fei, X. (1992). *From the Soil-The Foundation of Chinese Society.* Berkeley,

Los Angeles, Oxford:Universiy of California Press.

George, L.K. (2006). "Perceived Quality of Life." In R.H. Binstock and L.K. George (Eds.), *Handbook of Aging and the Social Sciences*. San Diego: Academic Press.

George, L.K. (1981). "Subjective Well-being: Conceptual and Methodological Issues." In C. Eisdorfer (Ed.) *Annual Review of Gerontology and Geriatrics*, pp. 345-382. New York: Springer.

Goode, W.J. (1963). "World Revolution and Family Patterns." New York Free Press.

Goulder, A.W. (1960). "The Norm of Reciprocity: A Preliminary Statement." *American Sociological Review* 15:161-178.

Hays, R. (1984). "The Development and Maintenance of Friendship." *Journal of Social and Personal Relationships* 1:75-98.

Hirmes, C.L. and Reidy, E.B. (2000). "The Role of Friends in Caregiving." *Research on Aging* 21(4): 315-336.

Hirsch, B.J. (1980). "Natural Support Systems and Coping with Major Life Changes." *American Journal of Community Psychology* 8:159-177.

House, J.S. (1981). *Work Stress and Social Support*. Addison-Wesley Publishing Company.

Hoyert, D.L. (1991). "Financial and Household Exchanges between Generations." *Research on Aging* 13(2): 205-225.

Kahn, R.C. and T.C. Antonucci (1981). "Convoys of Social Support: A Life-course Approach." In S.B. Kiesler and V.K. Oppenheimer (Eds.), *Aging: Social Change*, Academic Press: New York, pp. 383-405.

Kaplan, B.H., J.C. Cassell and S. Gore(1997). "Social Support and Health." *Medical Care* 15(supplement): 47-58.

Lin, N., Simeone, R., Ensel W., and Kuo, W. (1979). "Social Support, Stressful Life Events and Illness: A Model and An Empirical Test."

Journal of Health and Social Behavior 20:108-119.

Litwak, E. (1985). "Helping The Elderly: The Complementary Roles of Informal Networks and Formal Systems." *The Gerontologist* 41(4), 516-524.

Litwak, E. (1960). "Geographic Mobility and Extended Family Cohesion." *American Sociological Review* 25(3), 385-394.

Liu, K.C. (1979). "Economic Aspects of Rapid Urbanization in Taipei." *Academia Economic Papers* 7(1):151-87.

Maddox, G.L. (1992). "Aging and Well-being." In Cutler, N.E. et al. (Eds.) *Aging, Money and Life Satisfaction, Aspects of Financial Gerontology*, pp. 53-67. New York: Springer.

Neugarten, B.L., R.J. Havighurs and S.S. Tobin (1961). "The Measurement of Life Satisfaction. " *Journal of Gerontology* 16(2):134-143.

Notestein, F.W. (1945). "Population: The Long View." In T.W. Schultz (ed.), *Food for the World*, Chicago: University of Chicago Press, pp. 36-57.

Pannell, C.W. (1973). *T'ai-Chung, Taiwan: Structure and Function.* Chicago: University of Chicago Press.

Peek, M.K. and Lin, N. (1999). "Age Differences in the Effects of Network Composition on Psychological Distress." *Social Science and Medicine* 49, 621-636.

Radloff, L.S. (1997). "The CES-D Scale: A Self Report Depression Scale for Research in The General Population. " *Applied Psychological Measurement* 1: 385-401.

Roberto, K.A. (1989). "Exchange and Equity in Friendships." In R.G. Adams and R. Blieszner (Eds.) *Adult Friendship: Structure and Process*, pp. 147-165. Newbury Park, Calif: Sage Publications.

Rubin, Z. (1973). *Liking and Loving: An Invitation to Social Psychology.* New York: Holt, Rinehart and Winston.

Shea, L., Thompson, L., and Bleiszner, R. (1988). "Resources in Older Adults' Old and New Friendships." *Journal of Social and Personal Relationships* 5:83-96.

Silverstein, M., Li, S., and Zhang, W. (2003). "Intergenerational Exchange in Rural Chinese Families." *Presented at International Conference on Allocation of Social And Family Resources in Changing Societies Sun Yat-Sen Institute for Social Sciences and Philosophy*, Academia Sinica, 4-6 December 2002, Taipei, Taiwan.

Soldo, B.J. (1981). "The Living Arrangements of The Elderly." In S.B. Kiesler, J.N. Morgan and V.K. Oppenheimer (Eds.), *Aging: Social Change*, 491-512. New York: Academic Press.

Speare, Jr., Alden, K.C. Liu, and C.L. Tsay (1980). *Urbanization and Development: The Rural-Urban Transition in Taiwan.* Boulder: Westview Press.

Stoller, E.P. (1983). "Parental Caregiving by Adult Children." *Journal of Marriage and the Family* 45, 851-858.

Shumaker, S.A. and A. Brownell (1984). "Toward a Theory of Social Support: Closing Conceptual Gaps." *Journal of Social Issues* 40:11-36.

Tung, A.C., C.N. Chen, and Paul K.C. Liu (2006). "The Emergence of The Neo-Extended Family in Contemporary Taiwan." *Journal of Population Studies* 32, 123-152.

United Nation. *The Determinants and Consequences of Population Trends-New Summary of Findings on Interaction of Demographic, Economic and Social Factors* 1, New York: United Nations(1973). Print.

United Nation. *Concise Report on the World Population Situation in 1970-75.* New York: United Nations(1976). Print.

Van den Berg, Leo, Drewett, R., Klassen, L.H., Rossi, A. and Vijverberg, C.H.T. (1982) *Urban Europe: A Study of Growth and Decline*, Oxford,

Perganon.

Vaux, A. (1988). *Social Support-Theory, Research, and Intervention*. Praeger Publicaton.

Vaux, A. and Harrison, D. (1985). "Support Network Characteristics Associated with Support Satisfaction and Perceived Support." *American Journal of Community Psychology* 13: 245-268.

Walker, K., A. Macbride, and M. Vachon (1977). "Social Support Networks and the Crisis of Bereavement." *Social Science and Medicine* 11: 35-41.

Walster, E., G.W. Walster, and E. Berscheid (1978). *Equity: Theory and Research*, Boston: Allyn and Bacon.

Weiss, R.S. (1974). "The Provisions of Social Relations." In *Doing unto others*, edited by Z. Rubin, pp. 17-26. Englewood Cliff, N.J.: Prentice-Hall.

Wellman, B. and Wortley, S. (1989). "Brothers' Keepers: Situating Kinship Relations in Broader Networks of Social Support." *Sociological Perspective* 32(3): 273-306.

第二章　家庭型態與代間支持

　　家庭是每個人一生中最重要的非正式社會支持來源，不過每個人所能取得或給予家人的支持卻受到家庭型態的影響。而家庭型態又會受到社會變遷的衝擊而產生改變。當家庭無法負起長輩或老人的某些支持功能時，長輩或老人就只好轉向社會支持系統求援。但是家庭仍然是最重要的支持來源。因此如何界定與衡量家庭型態，讓它納入社會支持系統就變成本書的一個重要研究課題。

　　本章將探討二種家庭型態的衡量方法對代間支持交換的影響。這二種方法包括：(1)新式家庭型態分類及(2)兩代家戶型態。新式家庭型態的衡量需要比較多的資訊才能執行，但可得到比較精緻的家庭類型。兩代家戶型態的衡量所需的資訊較少，所以執行上相對容易，具實用的政策意涵。以下將分兩節詳細說明這二種研究之方法與結果，包括(1)新式家庭型態分類及(2)兩代家戶型態。再依結果決定採用何種家庭衡量方法納入社會支持系統。最後乙節則為結語。

一、新式家庭型態分類

　　受到工業化與都市化的衝擊，1960年代以後，很多台灣的年輕人移向都市去就學、就業，然後在都市生根，但是他們還是與留在鄉下的父母保持密切的關係，仍然相互支持。在形式上，這種情形已背離傳統擴大家庭的定義──同住共食。而實質上，他們不但來往密切，也相互支持。形成所謂的新式擴大家庭，不同住共食，但有實質的關係與相互支持。

　　新式家庭型態分類之探討分三小節予以說明，包括：(1)資料來源，

(2)分類方法，及(3)結果。

1.資料來源

　　本節之資料取材自中央研究院社會學研究所在2001年所主辦的社會變遷調查系列之四期二次調查。該調查以1999年20歲以上人口為抽樣母體，抽樣方法採三階段等機率分層取樣。鄉鎮市區的抽樣係依都市化程度將全台所有鄉鎮市(區)分為十個層級。再將同分層之鄉鎮市(區)按人口數由小到大排列，並做人口數的累加，再用PPS選取，而村里的個案之選取也是採PPS方法。

　　該調查預計完成樣本案數為2,000案，為了避免拒訪或其他干擾因素而無法達成預計完成數，乃依照每一分層以往之完成率，採用膨脹比例方法抽取樣本，膨脹比例介於1.6-2.1倍之間，合計共抽出3,659個樣本，完訪樣本為1,979案(章英華、傅仰止，2002)。如除去籍在人不在個案，完訪率為70.5%。

　　完訪樣本中男女約各半(50.5% vs. 49.5%)，年齡分配以30-39歲(24.0%)及40-49歲(25.8%)為主。其次為20-29歲(16.5%)及50-59歲(12.2%)。65歲以上則占19.1%。樣本教育程度略為偏高，專科或以上教育程度占27.0%，而初、高中程度為41.0%。婚姻以已婚為主(82.1%)。有宗教信仰者占72.0%。個案或其配偶擁有房屋之比率為56.4%。月收入在台幣2萬元以上者占52.1%；2-4萬元者占25.1%；4萬元以上者占23.8%。

2.分類方法

　　本書第一章第二節指出1960年代以來學者陸續提出很多新的家庭概念，主因是家庭核心化，減弱家庭的養老功能。為了彌補這種缺失，新的家庭概念之共同焦點就是設法將核心家庭與原生家庭連結在一起，形成新型的擴大家庭。它與傳統大家庭的最大差異在於居住安排，傳統大家庭是同住共食，而新型的大家庭是分散居住，由於社會背景不同，所以各個新概念的建構方法也不同。

　　本節之新式家庭型態分類方法近似第一章所介紹的家庭圈的分類方法（Bonvalet, 2003），不過分類標準略有不同。Bonvalet依親密性（affinity），接觸頻率（frequency of contact），及相互支持（mutual help）三個標準，將家庭分成三個類型：分散家庭圈（dispersed family circle），地區家庭圈（local family circle），及其他。本節則採親密性（affinity），居住接近性（residential proximity），及接觸頻率（frequency of contact）三個元素，三者分別界定如下：

　　(1)親密性：近親包括父母、子女與兄弟姊妹。

　　(2)居住接近性：

　　　　(a)近：居住在車程30分鐘內。

　　　　(b)遠：居住在車程30分鐘以上。

　　(3)接觸頻率：

　　　　(a)常：每週最少一次。

　　　　(b)不常：每週少於一次。

　　三元素中，親密性列為前置條件，再依居住接近性與接觸頻率兩元素將家庭分成四種類型（見表2-1-1），即(1)新式擴大家庭（neo-extended family）：居住在30分鐘車程內，而且每週接觸一次或以上。(2)散居型（dispersed family）：雖然每週接觸一次或以上，但居住在30分鐘車程以外。(3)疏離型（alienated family）：雖然居住在30分鐘車程內，但每週接觸少於一次。(4)孤立型（detached family）：居住在30分鐘車程外，且每週接觸少於一次。

表2-1-1　新式家庭型態分類

居住遠近	接觸頻率	
	常（每週一次或以上）	不常（每週少於一次）
近（30分鐘車程內）	新式擴大家庭	疏離家庭
遠（30分鐘車程外）	散居家庭	孤立家庭

資料來源：董安琪、陳肇男、劉克智(2005). "The Emergence of the Neo-Extended Family in Contemporary Taiwan." 《人口學刊》32：123-152。

在這裡值得一提的是，如果把新式擴大家庭與散居家庭合在一起就等於Litwak(1960)或Hoyert(1991)所說的修正式擴大家庭(modified extended family)，而將兩者區分開來的優點是可以進一步檢討居住遠近對代間支持的影響，是一種比較精緻的分類法。而新式擴大家庭可視為在社會衝擊下，由傳統擴大家庭延伸而來，不受限於居住遠近的擴大家庭。

3.結果

(1)新式家庭型態之分配情形

表2-1-2顯示2001年新式家庭型態分類方法之分配如下：(1)新式擴大家庭，53.87%；(2)散居家庭，20.62%；(3)疏離家庭，15.11%；及(4)孤立家庭，10.41%。而傳統家庭型態之分配為：(1)核心家庭，58.31%；(2)主幹家庭，29.31%；(3)聯合主幹家庭，5.56%；及(4)單人家庭，6.82%。表2-1-2的第二部分則顯示兩種分類之相關情形。第二部分為行的百分比分配。傳統的核心家庭中之53.81%為新式擴大家庭；20.71%為散居家庭；15.25%為疏離家庭；10.23%為孤立家庭。主幹家庭與單人家庭之新式家庭型態分類法所得分配與核心家庭之新式家庭型態分類法所得相當接近。只有聯合主幹家庭之新式家庭型態分類法所得分配與上述三者之差異較大。新式擴大家庭的比率只占45.45%，比其他三類家庭約低8-10%。而疏離型家庭之比率則為28.18%，比其他三類之分配高出3-7%。上述差異有可能是聯合主幹家庭之內部支持較多，所以會較疏離不住在一起的家庭。綜合而言，在都市化與工業化的衝擊下，家庭的凝聚力還在。

表2-1-2的第三部分顯示列的百分比分配，新式擴大家庭之組成為核心家庭占58.26%；主幹家庭，30.02%；聯合主幹家庭，4.69%；及單人家庭，7.04%。散居家庭與隔離家庭之傳統家庭類別組成與新式擴大家庭之組成相近。而疏離家庭之傳統家庭類別組成與上述三類的差異較大。疏離家庭中有10.37%來自聯合主幹家庭，較其他三類家庭高出約4-6%。如上段所述，其差異可能原因為聯合主幹家庭之內部支持較多，所以疏離分出

去的家庭。綜合而言，家庭型態雖然核心化，距離的阻隔，初步看來，並不影響家庭凝聚力。

表2-1-2　2001年台灣新式家庭型態分類之百分比分配

家庭分類	傳統家庭分類				
	核心	主幹	聯合主幹	單人家庭	合計
	數量				
新式擴大家庭	621	320	50	75	1,066
散居家庭	239	120	17	31	408
疏離家庭	176	78	31	14	299
孤立家庭	118	62	12	14	206
合計	1,154	580	110	135	1,979
	行百分比				
新式擴大家庭	53.81	55.17	45.45	55.56	53.87
散居家庭	20.71	20.69	15.45	23.70	20.62
疏離家庭	15.25	13.45	28.18	10.37	15.11
孤立家庭	10.23	10.69	10.91	10.37	10.41
合計	100	100	100	100	100
	列百分比				
新式擴大家庭	58.26	30.02	4.69	7.04	100
散居家庭	58.58	29.41	4.17	7.84	100
疏離家庭	58.86	26.09	10.37	4.68	100
孤立家庭	57.28	30.10	5.83	6.80	100
合計	58.31	29.31	5.56	6.82	100

*單人家庭含單人家戶及其他。
資料來源：見表2-1-1。

（2）新式擴大家庭的影響因素

　　新式擴大家庭已蔚為主流，有必要進一部探討其成因。對於新式擴大家庭的成因，係採用邏輯迴歸(logit regression)加以探討，具不顯著影響因素如年齡、職業、居住區類型(都市或鄉村)、家庭收入及父親之社經地位等變項均予以排除。另外，男性及女性也分別進行邏輯迴歸分析。傳統上，女性結婚後被視如「潑出去的水」，不再屬於原生家庭，對父母的責任也賦與不同兒子的期待。這些傳統價值觀念有可能會影響女性形成新式擴大家庭之意願與能力，所以值得進一步分析。

　　表2-1-3顯示男性及兩性合計之組成新式擴大家庭之影響因素包括教育，月收入，住宅所有權，宗教，老年經濟來源期望及分產情形。而女性只有「教育」這個變項具顯著影響力。

表2-1-3　屬於新式擴大家庭之機率(勝算比odd ratio)：台灣2001年

變項	新式擴大家庭		
	合計	男性	女性
教育			
專科或以上	0.37 ***	0.3***	0.39***
初、高中	0.71	0.68	0.79
(小學或以下)			
月收入			
台幣2萬元以下	0.73 　*	0.63*	1.01
台幣2-4萬元	0.85	0.76	1.19
(4萬元或以上)			
房屋所有權			
屋主	1.47 ***	1.81***	1.20
(其他)			
宗教			
有	1.25 　*	1.37 *	1.16
(無)			
老年經濟來源期望			
兒子	1.32 　**	1.44 *	1.23
兒子與女兒	0.79 　*	0.64 *	0.88
(其他，如自己)			
分產情形			
部分	1.99 　**	2.47**	1.60
全部	1.10	1.07	1.11
無家產	1.07	0.97*	1.16
(未分產)			
人數	1979	1000	979

| -2 Log L | 2611.44 | 1295.96 | 1301.24 |
| 概似比 | 120.20 *** | 85.71 *** | 48.55*** |

註：*0.05顯著水準，**0.01顯著水準，***0.001顯著水準。
資料來源：見表2-1-1。

　　上述結果之意義可摘敘如下。第一，教育程度對新式擴大家庭呈顯著負效果。在其他狀況相同時，專科或以上教育者屬於新式擴大家庭之勝算比(odd ratio)為小學或以下者之0.37-0.39倍。初、高中教育者之勝算比則為0.68-0.71。教育程度所呈現之負效果是反映台灣之人力資本形成是西式理想與孔孟倫理的中西合璧。相較於西方教育模式，孔孟學說強調孝道，父母權威，與家庭及氏族的合諧。台灣的初級教育強調孔孟學說，而高級教育注重西方理想(Liu, 1992)。因此，只接受初級教育的人會維持傳統思想，與近親維持連帶關係，會勤於聯繫，也選擇居住相近地方。

　　第二，在控制其他因素後，只有男性具顯著正影響，這種結果與以往的研究發現一致。以往研究指出，高收入者，比較能幹，所以遷出動機較高，也較有能力建立跨戶連帶(Coombs and Sun, 1981; Thornton and Thomas, 1987; Chang, 1988)。但是收入對女性之影響並不顯著。

　　第三，擁有房屋的較有可能屬於新式擴大家庭。男性有房屋者較無屋者成為新式擴大家庭型態之勝算比為1.81倍，而兩性合計則為1.47倍。這種結果與法國的研究發現相同。在法國，有屋者傾向與近親住的較近，是希望能「創造出一個家」(Bonvalet, 2003)。不過，擁有房屋對女性之家庭型態的影響並不顯著。

　　第四，有宗教信仰者，其屬於新式擴大家庭之勝算比較大，男性為1.25倍，兩性合計為1.37倍。都達0.05的顯著水準。以往研究指出參與宗教活動會增加個人社會資源和社會支持的交換(Ellison and George, 1994)。

　　第五，希望老年時由兒子提供經濟支持者比希冀其他經濟來源者較傾向於維持新式擴大家庭。不過，冀望兒子與女兒提供老年經濟支持者之勝算比則是低於其他經濟來源冀望。老年生活費來源之冀望可視爲一種依附傳統家庭價值的指標。冀望老年生活費來自兒子與女兒者，相較於只冀望兒子者有可能是較爲西化，因此選擇較有隱私的居住安排，較少與近親互動。

最後，分產與否也有正效應。雖然台灣的法律是男女都有繼承權，但實質上男性繼承大部分家產。更重要的是有些在父母往生以前就已經分產(Chu et al., 2005)。所以男性之分析呈顯著效應，而女性則否。

在男性部分，部分分產之勝算比大於已完全分產之勝算比。這種結果與「策略性贈與」假設相符(Berhein et al., 1985)。「策略性贈與」假說指出在美國來自多個子女家庭者較常拜訪擁有較多可贈與之財產的父母，因爲贈與被視爲一種對父母提供服務之補償。而已完全分產之勝算比仍大於未分產之勝算比的結果則與「親屬壓力」假說相符(Chu et al., 2005)。「親屬壓力」假說認爲分產以後，子女會在同儕的孝道壓力下，較未分產之子女更勤於探視父母。

上述兩種對立假說各有適用性，顯示分產是個複雜的議題，有待進一步的研究。事實上，分產與老年經濟支持兩者與不同住兩家是否共同積聚與分享資源有關。也與新式擴大家庭是否流行，以及台灣家庭型態是否改變有關。所以要進一步檢視新的家庭型態對代間支持的影響。

(3)各式新家庭型態之支持交換

表2-1-4顯示受訪者與不同住近親所交換之三類支持。這三類支持所需投入的性質各不相同。第一類是工具性支持，內容包括生病照顧、照顧小孩及料理家事。這些支持只需要投入勞力或時間，但是這些支持的交換會受到空間距離的障礙(Silverstein et al., 2002)。第二類爲愛心支持，主要是提供口頭建議，所需的是一點時間。第三類是財務支持，包括定期與不定期財務支持。這三類支持的相互關係並不確定，有一說是時間與金錢兩者是有替代關係(Couch et al., 1999)。就如俗話說的「有錢的出錢，有力的出力」。由表2-1-4可知工具性與愛心支持之交換比率較高(約爲80%)。不定期金錢交換(約50%)又高於定期財務支持(15-32%)。

表2-1-4　各式新家庭型態之非正式社會支持的提供
與接受比率，台灣2001年

新家庭型態	數量	百分比				
		工具性 支持 （1）	愛心 支持 （2）	財務支持		
				定期財務 （3）	不定期 財務(4)	小計 (5)=(3)或(4)
提供						
新式擴大家庭	1066	90.43	86.77	33.58	49.34	62.01
散居家庭	408	87.25	87.99	33.82	59.80	72.30
疏離家庭	299	84.95	81.94	29.10	40.47	53.85
孤立家庭	206	80.16	82.52	30.58	50.49	61.65
合計	1979	87.87	85.85	32.64	50.28	62.86
接受						
新式擴大家庭	1066	81.89	85.83	16.32	46.15	52.35
散居家庭	408	78.68	87.01	12.01	46.08	49.26
疏離家庭	299	76.59	81.94	19.73	42.81	51.51
孤立家庭	206	68.93	76.70	10.68	38.83	43.20
合計	1979	79.08	84.54	15.36	44.87	50.63

資料來源：見表2-1-1。

　　其次，表2-1-4也顯示新式擴大家庭與散居家庭交換較多的三類支持。由此可知接觸頻率會強化非正式社會支持，而空間距離之影響較不明顯，唯一的例外是疏離家庭所取得的定期財務支持略高於其他家庭類型。

　　第三，表2-1-4也指出在接觸頻率相同下，居住較近的家庭會交換較多的工具性支持。例如新式擴大家庭曾提供工具性支持的占90.4%，而散居家庭為87.3%，另外疏離家庭之比率為85.0%，也高於孤立家庭的80.16%。上述結果顯示空間距離會影響支持的交換。不過，來往頻率的重要性高於空間距離。

　　最後，表2-1-4也顯示提供支持的比率高於接受的比率。三類支持

中，以定期財務之差異最大。四類家庭得到財務支持之合計比率為
15.4%，而提供之合計比率為32.6%。上述差異顯示有可能提供支持與接
受支持之決定因素不同。

(4)支持交換之影響因素

　　支持交換之影響因素探討也採邏輯迴歸。自變項包含：家庭型態、性
別、年齡、教育、月收入、居住地及房屋所有權等7個變項。其中，年齡
分三組，20-34，35-54，及55歲或以上。收入也分三組，4萬元以下，4-7
萬元，及8萬元或以上。居住地分大都市，都市，及鄉村。其他變項因不
顯著，所以被刪除。

　　表2-1-5顯示新式擴大家庭是最可能提供近親工具式與愛心支持的家
庭型態。其定期財務支持之勝算比雖然不小，但未達0.05的顯著水準。在
性別方面，男性比女性更有可能提供定期財務支持，但較不可能提供工具
性支持。在年齡方面，年輕與中年兩組比較不可能提供工具性支持，但是
較可能提供愛心與財務支持。中年人提供定期財務支持之可能性是5倍於
老年組。就教育而言，中高教育程度之提供不定期財務之勝算比較高。而
月收入低者，各種支持之勝算比都低。居住都市者比居住鄉下者提供較少
的工具性支持、愛心與定期財務支持；但提供較多的不定期財務支持。而
擁有房屋者之各項勝算比都低於1，但只有定期財務支持達0.05顯著水
準。

表2-1-5　提供支持給近親之影響因素，台灣2001年

變項	工具性支持	愛心支持	財務支持	
			定期	不定期
家庭型態				
新式擴大家庭	1.91 **	1.59 **	1.36	1.12 *
散居家庭	1.50	1.41	1.19	1.27 **
疏離家庭	1.53	0.97	1.45	0.60 ***
（孤立家庭）				
性別				
男	0.78 *	1.02	1.41 **	0.89

（女）				
年齡				
20-34	0.34 **	2.35 *	1.82	4.20 ***
35-54	0.35 ***	2.19 *	5.32 ***	4.35 ***
（55或以上）				
教育				
專科或以上	0.85	1.37	0.91	1.80 *
初高中	0.89	1.00	1.17	1.77 * *
（小學或以下）				
月收入				
4萬元以下	0.67 *	0.55 **	0.51 *	0.51 ***
4-7.9萬元	0.83	0.80	0.46 ***	0.91 **
（8萬元或以上）				
居住地				
大都市	0.63	0.41 ***	1.25	0.77
都市	0.61 *	0.53	1.06	0.79
（鄉村）				
房屋所有權				
擁有	1.33 *	1.35 *	1.43 **	1.13
（其他）				
N	1979	1979	1979	1979
-2 Log L（intercept and covariates）	1704.05	1525.38	2218.13	2362.89
概似比	86.22 ***	88.11 ***	281.82 ***	380.53 ***

註：*0.05顯著水準，**0.01顯著水準，***0.001顯著水準。

　　質言之，新式擴大家庭，中年以下，男性，高收入及擁有房屋者較有可能提供愛心與財務支持予近親。反之，孤立家庭，年輕，女性，低收入，住都市及未擁有房屋者，不可能提供工具性支持。上述結果顯示非正式支持之提供與受訪者之資源有關。

　　表2-1-6則顯示接受支持的邏輯迴歸結果。新式擴大家庭之勝算比在工具性支持與愛心支持兩者都是比其他變項之勝算比大；但在定期與不定期財務支持兩方面，雖然新式擴大家庭之勝算比也相當大，但未達顯著水準。另外，男性則是比女性較不可能接受工具性支持。而年輕人則是比年

長者較可能接受工具性支持與愛心支持。不過，中年人則是最不可能接受財務支持。高教育程度者傾向於較少接受工具性支持，而中等教育程度者則是較不可能接受財務支持。在收入方面，低收入者較不可能得到工具性與愛心支持。相較於鄉村受訪者，城市受訪者得到較少的工具性、愛心與不定期財務支持，但較可能得到財務支持。而擁有房屋者比沒有房屋者較少得到財務支持。綜合而言，資源較少的人比較可能得到不同住近親之支持，顯示需求法則適用於支持之取得。

表2-1-6　接受近親給予支持之影響因素，台灣2001年

變項	工具性支持	愛心支持	財務支持	
			定期	不定期
家庭型態				
新式擴大家庭	2.08 ***	2.00 ***	1.35	1.26
散居家庭	1.55	1.88 *	1.24	1.40 *
疏離家庭	1.24	1.17	1.70	1.02
(孤立家庭)				
性別				
男	0.78 *	0.82	0.89	0.97
(女)				
年齡				
20-34	2.33 ***	3.04 ***	0.43	0.75
35-54	1.28	1.74	0.22 ***	0.44 ***
(55或以上)				
教育				
專科或以上	0.60 *	1.00	0.54	0.63
初高中	0.70	0.80	0.49 **	0.64 *
(小學或以下)				
月收入				
4萬元以下	0.62 **	0.70 *	1.07	0.86
4-7.9萬元	0.77	0.89	1.28	0.92
(8萬元或以上)				
居住地				

大都市	0.49 **	0.40 ***	2.22 ***	0.72
都市	0.49 **	0.53	1.68	0.68 *
（鄉村）				
房屋所有權				
擁有	0.89	0.97	0.72 *	0.85
（其他）				
N	1979	1979	1979	1979
-2 Log L (intercept and covariates)	1951.94	1624.84	1512.87	2607.44
概似比	78.08 ***	79.66 ***	184.82 ***	115.18 ***

註：*0.05顯著水準，**0.01顯著水準，***0.001顯著水準。

　　綜合上述兩個迴歸分析的結果，受訪者與近親之支持交換主要是受到需求法則與個人資源所規範。質言之，新式擴大家庭較有可能從事非正式社會支持交換。除此之外，性別及年齡也各有其交換型態。男性較傾向提供定期財務支持，但不太接受各式支持。中年以下受訪者較少提供工具性支持，反而是工具性支持的接受者，但在財務方面則是扮演提供者的角色，而非接受者。中年人尤其是主要財務提供者。上述結果很明顯是一種用金錢交換時間。另一方面，中年人與年輕人相較於老年人是既提供也接受較多愛心支持。就教育程度而言，高教育程度者提供較多的工具性與財務支持，但反而較少接受這兩類支持。收入低者比較不可能提供各式支持，也接受較少的工具性與愛心支持。都市受訪者比鄉村受訪者較少交換工具式與愛心支持，但給予近親較多財務支持。而房屋擁有者則是提供多於接受各式支持。

　　就本書而言，新式家庭類型之研究分析結果提供兩類重要訊息。第一，老年人是代間支持的受惠者。在控制家庭型態及其他因素後，老年人得到較多的支持，但提供較少的支持。第二，來往頻率是代間支持的重要影響因素。新式擴大家庭兼具來往頻率高與居住距離近的雙重優點，所以它在提供與接受支持兩方面都顯著高於孤立家庭。但是就散居家庭與疏離家庭而言，一個具來往頻率高的優點，另一個則是有居住距離近的好處。不過，散居家庭的提供與接受工具型支持的比例都高於疏離家庭。另外，在迴歸係數方面，兩者在提供支持之係數非常接近，但得到支持之係數則是散居家庭大於疏離家庭。綜合支持比例與迴歸係數的分析結果，我們傾向於認為來往頻率之重要性高於居住距離。

二、兩代家戶型態

雖然新式家庭類型研究能提供上述兩項重要訊息，但是它仍有兩項限制。第一，它需要較多的資訊才能劃分類型。第二，四種新式家庭都含有不同成分的傳統家庭的各式分類，而傳統家庭分類是相對容易分辨。為了克服這兩項限制，本書乃提出兩代家戶型態之分析研究，以供戶基護航網絡建構之參考。

兩代家戶型態之探討是以父母之居住安排為主軸，將兩代家戶區分成三類，包括(1)與自己同住，(2)與已婚兄弟姊妹同住，與(3)其他。這種分類的好處是保留距離的影響，但省去來往頻率的考量。另外如果前者之多種代間支持顯著優於其他兩類，在這種情況下，我們可將前者(與父母同住兩代家戶)納為戶基護航網絡之最重要成員。以下將依資料、方法，與結果說明兩代家戶型態之探討。

1.資料

兩代家戶型態研究的資料取自中央研究院社會學研究所在2006年7-9月所舉辦的五期二次社會變遷調查。抽樣方法與四期二次調查相同也採三階段等機率分層抽樣。一共選取4,000人，完訪2,102人，完訪率為54.1%(傅仰止、張晉芬，2007)。

完訪樣本中男女約各半。年齡組成以30-64歲為主，占50.36%；65歲以上則占14.99%，18-29歲為34.65%。樣本的教育程度偏高，具高中學歷者占26.5%，專科或以上則為26.9%。完訪個案中多數為已婚(70.3%)。收入在台幣3-10萬元者占53.1%。與原抽樣分配相比，性別分配相同；而年齡分配略有不同。完訪個案中，65歲以上多出3.5%；30歲以下及30-64歲則分別減少1.9%及1.5%。

　　本節以探討分開居住家戶對代間支持之影響，所以只選擇有父母親存活的個案，總計1,061個案之父親仍在世；而母親仍在世之個案為1,363案。針對這些個案分別詢問父母親之居住安排，以便探討父母親是否有不同居住安排。

2.方法

　　在2006年五期二次社會變遷調查中，受訪者被詢以「如果您父母或配偶父母現在不跟您住在一起，請問他們住得多遠？」答案有六類：(1)隔壁、同棟樓、同鄰巷，(2)走路15分鐘內到達，(3)車程30分鐘以內，(4)車程30分鐘至1小時以內，(5)車程1小時至3小時以內，及(6)車程3小時以上。分析時將上述答案分成兩類，即(1)車程30分鐘以內，及(2)車程30分鐘以上。前者顯示父母是住在同一鄉鎮區。對不適用這項問題的受訪者，再區分為(1)與自己同住及(2)不適用(父母或岳父母不在世)。換言之，父母的居住安排可分為四類：(1)居住在車程30分鐘以上，(2)居住在車程30分鐘以內，(3)與自己同住，及(4)不適用。四者之分配依序如下：(1)14.6%，(2)13.6%，(3)37.1%，及(4)34.7%。在去除不適用者後，卡方值顯示年齡，婚姻狀況，教育程度，家庭收入，父親健康，及母親健康對父母之居住狀況有顯著影響力。

　　不與自己同住的父母，再依與父母同住之兄弟姊妹之婚姻狀況分成父母與已婚兄弟姊妹同住及其他兩類。換言之，在本節裡，家戶型態共分三類，即(1)與自己同住，(2)與已婚兄弟姊妹同住，及(3)其他。

　　在本節之邏輯迴歸分析裡兩代家戶型態是主要自變項，其他自變項包括性別，年齡，教育程度，收入，籍貫，與代間支持相互性。性別分男女兩類。年齡則分29歲或以下，30-59歲，及60歲或以上三組。教育程度則分小學，初中，高中，專科，及大學或以上。收入分3萬元以下，3-10萬元，及10萬元或以上。籍貫分為閩南，客家，外省，及其他。相互性是指提供某種支持，能獲得同種或其他種類之支持。支持交換相互性則分有或沒有提供或接受三種支持。

　　而邏輯迴歸之主要應變項包括工具性支持，財務支持，及愛心支持。在分析財務、工具性支持及愛心支持交換時則將父母合在一起。問卷所提供之支持的答案分五類，包括頻繁，常常，偶爾，很少，及無。在分析時則將前兩類答案歸為有交換，而後三者歸為無交換。

3.結果

(1)兩代家戶型態之分配情形

　　表2-2-1顯示三種家戶型態的分配情形在不分受訪者性別時父母親的居住安排分配差別不大，與受訪者同住的約為50%，與受訪者之已婚兄姊妹同住的比率為16-19%，其他約為33%。雖然受訪者的家戶型態分配不受父母性別的影響，但受到受訪者性別之影響。父母與男性受訪者同住之比率約為60%，而女性之相對比率為35-37%。父母與男性受訪者之已婚兄弟姊妹同住之比率為11-15%；女性受訪者之相對比率為20-23%；其他類型之男性受訪者比率為23-25%，女性則為42%。這種結果顯示隨著現代化的進展，與兒子同住之傳統仍是主流。不過，也有相當比率之父母可以接受與女兒同住。

表2-2-1　依父母親性別區分之家戶型態百分比分配

	與父母同住	與兄弟姊妹同住	其他	合計
父親				
男性				
%	62.36	11.81	25.93	100.00
N	338	64	140	542
女性				
%	37.38	20.81	41.81	100.00
N	194	108	217	519
合計				

%	50.14	16.21	33.65	100.00
N	532	172	357	1,061
母親				
男性				
%	61.65	15.04	23.30	99.99
N	418	102	158	678
女性				
%	34.60	23.21	42.19	100.00
N	237	159	289	685
合計				
%	48.06	19.15	32.80	100.01
N	655	261	447	1,363

資料來源：C. Chen and H. Lin(2008). "Examining Taiwan's Household Types and Their Functions from the Perspective of Parents' Living Arrangement," *Taiwan Economic Forecast and Policy* 42(1): 149-174.

(2)各式兩代家戶之支持交換

　　受訪者性別不只影響兩代家戶型態，也影響到代間支持。表2-2-2顯示男性受訪者之兩代家戶型態與代間支持關係。在財務方面，不與父母同住的兩種家戶類型提供父母較多的財務支持(約42%)，但從父親那邊得到較少的財務支持(18%)。相反的，與父親同住類型則是提供父親較少的財務支持(29%)，但得到父親較多的財務支持(34%)。上述結果顯示，父親願與同住兒子分攤財務支出，而不同住兒子則是用金錢彌補不同住所引起的缺憾。表2-2-2顯示不同住兒子與父親之家務事料理之交換比率遠低於同住兒子，前者之提供與得到之比率為22-27%及19-21%；而後者之提供比率為36%，但得到比率則高達64.8%。這種差異顯示一旦自成獨立家戶，空間距離所形成的障礙會減少料理家務之交換。在傾聽心事之交換型態又不同於前述兩種交換。父親與已婚兄弟姊妹同住之男性受訪者的傾聽心事比率最高(41%)，而其他兩種類型只占29%。而父親傾聽兒子心事之比率全都較低，或許是父親比較不會利用現代化工具表達關心。

表2-2-2　男性與父母親之支持交換分配依兩代家庭型態分

交換	與父母同住		與兄弟姊妹同住		其他	
	%	N	%	N	%	N
父親						
財務						
提供	28.99	338	42.19	64	43.57	140
得到	33.73	338	18.75	64	17.14	140
料理家務						
提供	36.09	338	21.88	64	27.14	140
得到	64.80	338	18.75	64	21.42	140
傾聽心事(關心)						
提供	28.70	338	40.62	64	29.29	140
得到	23.73	338	18.75	64	17.14	140
母親						
財務						
提供	34.45	418	43.14	102	41.77	158
得到	26.87	418	1.96	102	5.70	158
料理家務						
提供	37.56	418	27.45	102	26.58	158
得到	63.15	418	12.74	102	16.45	158
傾聽心事(關心)						
提供	30.63	418	43.14	102	34.81	158
得到	32.54	418	20.59	102	17.72	158

資料來源：見表2-2-1。

　　男性受訪者與母親之支持交換類似與父親之支持交換。不同住的兩種類型提供較多的三種支持，但得到較少的支持。差異最大的是財務支持。不同住的兩種類型得到母親之財務支持比率在6%以下，但是提供同住兒子財務支持之比率仍有27%。上述差異有可能是母親大多沒有收入，無力提供不同住兒子財務支持。不過，與兒子同住之母親則有可能從父親那兒得到資源而給予兒子支持。而在家務料理方面，母親提供的比率略低於父親，但在傾聽心事方面則是略多於父親。前者可能是母親受到較大的距離障礙，後者則是母親天性比父親關心兒子。

　　女性與父母之支持交換大致上與男性相同，不過，多少仍受支持類型與家戶型態之影響而略有差異。表2-2-3顯示父母與女兒之支持交換。與父母同住之女兒，在三種支持類別之交換都高於同住兒子。差異最大的是傾聽心事。上述結果有可能是女性操持家務，所以與同住父母之支持交換較兒子頻繁。其次，我們也發現女性不同住兩種家戶類型也會因支持種類而有所不同。財務與家事之交換比率較低。前者有可能是女性就業比率較低，而後者則是距離障礙。相反的，在傾聽心事方面，女兒之交換比率略高於男性。

表2-2-3　女性與父母親之支持交換分配依兩代家戶型態分

交換	與父母同住		與兄弟姊妹同住		其他	
	%	N	%	N	%	N
父親						
財務						
提供	32.48	194	17.60	108	23.96	217
得到	37.63	194	2.78	108	5.99	217
料理家務						
提供	41.75	194	14.81	108	22.11	217
得到	67.01	194	10.19	108	15.67	217
傾聽心事(關心)						
提供	51.03	194	55.56	108	51.61	217
得到	45.36	194	33.33	108	33.18	217
母親						
財務						
提供	37.14	237	19.49	159	17.64	289

得到	34.18	237	6.29	159	3.12	289
料理家務						
提供	43.76	237	15.72	159	20.06	289
得到	67.09	237	10.69	159	12.11	289
傾聽心事(關心)						
提供	51.90	237	58.49	159	51.56	289
得到	44.30	237	34.60	159	30.79	289

資料來源：見表2-2-1。

(3)支持交換之影響因素

　　支持交換除了受到性別及家戶型態之影響，當然也受到其他因素的影響，所以進一步採用邏輯迴歸分析家戶型態的淨影響力。應變項為有無交換三種支持，自變項包含兩代家戶型態，性別，年齡，教育程度，收入，籍貫，及相互性。各變項之衡量方法已在上一小節說明。

(一)財務支持

　　表2-2-4顯示三種支持交換的邏輯迴歸分析結果。在提供父母財務支持方面，主要是受到社會規範，個人資源，及支持相互性的影響。中國人的傳統是子女，尤其是兒子，對父母有奉養的責任。所以，兩代家戶型態並無顯著影響力，不管是何種居住安排，子女都能善盡奉養責任。而男性提供財務支持的機率則是顯著多於女性。另外，收入多的受訪者會提供財務支持的機率也是顯著大於低收入受訪者。在相互性方面，三種支持呈不同作用。得到父母財務支持的受訪者之提供父母財務支持的機率顯著低於未得到父母財務支持之受訪者。顯示他們的經濟能力較差。而得到父母料理家務與傾聽心事之受訪者之提供父母財務支持之機率較高，顯示財務與勞務之間是有相互替代性。得到父母較多勞務支持與關心就提供較多的財務支持。

　　在得到父母財務支持方面，家庭型態則是具顯著影響力。不與父母同住之兩種型態都顯著較少得到父母的財務支持，顯示他們在財務方面需要獨立自主。另外，還有三個變項也呈顯著負效應，包括收入，教育程度，

表2-2-4　與父母三種支持交換之邏輯迴歸分析結果

參數	財務				料理家務				關心			
	提供		得到		提供		得到		提供		得到	
	係數	標準誤	係數	標準誤	係數	標準誤	係數	標準誤	係數	標準誤	係數	標準誤
截距	1.72**	0.39	5.82**	0.57	1.54***	0.39	2.41**	0.44	0.95*	0.40	1.22**	0.39
家庭型態（與父母同住）												
與兄弟姊妹同住	-0.20	0.12	-1.47**	0.26	-0.61**	0.13	-1.05**	0.38	0.19	0.13	-0.29**	0.13
其他	-0.03	0.10	-1.03**	0.13	-0.36**	0.10	-0.94***	0.10	0.01	0.11	-0.28**	0.10
性別（女）	0.22**	0.08	-0.14	0.10	0.03	0.07	0.12	0.08	-0.42**	0.08	-0.12	0.08
年齡（60+）												
29	0.61	0.54	—	—	-0.59	0.32	0.99	0.59	-0.88**	0.32	0.73	0.37
30-59	0.88	0.54	—	—	-0.39	0.31	0.77	0.59	-0.63*	0.30	0.49	0.36
教育程度（大學+）												
小學	-0.27	0.23	-0.95*	0.39	-0.35	0.24	-0.73*	0.30	-0.63**	0.22	-0.08	0.23
初中	-0.23	0.14	-0.68**	0.19	-0.06	0.14	-0.34*	0.15	-0.38**	0.14	-0.22	0.16
高中	0.09	0.09	-0.61**	0.12	0.14	0.09	-0.14	0.09	-0.08	0.10	-0.02	0.10
專科	0.12	0.10	-0.50**	0.13	0.03	0.10	0.14	0.10	-0.11	0.11	-0.11	0.10
收入（3萬-）												

變項	(1) 係數	(1) SE	(2) 係數	(2) SE	(3) 係數	(3) SE	(4) 係數	(4) SE	(5) 係數	(5) SE	(6) 係數	(6) SE
3-10萬元	0.48**	0.18	-0.32*	0.16	0.14	0.15	0.07	0.15	0.00	0.14	0.14	0.15
10萬元以上	0.45*	0.18	-0.62**	0.18	0.16	0.16	0.17	0.16	0.04	0.15	0.16	0.16
籍貫（本省）												
客家	0.11	0.09	0.04	0.12	0.09	0.12	-0.15	0.10	0.10	0.10	-0.07	0.10
外省	-0.04	0.12	0.03	0.15	0.11	0.15	-0.12	0.12	0.85	0.12	0.08	0.12
相互性												
得到												
財務（無）	-0.72**	0.13	—	—	0.02	0.10	—	—	-0.20	0.11	—	—
料理家務（無）	0.27**	0.09	—	—	0.07	0.08	—	—	-0.11	0.09	—	—
關心（無）	0.17*	0.08	—	—	0.37**	0.08	—	—	1.16**	0.09	—	—
DF	507		486		507		572		507		572	
L.R.x^2	663.86		369.86		678.81		664.87		589.17		613.58	
p	0.0001		1.0000		0.0001		0.0043		0.0067		0.1112	
N	1,061		1,061		1,061		1,061		1,061		1,061	

註：*達0.05顯著水準，**達0.01顯著水準。
資料來源：見表2-2-1。

與相互性。收入較少或教育程度較低之個案顯著較少機率得到父母的財務支持。而有能力提供父母財務支持者之得到父母財務支持之能力也是顯著較低。

(二)料理家務

　　料理家務與財務支持兩者有兩種性質上的差異。料理家務需要人到現場服務，所以它有空間障礙。其次，它沒有金錢成本。因為空間障礙因素使得不與父母同住的兩種家戶型態在提供父母料理家務方面呈顯著的負效果。因為沒有金錢成本，所以其他各種資源變項都沒有顯著效果。另外一個有顯著影響的變項是相互性。有得到父母傾聽心事的個案，他們提供父母料理家務之機率較高；而其他兩種相互性並無顯著影響。這種結果與Hoyert(1991)的研究結果相似，與父母之間的長久關係會影響料理家務的提供機率。

　　在得到父母料理家務支持方面，前敘兩種特性(在場及無花費)的影響也會影響各自變項的作用。兩種不與父母同住的家戶型態會因距離障礙讓得到之機率顯著差於與父母同住型。提供父母財務支持者能得到父母之料理家務支持之機率顯著較高於不提供財務支持者。另外，教育程度較低之兩組能得到父母料理家務支持之機率都顯著低於高教育程度者。有可能是他們較無力提供財務支持，令他們得到父母料理家務支持之優先順序較低。

(三)傾聽心事

　　由於科技進步，對父母表達關心不會受到距離之障礙，因此三種家戶型態對父母表達關心方面並無顯著差異。反過來，社經變項與相互性就有顯著影響力。男性及年輕受訪者之提供關心支持顯著較低。但是有得到父母關心支持者之提供父母關心之機率顯著較高，顯示父母與子女之關心支持是有相互性。

　　在得到父母關心支持方面，我們很意外的發現不與父母同住的兩代家庭家戶及其他兩者能得到父母關心之機率顯著較低。其可能原因有二。一是父母比較不會用高科技通訊工具，所以還是存有距離障礙。其次是高科技通訊費用高，父母捨不得用。另外，相互性也有顯著影響力，有提供父母關心之受訪者之得到父母關心之機率顯著較高。

綜合而言，上述邏輯迴歸分析顯示兩代家戶型態雖然不如新式家庭型態分類法精緻，但是在分辨與父母之支持交換功能上兩者並無多大差別。換言之，只要採用兩代或以上家庭作爲區分標準就可據以探討對代間支持交換之影響。

三、結語

受到工業化與都市化所引起的社會變遷的衝擊，核心家庭變成台灣的主要家庭型態。理論上，核心家庭的養老功能較差，老人有時不得不求助於非正式社會支持系統的其他成員。但核心家庭仍然是老人的主要支持來源。本書第三章係利用調查資料驗證上述說法。而本章則是要探討如何將家庭納入非正式社會支持系統。

本章先討論新式家庭類型的研究結果，它依據親密性、居住親近性，及接觸頻率三要素，將家庭區分成新式擴大家庭，散居家庭，疏離家庭與孤立家庭四類。其中新式擴大家庭爲主流，占58.31%。其次爲散居家庭，占29.31%。新式擴大家庭之工具性支持，愛心支持，及定期財務支持之功能優於其他三種家庭型態。進一步的迴歸分析結果顯示老人是代間支持的受惠者。另外，也發現來往頻率對支持功能之重要性優於居住距離。

但是新式擴大家庭之劃分有兩項限制。第一，它需要較多的資訊才能劃分類型。第二，四種新式家庭都含有不同成分的傳統家庭的各式分類，而傳統家庭分類是相對容易分辨。爲了克服這兩項限制，本章乃提出兩代家戶型態之分析研究，以供戶基護航網絡建構之參考。

兩代家戶型態之探討是以父母之居住安排爲主軸，將兩代家戶區分成三類，包括(1)與自己同住，(2)與已婚兄弟姊妹同住，與(3)其他。這種分類的好處是保留距離的影響，但省去來往頻率的考量。另外也發現與父母同住之兩代家戶的多種代間支持在控制其他因素後，顯著優於其他兩類型。在這種情況下，我們可將與父母同住之兩代家戶納爲戶基護航網絡之最重要成員。

　綜合兩項研究結果，我們認爲可以將與父母同住之兩代家戶與常來往之不同住家人納入老人之非正式社會支持系統。前者提供家庭基本功能；後者因爲保有常來往頻率這項重要因素，所以仍能提供部分支持功能。而兩者合起來則形成所謂的新式擴大家庭。

參考文獻

章英華、傅仰止(2002)，《臺灣地區社會變遷基本調查計畫》，〈第四期第二次調查計畫執行報告〉，台北：中央研究院社會學研究所。

傅仰止、張晉芬(2007)，《臺灣地區社會變遷基本調查計畫》，〈第五期第二次調查計畫執行報告〉，台北：中央研究院社會學研究所。

董安琪、陳肇男、劉克智(2005)，"The Emergency of the Neo-Extended Family in Contemporary Taiwan." 《人口學刊》32：123-152。

Bernheim, B.D., A. Shleifer, and L.H. Summers (1985). "The Strategic Bequest Motive." *Journal of Political Economy* 93: 1045-1076.

Bonvalet, C. (2003). "The Neo-Extended Family Circle." *Population- An English Selection* 58(1): 9-41.

Chang, M.C. (1988). "Changing Family Network and Social Welfare in Taiwan." pp. 459-482 in *Economic Development and Social Welfare in Taiwan*, edited by K.C. Liu, Y.S. Lee, and C.L. Wu. Taipei, Taiwan: Institute of Economics, Academia Sinica.

Chen, C. and H. Lin(2008). "Examining Taiwan's Household Types and Their Functions from The Perspective of Parents' Living Arrangements." *Taiwan Economic Forecast and Policy* 42(1): 149-174. The Institute of Economics, Academia Sinica.

Chu, C.Y. Cyrus, R.R. Yu, and R. Tsay (2005). "Bequeathable Assets,

Kinship Pressure and Visits by Adult Children." *Mimeo.*

Coombs, L.C., and T.H. Sun (1981)."Family Values in A Developing Society: A Decade of Change in Taiwan." *Social Forces* 59: 1229-1255.

Couch, K.A., C.D. Mary, and D.A. Wolf (1999). "Time? Money? Both? The Allocation of Resources to Older Parents." *Demography* 36(2): 219-232.

Ellison, C.G. and L.K. George (1994). "Religious Involvement, Social Ties, and Social Support in A Southeastern Community." *Journal for The Scientific Study of Religion* 33(1): 46-61.

Hoyert, D.L. (1991). "Financial and Household Exchanges between Generations." *Research on Aging* 13(2): 205-225.

Litwak, E. (1960). "Geographic Mobility and Extended Family Cohesion." *American Sociological Review* 25(3): 385-394.

Silverstein, M., S. Li, and W. Zhang (2002). "Intergenerational Exchange in Rural Chinese Families." *Presented at The International Conference on Allocation of Social and Family Resources in Changing Societies.* Taipei, Taiwan: Sun Yat-Sen Institute for Social Sciences and Philosophy, Academia Sinica, December 4-6, 2002.

Thornton, A., and E.F. Thomas (1987). "Social Change and The Family: Comparative Perspective from The West, China, and South Asia." *Sociological Forum* 2(4): 746-779.

第三章　戶基護航網絡與支持行為

　　如本書第一章所述，都市化以後，選擇性的遷徙會衝擊到家庭型態，使得核心家庭成爲家庭型態的主流。核心家庭對老人的支持功能相對小於大家庭。老人有時不得不向次級關係尋求支持。初級及次級關係所形成的社會網絡在高齡化社會乃變成一項重要的研究議題。本書第二章的研究結果顯示初級關係可用兩代家戶與常來往之不同住家人兩者加入老人之非正式社會支持系統。本書則是以戶基護航網絡作爲非正式社會支持系統之指標。

　　本章對戶基護航網絡之探討，是從實務與理論兩方面著手。前者是指如何利用調查資料建構戶基護航網絡，它可分成哪些細項類別。這些細類可否簡化？簡化後之類型以及戶基護航網的各圈與所擁有的圈數（或完整性）是否對代間支持都有影響？而它們對代間支持之影響必須具備關鍵性的角色。也就是戶基護航網絡必須具備分辨不同成員之代間支持的功能，否則就失去建構它的意義。

　　另外，理論的探討也很重要。依本書第一章之說明，戶基護航網絡是立基於角色理論。當角色產生變動時，戶基護航網絡也跟著變動。本章則是探潛在類型分析法與個案追蹤兩種方法來呈現它的動態性。

　　爲達成這兩項目的，本章將分成五節，包括(1)資料來源，(2)戶基護航網絡之建構與類型，(3) 戶基護航網絡之支持功能，與(4)戶基護航網絡之動態性，及(5)結語。而第三節是最重要的乙節，它從潛在類型，各圈有無，及擁有圈數（或完整性）三方面探討它對社會支持的影響。探討的內容除了提出支持交換比率，也進行決定因素之探討。

一、資料來源

　　本章的資料來源有二個。有關戶基護航網絡的支持作用，取材自中央研究院社會學研究所在2001年所主辦的社會變遷調查系列之四期二次調查。該調查之抽樣方法及樣本特徵已在第二章第一節說明(章英華、傅仰止，2002)。本節將敘說有關社會網絡建構資料特徵。

　　另一個資料來源是「台灣地區中老年人身心社會狀況長期追蹤調查系列」(國健局，2010)。它是國內第一個有全國性代表之老人生活狀況固定樣本追蹤調查。該調查係以台灣地區331個平地鄉鎮市區在1988年底滿60歲以上的人口為調查母體，抽出代表全台灣老人的樣本，採三階段分層系統隨機抽樣法。共抽出56個鄉鎮合計4,421位老人樣本，抽樣比為1/370。所有樣本以面訪方式收集資料，實際完成訪問之有效樣本為4,049人，完訪率為91.8%。其中代答者有126人。而所收集的資料含八大類：(1)婚姻史與其他背景資料，(2)家戶組成與社經交換，(3)健康狀況與就醫行為，(4)職業史，(5)休閒活動與一般態度，(6)居住史，(7)經濟狀況及(8)感情與工具性支持。1993年，1996年，1999年，2003年進行追蹤調查。而1996年及2003年的調查則分別加入50-66歲的樣本3,041人及2,026人來代表中老年人(國健局，2010)。本章之最後一節將利用1989年第一波調查樣本到1999年共四期資料來展示他們的戶基護航絡之動態變化。

二、戶基護航網絡之建構與類型

1.建構方法

　　如第一章所述，Kahn and Antonucci（1981）是用三圈來建構護航網絡。戶基護航網絡則是由家庭型態，常往來不同住家人，親戚與朋友等依序由內往外之四圈所構成的社會網絡。圖3-2-1則是顯示初級及次級關係之線性次第。茲將各圈之建構方法說明如下：

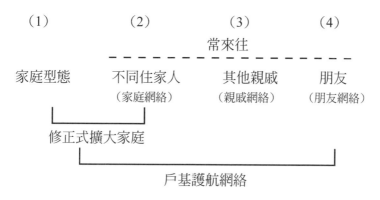

圖3-2-1　戶基護航網絡線性示意圖

　　中研院的社會變遷調查收集相當豐富的網絡建構與支持交換資料。由表3-2-1可知一個家戶超過12個人的比率為1.2%，不過，該調查只探討家戶中11人的特徵，包括婚姻狀況，收入，關係及年齡。雖然有些人的資料未被收集，但是11人的資料仍然足夠用來建構六種家庭型態。

(1)第一圈：家庭型態

　　中國人的親屬稱謂比西方人複雜，所以在建構家戶型態時要採三個步驟才能完成。第一步是將親友關係分成六類，包括(1)配偶，(2)父母或岳父母，(3)子女，(4)孫子女，(5)其他親屬，及(6)朋友。每一親人在電腦上依上述次數給予一個欄位，用來累積該類親屬之人數。第二步是將上述六欄二分為有及無。有之代碼為1，而無之代碼為0。第三步是依第二步所得六欄代碼分配分成七種家戶型態。包括「LA(獨居戶)」、「3G＋S(三代同堂有配偶)」、「3G－S(三代同堂沒有配偶)」、「2G＋S(兩代同堂有配偶)」、「2G－S(兩代同堂沒有配偶)」、「S＋O(配偶及其他人)」以及「O(其他人)」，上述配偶是指受訪者之配偶。最後，再將3G＋S、3G－S、2G＋S及2G－S視為有戶基護航網絡第一圈，而其餘三類為沒有戶基護航網絡第一圈。

(2)第二圈：家庭網絡

在非同住直系家人接觸頻率問項中找出接觸頻率一週等於或多於一次者視為常接觸，其餘則為無接觸。只要有一個以上常接觸家人者，即為有戶基護航網絡第二圈。否則為無戶基護航網絡第二圈。

(3)第三圈：親戚網絡

如果有親戚之常接觸頻率為一週等於或多於一次，即視為有戶基護航網絡第三圈。否則為無戶基護航網絡第三圈。

(4)第四圈：朋友網絡

如果有朋友、鄰居之常接觸的頻率為一週等於或多於一次，即視為有戶基護航網絡第四圈。否則為無戶基護航網絡第四圈。

上述四圈是依親屬距離由內而外依序排列，構成戶基護航網絡。而二至四圈都考慮到接觸頻率，所以可視為是一種核心網絡（core network），可用以檢討具可近性網絡成員及其完整性是否可被動員來提供老人支持，進而影響老人生活滿意之功能（Marsden, 1987）。

2.戶基護航網絡各圈之成員分配

從上乙節可以看出，戶基護航網絡之建構是一連串的簡化社會網絡的過程。首先它將家庭型態簡化為是否為兩代或以上的家庭。主因就如第二章家庭型態的結論—兩代或以上家庭才能發揮支持功能。而其他三圈則簡化為有無該種支持網絡。其依據為Marsden(1987)的研究發現。他指出有無可信賴者(confident)而非人數是影響老人社會支持的重要因素。

事實上，2001年的抽樣調查顯示一戶平均有4.48人，比2000年的普查結果多出1.5人。兩者差異之主因在於樣本戶中人數在8人以上者占41.3%(見表3-2-1)。因此有可能樣本中三代以上所占比率偏高。

表3-2-1也顯示不同住但常來往父母、子女，及兄弟姊妹平均各有兩人。而常來往之親戚及朋友平均為0.31人及0.65人。合計起來，戶基護航網絡之平均人數為11.84人。利用類似的定義，1989年的老人健康與生活狀況調查顯示60歲以上老人之戶基護航網絡大小為16.72人(陳肇男，1999)。

表3-2-1　家戶人數及常來往之不同住直系親屬，其他親戚，及朋友之百分比分配

數量	同住家人 男	女	合計	父母 男	女	合計	不同住 子女 男	女	合計	兄弟姊妹 男	女	合計	親戚 男	女	合計	朋友 男	女	合計
0	-	-	-	56.00	49.95	53.01	77.80	73.75	75.80	37.20	36.26	36.74	66.40	70.68	68.52	34.50	34.93	34.71
1	5.50	5.82	5.66	12.40	15.53	13.95	8.30	9.81	9.04	26.90	24.21	25.57	33.60	29.32	31.48	65.50	65.07	65.29
2	11.80	10.52	11.17	18.90	19.41	19.15	6.40	7.76	7.07	18.90	20.12	19.50	-	-	-	-	-	-
3	13.00	13.99	13.49	6.00	6.95	6.47	3.70	4.09	3.89	11.10	12.97	12.03	-	-	-	-	-	-
4	24.50	24.31	24.41	6.70	8.17	7.43	2.10	1.84	1.97	5.90	6.44	6.16	-	-	-	-	-	-
5	18.00	21.14	19.56	-	-	-	0.90	2.04	1.47	-	-	-	-	-	-	-	-	-
6	12.00	11.85	11.93	-	-	-	0.80	0.72	0.76	-	-	-	-	-	-	-	-	-
7	8.60	6.13	7.38	-	-	-	-	-	-	-	-	-	-	-	-	-	-	-
8	2.10	2.76	2.43	-	-	-	-	-	-	-	-	-	-	-	-	-	-	-
9	2.30	1.23	1.77	-	-	-	-	-	-	-	-	-	-	-	-	-	-	-
10	0.90	0.82	0.86	-	-	-	-	-	-	-	-	-	-	-	-	-	-	-
11	0.40	0.20	0.30	-	-	-	-	-	-	-	-	-	-	-	-	-	-	-
12	0.40	0.72	0.56	-	-	-	-	-	-	-	-	-	-	-	-	-	-	-
13	0.20	0.31	0.25	-	-	-	-	-	-	-	-	-	-	-	-	-	-	-
14	0.10	0.10	0.10	-	-	-	-	-	-	-	-	-	-	-	-	-	-	-
15	0.00	0.10	0.05	-	-	-	-	-	-	-	-	-	-	-	-	-	-	-
16	0.10	0.00	0.05	-	-	-	-	-	-	-	-	-	-	-	-	-	-	-
21	0.10	0.00	0.05	-	-	-	-	-	-	-	-	-	-	-	-	-	-	-
平均	4.52	4.45	4.48	2.16	2.16	2.16	2.25	2.26	2.26	1.94	2.02	1.98	0.34	0.29	0.31	0.66	0.65	0.65
SD	2.16	2.05	2.10	1.00	1.04	1.02	1.34	1.37	1.36	0.99	0.99	0.99	0.47	0.46	0.46	0.48	0.48	0.48
χ²			16.65			1.81			4.02			3.38			4.21			0.04
DF			16			3			5			3			1			1
P			0.4			0.61			0.54			0.34			0.04			0.84

註：男女合計總樣本數為1,979人。常來往為一週接觸一次或以上。

資料來源：Chen, C., (2006)a. "A Household-Based Convoy and The Reciprocity of Support Exchanged between Adult Children and Non-Coresiding Parents." *Journal of Family Issue* 27(8): 1100-1136.

雖然兩者之年份及樣本年齡都不能相互比較，但是可以看出台灣人的戶基護航網絡並不小。另外，也有可能是老年期的大家庭比率會比較高。

　　表3-2-2顯示，戶基護航網絡的第一圈家庭型態之分配情形。2001年之台灣家庭型態以核心家庭為主。二代有偶及二代無偶之家庭比率分別為40.07%及18.54%，合計為58.61%。而三代有偶及三代無偶之比率為21.27%及4.9%，合計為26.17%，其他二類合計為15.21%。

　　表3-2-2也顯示年齡、性別、教育程度及收入對家庭型態都有顯著影響。年齡是反映生命週期的影響，年齡較大才可能組成三代同堂的家庭，所以60歲以上組成三代有偶及三代無偶之比率分別為28.93%及13.90%，合計為43.83%，遠高於整體平均之26.17%。性別則顯示預期壽命的影響，女性預期壽命較長，所以男性有偶之家庭略高於女性。教育程度與收入則從不同層面反應能力問題。教育程度低比較需要依賴子女，所以三代同堂的比率偏高。反過來收入高才有能力提供足夠空間與財力來組成三代家庭。

表3-2-2　家庭類型百分比分配

變項	三代有偶	三代無偶	二代有偶	二代無偶	單身與他人	他人	人數	x^2
年齡								
29-	10.31	2.94	9.15	67.65	1.96	8.17	306	1035.73 **
30-59	21.31	2.19	57.13	10.70	4.21	4.46	1234	
60+	28.93	13.90	13.67	6.38	22.55	14.58	439	
性別								
男	22.60	2.30	40.40	18.60	8.90	7.20	1000	32.04 **
女	19.92	7.56	39.73	18.49	6.95	7.35	979	
教育程度								
無正式教育	25.48	11.06	31.09	8.17	12.98	11.22	624	302.36 **
小學	24.07	4.07	48.47	12.20	7.46	3.73	295	

初中	23.24	2.10	47.43	18.48	2.86	5.90	525		
高中	13.87	1.46	37.23	33.58	9.12	4.74	274		
大學以上	11.92	0.38	40.00	35.00	5.38	7.31	260		
未回答	0.00	0.00	100.00	0.00	0.00	0.00	1		
收入(台幣)									
無	8.74	1.94	15.53	12.62	28.16	33.01	103	283.77	**
1-30,000	17.78	6.93	32.56	17.32	13.86	11.55	433		
3-50,000	23.68	4.53	46.60	15.11	4.79	5.29	397		
5-70,000	22.39	6.13	46.63	17.18	3.99	3.68	326		
7-100,000	21.71	3.20	45.55	20.64	6.05	2.85	281		
100,000+	24.37	4.10	38.95	23.92	4.33	4.33	439		
合計	21.27	4.90	40.07	18.54	7.93	7.28	100.00		

註：3G＋S＝三代有偶；3G－S＝三代無偶；2G＋S＝二代有偶；2G－S＝二代無偶；
　　S＋O＝與配偶及他人同住；O＝與他人同住。
**p值達0.01顯著。
資料來源：章英華與傅仰止(2002)。

3.戶基護航網絡之細分類類型

　　戶基護航網絡是一個由四圈所組成的社會網絡，在概念上它會受到角色變動而產生變動，所以在建構戶基護航網絡時，如前一小節所述，我們先將複雜的家戶組成分成六種家庭型態；再簡化成三代同堂，核心家庭，與其他三類；然後再簡化成核心或以上家庭及其他二類。其餘三圈則簡化成有無二類。因為戶基護航網絡是由四圈所構成，所以戶基護航網絡最少可以有(2×2×2×2＝16)十六種類型。最複雜則是將第一圈分為六類；第二圈分成三類(不同住父母、子女、兄弟姊妹)；第三、四圈分成二類。如此一來可成72種類型(6×3×2×2)。它的細分類可以用樹枝分散圖形予以說明。

　　圖3-2-2顯示兩種戶基護航網絡之樹枝分散圖。一種是將第二圈分成有不同住父母及子女(P+C)及不同住兄弟姊妹(Sb)。另一種是分成有無第

家庭類型	HT[1]	FN1[2]	FN2[2]	KN[3]	SN[4]

三代有偶 — HT: 421

- FN1: 38 → FN2: 38 (9.0)
  - −r → KN: 32 (84.2) → −f → SN: 14 ; +f → SN: 18(56.2)
  - +r → KN: 6 → SN: 4 ; SN: 2
- +Sb — FN1: 79
- +PC — FN1: 304 → FN2: 383 (91.0)
  - KN: 242 (66.0) → SN: 98 ; SN: 144(59.5)
  - KN: 141 → SN: 34 ; SN: 107(75.9)

三代無偶 — HT: 97

- FN1: 25 → FN2: 25 (25.8)
  - KN: 22 → SN: 11 ; SN: 11
  - KN: 3 → SN: 0 ; SN: 3
- +Sb — FN1: 9
- +PC — FN1: 63 → FN2: 72 (74.2)
  - KN: 49 → SN: 22 ; SN: 27 (55.0)
  - KN: 23 → SN: 4 ; SN: 19 (82.6)

二代有偶 — HT: 793

- FN1: 74 → FN2: 74 (9.3)
  - KN: 61 (82.4) → SN: 31 ; SN: 30 (49.1)
  - KN: 13 → SN: 3 ; SN: 10 (76.9)
- +Sb — FN1: 90
- +PC — FN1: 629 → FN2: 719 (90.7)
  - KN: 502 (69.8) → SN: 214 ; SN: 288 (57.3)
  - KN: 217 → SN: 50 ; SN: 167 (77.0)

二代無偶 — HT: 367

- FN1: 187 → FN2: 187 (51.0)
  - KN: 102 (54.5) → SN: 31 ; SN: 71 (69.6)
  - KN: 85 → SN: 14 ; SN: 71 (83.5)
- 2G+Sb — FN1: 108 → FN2: 180 (49.0)
  - KN: 118 (65.6) → SN: 42 ; SN: 76 (64.4)
  - KN: 62 → SN: 8 ; SN: 54 (87.1)
- 2G+PC — FN1: 72

	HT	FN1	FN2	KN	SN
單身+其他	157	18	18 (11.5)	13 (72.2)	7 / 6
				5	2 / 3
+Sb		14	139 (88.5)	110 (79.1)	45 / 65 (59.1)
+PC		125		29	3 / 26 (89.6)
單身	144	29	29 (20.1)	26 (89.7)	14 / 12
				3	1 / 2
+Sb		24	115 (79.9)	79 (68.7)	28 / 51 (64.6)
+PC		91		36	7

註1：家庭合計(HT)見表3-2-2註1。
註2：FN1=家庭網絡指標1。FN2=家庭網絡指標2。
註3：親戚網絡。
註4：朋友網絡。
資料來源：見表3-2-1。

圖3-2-1　家庭類型，家庭網絡，親戚網絡及社會網絡之樹枝分散圖

二圈而已。前者用FN1做註記，後者用FN2做註記。而第三圈親屬網絡(KN)則是用＋r及－r代表有無常來往親戚。第四圈社會網絡或朋友(SN)也是用＋F及－F代表有無常來往的朋友。括弧內則是各組類之百分比。舉例而言，圖3-2-2第一列顯示屬於三代同堂有配偶但無其他三圈的戶基護航網絡的類型的人共有14人。而屬於三代同堂有配偶也有常來往朋友的類型則有18人(最右邊第二個數字，占0.9%)。人數最多的類型是二代有偶而且有常來往朋友的288人(14.5%)，其次是二代有偶無常來往朋友類型，共214人(10.8%)。

4.潛在類型

上述48種型式反映屬於各種不同生命週期的人所擁有的戶基護航網絡。由於類型數量多，所以看似複雜難解，難以運用。本節則是採用潛在類型(latent class)分析法來找出能反映生命週期的少數幾個潛在類型，以便簡化分析社會支持的交換行為。

經過嘗試以後，我們採用32(4×2×2×2)細類的戶基護航網絡進行類型分析。採用的軟體是Vermunt and Magidson(2005)所編寫的Latent Gold 4.5。表3-2-3顯示五種分析結果的模型配適情形。以LL(Log Likelihood)及BIC(Bayesian Information Criterion)兩種指標而言，分成四種或五種潛在類型都是可以接受的(Agresti, 1996)。而五種類型的LL以及分類錯誤略高於四類型，所以我們採用四分類型去進一步探討它所反映的潛在意義。

表3-2-3　戶基護航網絡之潛在類型模式之配適統計

模式	LL[a]	BIC(LL)	機率	分類錯誤
一類	4059.79	8162.83	1.6e-69	0.0000
二類	3944.00	7967.29	9.1e-26	0.0061
三類	3920.58	7956.49	4.8e-19	0.0951
四類	3869.62	7890.60	0.0200	0.1675
五類	3867.84	7923.08	0.0035	0.2667

a：對數可能值。
BIC=貝式指標。
資料來源：Chen, C., P. Liao and H. Lin (2010). "Is the Household-Based Convoy a Role-Related Support Network?" *Research on Aging* 32(5): 645-676.

我們將這四種潛在類型命名為(1)成家前護航網絡(Pre-family convoy)，(2)親社會護航網絡(Pro-social convoy)，(3)成熟型護航網絡(Mature convoy)，及(4)擴大型護航網絡(Extendended convoy)。再用戶基護航網絡四圈有無的出現機率以及社經變項(包括年齡，婚姻狀況，及最幼小孩年齡)來檢討命名的妥適性以及他們所反映的生命週期。

　　表3-2-4顯示四種潛在類型依上述順序之分配情形分別為：
(1)17.65%，(2)9.81%，(3)40.05%，及(4)32.49%。以第四圈而言，成家
前型之常來往朋友只有0.2866的機率。其餘之型之機率為0.9左右。第三圈
(不同住常來往親戚)之出現機率，以擴大型為最高(0.6666)，其次為成家
前型(0.4846)，而最低是成熟型的0.0117。第二圈(常來往親屬)之出現機
率差異最小，成熟型為0.5209，其他三型之機率為七成多。以第一圈(家
庭型態)而言，成家前型屬於二代無配偶之機率高達0.9759。親社會型則
以與他人同住之機率為最高(0.8391)。成熟型與擴大型二者屬於二代有偶
或以上家庭型態之機率在九成以上。由上述機率看來，四種潛在類型之命
名是允當的。它們所反映的是簡化的家庭生命週期的四期。

表3-2-4　潛在類型分析結果(n=1,350)

	成家前型	親社會型	成熟型	擴大型
類型分配	0.1765	0.0981	0.4005	0.3249
朋友網絡				
有	0.2866	0.9276	0.8929	0.9555
無	0.7134	0.0724	0.1071	0.0445
親戚網絡				
有	0.4846	0.2929	0.0117	0.6666
無	0.5154	0.7071	0.9883	0.3334
家庭網絡				
有	0.7954	0.7190	0.5209	0.7880
無	0.2046	0.2810	0.4791	0.2120
家庭型態				
三代	0	0	0.2799	0.3867
二代有偶	0.0162	0	0.6339	0.5640
二代無偶	0.9759	0.1609	0.0861	0.0493

| 其他 | 0.0079 | 0.8391 | 0 | 0 |

註：3G=三代以上；2G＋S=兩代有偶；2G－S=兩代無偶；O=其他。
資料來源：見表3-2-3。

　　我們進一步再用年齡、婚姻狀況，及最幼小孩年齡檢討命名之妥適性。為了比較四種潛在類型在這三方面之差異，表3-2-5是對各類型的上述各變項之總合作百分比分配。由表3-2-5可知成家前型大致上都是未婚，無小孩，年齡主要是29歲或以下。親社會型中有半數是未婚，七成多沒有小孩，年齡以30-59歲為主。成熟型之九成為已婚，年齡在30-59歲，有子女之比率為八成。而擴大型之三種特徵類似成熟型，只是60歲以上比率多一點，已婚及有小孩之比率也略多一點。綜合上述三種社經變項的分配，上述四種潛在類型之命名堪稱允當，它們是反映簡化的四期家庭生命週期。由此可知戶基護航網絡之細分類是符合護航網絡理論之預期，它隨著角色的變動而變動。雖然如此，我們還需要進一步探討它們是否具有鑑別社會支持之功能。

表3-2-5　潛在類型依年齡，婚姻狀況及最小子女年齡之百分比分配

	潛在類型			
	成家前型	親社會型	成熟型	擴大型
年齡(平均)	(28.06)	(37.75)	(40.74)	(40.22)
29-	68.62	26.55	7.40	9.12
30-59	31.38	69.03	90.18	87.02
60+	0.00	4.42	2.42	3.86
合計	100%	100%	100%	100%
婚姻狀況				
有偶	1.03	43.36	93.35	96.84
單身	98.97	56.64	6.65	3.16
合計	100%	100%	100%	100%
最小子女年齡				

不適用	91.72	76.11	20.39	13.68
0-6 歲	2.07	0.88	22.66	24.56
7-12歲	2.07	1.77	21.30	23.51
13-20歲	2.41	2.65	24.02	25.61
21歲或以上	1.72	18.58	11.63	12.63
合計	100%	100%	100%	100%
合計				
百分比	17.65	9.81	40.05	32.49
人數	290	113	662	285

資料來源：見表3-2-3。

三、戶基護航網絡之支持功能

　　戶基護航網絡之代間支持功能可從三方面予以檢討，包括：(1)各圈有無，(2)擁有圈數，及(3)潛在類型。我們先從潛在類型之社會支持功能開始探討。它將分成支持功能與支持交換之分配與決定因素兩部分。

1.潛在類型之支持功能與決定因素

a.支持功能

　　各潛在類型之去年平均支持交換類別數可用來顯示各類型所扮演角色的多寡。2001年的社會變遷調查共探問五種支持交換，包括：生病照顧，料理家務，提供意見，給予生活費，及照顧小孩。所以平均支持交換類別數之範圍在0-5之間。表3-3-1顯示各潛在類型在得到不同住父母的平均支持類別數在2.70-2.76之間，並無顯著差異，有可能是社會規範仍在作用。而在提供不同住父母之平均支持類別數方面，以成家前類型之2.79為最高，顯示成家前類型最需要父母協助。其他三類型之次數在1.58-1.83之間，顯著低於成家前類型。親社會型之平均交換類別數最低，其可能原因有二：(1)近半數未婚，(2)八成多是與他人同住(見表3-3-2及表3-3-3)。這兩者顯示他們與原生家庭比較疏遠。而成熟型與擴大型則可能是已經沒有父母，或是已能自給自足，所以得到不同住父母支持之平均類別數較低。

表3-3-1　四種潛在類型提供父母支持及得到父母支持類別之平均數

潛在類型	得到支持	提供支持
1　成家前型		
平均數	2.71	2.79
標準差	(1.29)	(1.38)
人數	290	290
2　親社會型		
平均數	2.70	1.58[a]
標準差	(1.42)	(1.29)
人數	113	113
3　成熟型		
平均數	2.72	1.64[a]
標準差	(1.37)	(1.43)
人數	662	662
4　擴大型		
平均數	2.76	1.83[a]
標準差	(1.32)	(1.43)
人數	285	285

a：顯著水準達0.05水準。
資料來源：見表3-2-3。

　　進一步檢討各類型之個別支持的分配情形(表3-3-2)，我們發現他們是受到支持交換之方向與支持本身的特性所影響。就支持交換之方向舉例而言，64.4%的受訪者，曾提供父母生病照顧，而接受父母提供生病照顧之比率只有37.3%。這種差異有兩種可能原因，一者反映年齡對健康的影響，隨著預期壽命的延長與慢性病盛行率的增加，老年父母是有較高的生病照顧需求。二者也顯示傳統的孝道觀念還是延續著。

表3-3-2　各潛在類型提供父母支持及得到父母之各分類支持百分比

支持類型	潛在類型				
	成家前型	親社會型	成熟型	擴大型	合計
提供父母					
生病照顧	63.4	61.9	63.3	69.1	64.4
料理家務[a]	72.8	55.8	53.5	55.1	58.1
提供意見	70.7	71.7	70.7	71.2	70.9
生活費	26.2	24.8	27.9	28.4	27.4
不定期金錢[a]	37.6	55.8	56.6	52.6	51.6
得自父母					
生病照顧[a]	63.4	40.7	27.6	31.9	37.3
料理家務[a]	75.9	33.6	33.1	36.5	43.0
提供意見[a]	80.0	65.5	58.9	66.7	65.6
生活費[a]	21.4	3.5	1.7	3.5	6.4
不定期金錢[a]	32.8	8.0	9.7	9.8	14.5
人數	290	113	662	285	1350

a：顯著水準達0.01水準。
資料來源：見表3-2-3。

　　除了交換方向具影響力，各類支持本身的特性也會影響支持交換的型態。例如，意見的交換可作為愛心的指標，而這種支持的特質是只需要有限的勞力與金錢，所以這種交換的比率就比較高。提供父母與得自父母之意見交換比率分別為70.9%及65.6%。反過來，定期生活費的提供則與財力有關，所以它的交換比率最低，提供父母生活費的平均比率為27.4%，而得到父母生活費支持之平均比率為6.4%。唯一的例外是成家前類型之21.4%。可能原因是問項包含學費。而生病照顧與料理家務這兩種工具性支持所需勞力與金錢介於上述兩種支持之間。提供父母的平均比率為六成左右，而得自父母的平均比率為四成左右。

　　另外，透過個別支持交換的類型之變化再一次肯定戶基護航網絡之潛在類型是與家庭生命週期有關。隨著年齡增加，個人的角色也開始增加，家庭生命週期也隨之改變。個人之網絡資源則是由成家前類型開始累積，到成熟型達到巔峰，往往到擴大型有可能穩住，也有可能下滑。由此觀之，成熟型與擴大型之資源最豐富，最有可能提供生病照顧與生活費。反過來，成家前型與親社會型則是較缺乏資源，最需要父母提供生病照顧與生活費。表3-3-2顯示各類型支持之交換情形，大致上是支持上述的說法。在料理家務方面，成家前型與父母之交換居各型之冠。其可能原因有二。一者他們沒有配偶，所以生病時需要父母照顧。二者，他們比較沒有家累比較有空，可以照顧生病的父母。在不定期財務方面，親社會型提供父母的比率最高，而成家前型之得自父母之比率最高。前者有可能是補償偏低的生活費提供，後者則有可能是學費的提供。

　　b.支持交換之決定因素

　　本節將探討戶基護航網絡之四種潛在類型對生病照顧，料理家務，提供意見，生活費，及不定期給予金錢五種支持的淨效果。調查時，受訪者是被詢問會不會提供某種人某種支持，所以答案是會與不會兩種。對二分類的應變項，我們採邏輯迴歸分析。自變項包括網絡類型，社經變項，環境變項，與交換策略。後三類被認為是控制變項，用來檢討網絡類型的淨功能，而潛在類型是以擴大型為對照組。

　　在交換策略方面，本分析不止於採用同類交換，其他類支持也被認為有可能被用作回報而包括在內。例如，分析提供生活費給父母時，控制變項中之交換策略含從父母得到的五種支持。不過，有時為了讓卡方可能比(Likelihood ratio Chi-square)變成不顯著，以增加模型的配適度(goodness of fit)會將某種從父母得到的支持予以刪除。

　　在個人社經變項方面，我們先採用性別，年齡，教育程度，與月收入四個變項，婚姻狀況不被包含在內，主因是它讓模型不能收斂(converge)。有可能是網絡類型已能反應婚姻狀況。性別則分男、女。前者代號1，後者代號為0。年齡則分三組，29歲或以下，30-59歲，及60歲

或以上，以反映簡略的生命週期。三組中，60歲或以上組為參考組。教育
程度則分五類，包括小學或以下，國中，高中，專科，大學或以上，後者
為參考組。月收入只分成三組：3萬元以下，3萬至99,999元，及10萬元或
以上。最低收入組為參考組。

　　環境變項方面包括居住地，籍貫，與不同住父母之地理鄰近性。居住
地方分都市與鄉村，前者包括院轄市及省轄市，其餘歸為鄉村並作為參考
組。籍貫則分為閩南，客家，外省，及其他。以閩南為參考組。地理鄰近
性分成父親及母親兩個變項。距離在車程30分鐘內給予代號1，車程在30
分鐘以上者之代號為0。上述各變項之摘要統計置於附錄1。

　　表3-3-3顯示支持交換邏輯迴歸分析結果，在控制相關變項後，大致
上，成家前及親社會兩種網絡類型得到父母支持的機率高於擴大型，但提
供父母社會支持之機率則低於擴大型。但能否達到顯著差異水準，卻隨支
持類別之特性而有所差異。例如生病照顧之特性是需要勞力與金錢支付，
所以成家前型之提供機率接受機率都顯著低於擴大型。而料理家務之特性
為勞力密集，但不須金錢支付，因此各組之提供的機率差異便不顯著，而
成家前型得到父母支持之機率則顯著高於擴大型。在愛心支持方面，提供
之忠告是重要的內涵，而建言需要經驗，所以成熟型得到父母的支持機率
顯著低於擴大型。另外，提供生活費是受到社會規範的制約，所以提供與
得到的機率差異都不顯著。在不定期金錢支持方面，差異也是不顯著。

　　在社經變項方面，其影響力也是隨支持類別的特性而變異。以年齡而
言，年輕兩組所提供生病照顧之機率顯著較低，而得到之機率則顯著較
高。這兩組在料理家務方面的結果也相似於年齡的影響。而性別的影響則
與傳統看法有所差異。傳統上男性是支付醫療費用，而女性則負擔照顧之
工作。我們的分析結果顯示男性在生活費與生病照顧兩方面都顯著高於女
性之提供機率。這種結果與張苙雲(Chang, 2001)的研究發現雷同。男性
在父母親住院時是扮演多重角色。

　　原則上，社經變項也是一個人的社會結構資源的良好指標。換言之，
年輕，低教育程度，及低收入族群的社會資源較少，他們也因此比較不可

表3-3-3　與父母支持交換之邏輯迴歸結果

變項	生病照顧 提供 係數	標準誤	生病照顧 得到 係數	標準誤	料理家務 提供 係數	標準誤	料理家務 得到 係數	標準誤	提供意見 提供 係數	標準誤	提供意見 得到 係數	標準誤	生活費 提供 係數	標準誤	生活費 得到 係數	標準誤	不定期金錢 提供 係數	標準誤	不定期金錢 得到 係數	標準誤
截距	.93	.56	-3.41***	.73	-.05	.49	-2.61***	.74	-.81	.55	-1.41*	.57	-.05	.49	-2.61***	.74	-.81	.55	-1.41*	.57
潛在類型(擴大型) 成家前型	-.69**	.26	.76**	.25	.07	.25	.62*	.25	-.22	.27	.40	.27	.07	.25	.62*	.25	-.22	.27	.40	.27
社會型	-.23	.27	.47	.26	.39	.25	-.18	.27	.20	.30	-.30	.28	.39	.25	-.18	.27	.20	.30	-.30	.28
成簇型	-.16	.17	-.16	.17	.06	.16	-.11	.17	.12	.18	-.38*	.17	.06	.16	-.11	.17	.12	.18	-.38*	.17
性別(男)	.43**	.13	-.04	.14	-.16	.13	.12	.14	-.02	.15	-.03	.15	-.16	.13	.12	.14	-.02	.15	-.03	.15
年齡(60+) 29-	-1.71**	.51	2.41***	.67	-.62	.45	2.45***	.69	-.17	.49	1.65**	.51	-.62	.45	2.45***	.69	-.17	.49	1.65**	.51
30-59	-1.13*	.47	1.66**	.65	-.63	.40	1.65*	.66	.46	.44	.82	.47	-.63	.40	1.65*	.66	.46	.44	.82	.47
教育程度(大學+) 小學	.04	.26	-.53	.28	-.07	.26	-.97**	.29	-.58*	.29	-.38	.28	-.07	.26	-.97**	.29	-.58*	.29	-.38	.28
初中	-.05	.25	-.32	.26	-.02	.24	-.19	.26	-.27	.28	-.53*	.26	-.02	.24	-.19	.26	-.27	.28	-.53*	.26
高中	.12	.21	-.22	.21	.14	.20	-.08	.21	-.24	.23	-.13	.22	.14	.20	-.08	.21	-.24	.23	-.13	.22
專科	.07	.22	-.08	.22	.08	.22	.31	.26	-.33	.25	.15	.24	.08	.22	.31	.26	-.33	.25	.15	.24
收入(3萬-) 30,000-100,000	.30	.18	-.31	.19	.39*	.18	-.32	.20	.34	.19	-.58**	.20	.39*	.18	-.32	.20	.34	.19	-.58**	.20
100,000+	.33	.23	-.28	.24	.39	.22	-.06	.24	.44	.24	-.53*	.25	.39	.22	-.06	.24	.44	.24	-.53*	.25
都市(鄉村)	.04	.14	.02	.15	-.01	.14	.04	.15	-.04	.16	-.08	.15	-.01	.14	.04	.15	-.04	.16	-.08	.15
籍貫(閩南) 客家	-.35	.21	-.79**	.25	.09	.21	-.11	.23	-.20	.23	.25	.23	.09	.21	-.11	.23	-.20	.23	.25	.23
外省	-.26	.21	.08	.22	-.33	.21	-.44	.22	.15	.24	-.24	.22	-.33	.21	-.44	.22	.15	.24	-.24	.22
其他	.79	.52	.41	.43	.09	.44	-.35	.45	-.27	.46	-.19	.45	.09	.44	-.35	.45	-.27	.46	-.19	.45
父親居住地(鄉村)	-.37*	.14	-.16	.15	-.37**	.14	-.28	.15	-.27	.16	.31*	.15	-.37**	.14	-.28	.15	-.27	.16	.31*	.15

變項	模型1 B (SE)	模型2 B (SE)	模型3 B (SE)	模型4 B (SE)	模型5 B (SE)	模型6 B (SE)	模型7 B (SE)	模型8 B (SE)	模型9 B (SE)	模型10 B (SE)
母親居住地(鄉村)	-.19 (.16)	-.24 (.16)	-.37* (.16)	-.63*** (.17)	.19 (.17)	-.03 (.17)	-.37* (.16)	-.63*** (.17)	.19 (.17)	-.03 (.17)
得到] 生病照顧料理(無)	1.69*** (.18)		.27 (.16)		.23 (.18)		.27 (.16)		.23 (.18)	
家務提供(無)	.11 (.17)		1.21*** (.16)		.05 (.18)		1.21*** (.16)		.05 (.18)	
意見(無)	.57*** (.14)		.45** (.13)		2.15*** (.15)		.45** (.13)		2.15*** (.15)	
生活費(無)	-.56 (.29)		-.09 (.30)		.01 (.32)		-.09 (.30)		.01 (.32)	
不定期金錢(無)	-.10 (.21)		.13 (.21)		.11 (.23)		.13 (.21)		.11 (.23)	
小孩照顧(無)	.48** (.17)		.81*** (.16)		.30 (.18)		.81*** (.16)		.30 (.18)	
提供] 生病照顧料理(無)		1.68*** (.18)		.45** (.16)		.34* (.16)		.45** (.16)		.34* (.16)
家務提供(無)		.57*** (.15)		1.41*** (.15)		.27 (.15)		1.41*** (.15)		.27 (.15)
意見(無)		.42** (.16)		.15 (.16)		2.10*** (.15)		.15 (.16)		2.10*** (.15)
生活費(無)		-.01 (.15)		-.09 (.16)		-.22 (.18)		-.09 (.16)		-.22 (.18)
不定期金錢(無)		-.36** (.14)		.08 (.14)		.18 (.14)		.08 (.14)		.18 (.14)
Likelihood ratio χ²	255.95	382.56	276.59	455.15	308.95	370.71	276.59	455.15	308.95	370.71
P	.000	.000	.000	.000	.000	.000	.000	.000	.000	.000
Cox & Snell R-square	.173	.247	.185	.286	.205	.240	.185	.286	.205	.240

註：*未達0.05顯著水準，**達0.01顯著水準，***達0.001顯著水準。

資料來源：見表3-2-3。

能提供父母支持。反過來，他們得到父母支持之機率則較高。我們的分析結果顯示，教育程度之影響不如預期。低教育程度的受訪者在各方面之得到與提供機率都顯著較低。從代間社會階層移動的觀點而言，低社經地位的受訪者之父母也大致屬於低社經階層，他們也因此比較不可能提供支持。

而環境變項之分析結果則不如預期，理論上，與父母住得較近的受訪者應該較有可能交換社會支持，但在與父親之支持交換方面，大致上都與預期不符。唯一的例外是得到父親意見支持是顯著正相關，也就是住得較近者得到較多的意見支持。在母親方面，住得近的受訪者之料理家務之交換反而顯著低於住得遠的受訪者。在籍貫方面，外省籍比本省籍受訪者提供較多的不定期財務支持，另外，客家籍比閩南籍受訪者得到較少的生病照顧。

在交換策略方面，分析發現可歸納為下列幾點：

(1)**代間支持採用多重的交換策略。**

由表3-3-1可知各網絡類型之平均支持交換類在1.64-2.79之間，顯示各個受訪者與他們的父母在支持交換時扮演多重角色。表3-3-3則進一步顯示每一種支持類別也是受到數種其他支持類別之顯著影響。舉例而言，對父母提供生病照顧者從父母親處得到生病照顧，料理家務，提供意見及不定期金錢三種支持都呈正顯著影響。

(2)**不同支持類別採用不同的支持策略。**

公平法則或相互性(reciprocity)是被運用在工具性支持與愛心支持交換，由表3-3-3可知受訪者提供這兩種支持會從父母那裡得到相同的支持。例如受訪者提供父母生病照顧，他們生病時很可能從父母那兒得到相同的回報。另外，向下單方向的支持，例如照顧小孩可能對各種支持都有正向的效果，只是提供意見與不定期金錢支持兩者未達顯著水準而已。

(3)**除了公平法則之運用，替代法則是被用在財務支持方面。**

例如表3-3-3顯示，提供不定期財務支持與提供父母定期生活費是顯著負相關。換言之，從父母那兒較少得到不定期財務支持之受訪者的經濟狀況較差，他們因此不覺得有義務提供父母定期生活費。

2.戶基護航網絡各圈之支持功能的影響因素與相互性

a. 支持功能的影響因素

潛在類型之取得比較困難，所以比較難應用，其政策意涵因此較低，但學術意涵比較高。而戶基護航網絡各圈之有無，用口頭簡單詢問即可取得，所以容易運用。另外，如第一章第三節所述網絡成員與父母之支持交換是有取與給兩個方向。而具有取與給的雙向支持或相互性之代間支持相較於單向支持應該較為持久，所以相互性是個重要議題。本節將先用迴歸分析來凸顯相互性的重要性，再討論不同方向的代間支持。

在第一章第三節我們也已經說明與朋友間的交換有兩種可能的模型，即專屬任務模型與順次遞償模型。在第一章第四節則是說明20歲以上成年人與父母，子女，兄弟姊妹，親戚與朋友之各種支持受到交換理論，角色理論，與支持行為之特性之影響。本節將進一步採用邏輯迴歸分析探討與父母之交換是受到那些因素影響。採用之資料也是台灣社會變遷調查第四期第二次之調查資料，所用的自變項也是四類，包括戶基護航網絡各圈，社經變項，環境變項，與交換策略。其中戶基護航網絡之四圈變成四個變項。最內圈(家庭型態)分成三類，包括二代有偶或以上家戶，兩代無偶，及其他。前者資源較豐富，所以選作參考組，本變項遂有兩個虛擬變項，而其他三圈則是二分為有或無常來往者。其他變項之分類與前節雷同，所以我們期待網絡四圈之分析結果也與潛在類型一樣可以產生獨立作用。

由表3-3-4可知家庭型態與不同住家人之能否具有獨立作用是受到支持行為的特性之影響。他們在生病照顧，料理家務，定期生活費及不定期財務支持都有顯著作用。但在提供意見方面則不顯著。提供意見與財力與勞力等資源多寡無關，所以代表資源多寡的結構性變項就不發生作用。而其他三種支持行為與資源有關，所以他們會有顯著作用。

另外，我們也注意到家庭型態與不同住家人之作用方向相反。二代無偶及其他兩類家戶之資源較少，所以他們得到父母之支持顯著較多。反過

表3-3-4 與父母支持交換之邏輯迴歸結果

變項	生病照顧 提供 係數	標準誤	生病照顧 得到 係數	標準誤	料理家務 提供 係數	標準誤	料理家務 得到 係數	標準誤	提供意見 提供 係數	標準誤	提供意見 得到 係數	標準誤	生活費 提供 係數	標準誤	生活費 得到 係數	標準誤	不定期金錢 提供 係數	標準誤	不定期金錢 得到 係數	標準誤
截距	-0.49	0.51	-0.46	0.55	-0.55**	0.27	-0.48	0.55	0.03	0.51	-0.90*	0.51	1.37***	0.49	3.39***	0.70	0.27***	0.14	2.29***	0.61
網絡變項																				
家戶型態(2G+S)																				
2G-S	-0.06	0.12	0.37***	0.12	0.13	0.09	0.58***	0.12	-0.02	0.12	0.07	0.12	-0.10	0.12	0.80***	0.21	-0.27***	0.08	0.07	0.13
其他	-0.15	0.14	0.52***	0.14	0.04	0.11	-0.07	0.15	0.12	0.14	-0.07	0.13	-0.02	0.13	0.35	0.31	-0.01	0.10	-0.31	0.21
不同住	0.25**	0.11	0.13	0.12	0.17*	0.09	0.00	0.12	0.02	0.11	-0.06	0.11	-0.03	0.11	-0.27*	0.16	0.31***	0.08	-0.15	0.12
家人(無)	0.07	0.08	0.11	0.08	0.02	0.07	0.10	0.08	-0.06	0.08	0.11	0.08	0.02	0.07	0.23*	0.13	-0.05	0.06	0.03	0.09
朋友(無)	0.13*	0.08	-0.19*	0.09	0.09	0.07	0.02	0.08	0.06	0.08	0.01	0.08	0.04	0.08	0.00	0.15	0.04	0.06	0.13	0.10
社經變項																				
性別男(60+0)	0.22***	0.07	-0.06	0.08			0.16**	0.08	-0.09	0.07	-0.03	0.07	0.36***	0.07	0.28*	0.14	-0.07	0.06	-0.11	0.09
年齡(60+)																				
29-	-0.89***	0.28	0.49	0.28			0.55	0.38	0.11	0.25	0.56**	0.25	-0.06	0.27						
30-59	-0.75***	0.26	0.39	0.26			0.26	0.37	0.41*	0.22	0.24	0.24	0.14	0.25						
教育程度(大學)																				
小學	0.18	0.15	0.04	0.15			-0.29*	0.17	-0.28*	0.15	-0.15	0.14	-0.25*	0.15	-0.61*	0.35	-0.31	0.20		
初中	-0.02	0.14	0.01	0.14			0.13	0.15	-0.11	0.14	-0.24*	0.14	-0.08	0.13	-0.69**	0.30	-0.42**	0.19		
高中	0.05	0.12	-0.06	0.12			0.12	0.12	-0.13	0.12	-0.05	0.12	0.05	0.11	-0.43**	0.17	-0.08	0.13		
專科	-0.03	0.12	-0.07	0.12			0.24*	0.13	-0.18	0.13	0.12	0.13	0.24**	0.11	-0.39**	0.17	-0.08	0.13		
收入(3萬-)																				
30,000-100,000	-0.01	0.10	0.00	0.10			-0.10	0.11	0.12	0.10	-0.26**	0.10	0.19*	0.11	-0.20	0.19	-0.23*	0.13		
100,000+	-0.06	0.13	0.01	0.13			0.13	0.14	0.15	0.13	-0.21	0.13	0.36***	0.13	-0.31	0.22	-0.23	0.15		
都市(鄉村)	-0.01	0.08	-0.02	0.08			0.03	0.09	-0.02	0.08	-0.05	0.08	0.07	0.20	0.14		0.10	0.08		
籍貫(閩南)																				
客家	-0.22*	0.11	-0.49***	0.14			0.02	0.13	-0.07	0.12	0.24**	0.12	-0.04	0.12			0.22	0.15		
外省	-0.14	0.12	0.13	0.13			-0.34***	0.13	0.11	0.12	-0.13	0.12	0.08	0.11			0.16	0.15		
其他	0.24	0.27	0.40	0.26			-0.40	0.26	-0.30	0.24	-0.11	0.23	-0.09	0.27			0.12	0.31		
父親居住(鄉村)																				
住地(鄉村)	-0.01	0.09	-0.02	0.09			-0.10	0.09	-0.14	0.09	0.31***	0.08	-0.10	0.09	0.03	0.22	-0.12*	0.07	-0.30**	0.13

策略變項
得到

生病照顧(無)	0.89***	0.10					1.08***	0.09			-0.07	0.10	0.67***	0.10	0.04	0.09	0.33*	0.19	0.52***	0.12
料理家務(無)	-0.11	0.09	1.08***	0.09	0.84***	0.07			-0.06	0.10	0.01	0.09	-0.05	0.09	0.26	0.20	0.49***	0.13
提供意見(無)	0.01	0.08	0.61***	0.10			-0.01	0.09	1.06	0.08			-0.10	0.09	0.25	0.21	0.18	0.13
生活費(無)	-0.22	0.16	0.40**	0.19			0.14	0.19	0.06	0.17	0.17	0.20	0.29**	0.14			0.13	0.08	0.62***	0.13
不定期金錢(無)	-0.06	0.12	0.48***	0.12			0.51***	0.13	0.06	0.12	0.21	0.13	-0.22**	0.11	0.59***	0.14				
小娃照顧(無)	0.07	0.09	0.22**	0.09			0.52***	0.09	0.12	0.10	-0.09	0.09	0.14	0.09	0.33	0.20	0.01	0.12
提供生病照顧(無)			0.86***	0.10			-0.11	0.09	0.53***	0.08	0.00	0.08	0.73***	0.09	-0.32*	0.17	-0.12	0.12
料理家務(無)	0.66***	0.08	-0.08	0.09			0.68***	0.08	0.18**	0.08	0.07	0.08	0.14*	0.08	0.01	0.16	0.07	0.11
提供意見(無)	0.53***	0.08	-0.05	0.10			-0.03	0.10			1.07***	0.08	0.01	0.09	0.01	0.18	0.01	0.12
生活費(無)	0.74***	0.10	0.03	0.09			-0.04	0.09	0.03	0.09	-0.10	0.09	0.01	0.09	0.31**	0.15	-0.29***	0.11
不定期金錢(無)	0.41***	0.08	-0.27**	0.08			0.09	0.08	0.10	0.08	0.15**	0.07	-0.38***	0.07	-0.16	0.14	0.14	0.09
DF	IE3		IE3		111		IE3		IE3		IE3		IE3		IE3		109		IE3	
Likelihood ratio χ²	1234.89		1069.44		136.78		1106.20		1223.04		1270.89		1323.74		431.37		119.10		859.85	
P	0.9007		1.0000		0.0489		1.0000		0.9104		0.7130		0.3102		1.0000		0.2392		1.0000	
Cox & Shell																				
R-square	1350		1350		1350		1350		1350		1350		1350		1350		1350		1350	

註：＊＊達0.1顯著水準，＊＊＊達0.005顯著水準，＊＊＊＊達0.01顯著水準。
a.2G-S＝兩代爲偶。
資料來源：C. Chen and H. Lin (2008). "Examining Taiwan's Paradox of Family Decline With a Household-Based Convoy," *Social Indicators Research* 87: 287-305.

來，他們提供父母之支持則顯著較少。上述結果顯示21世紀台灣之代間支持主要是受需求法則的影響，而非由下向上之支持。

另一方面，不同住家人在提供父母之支持具顯著效果，但方向不一。在生病照顧方面，因距離呈負效果，與張苙雲(Chang, 2001)之研究發現相同。另外，在定期生活費方面，他們較不可能得到父母之支持。反而較有可能提供不定期財務支持。這種現象有可能是彌補因距離障礙無法提供生病照顧或工具性支持之缺憾。

在社經變項方面，其作用方向大致與前一節相似。不過，是否呈顯著作用則略有不同。因方向相似，所以不再贅述。

在交換策略方面之發現則可歸納為三點：

(1)相互性發揮作用

在各種支持交換時，有提供父母支持者較可能得到父母之相同支持，反之亦然。

(2)相互性是重要因素

在各自變項中，顯示相互性變項之係數都是最大者之一，顯示相互性是重要因素。

(3)支持交換是多面向的

例如提供父母生病照顧可以得到父母提供料理家務、提供意見、生活費、不定期金錢，及小孩照顧等支持。

b.支持相互性

在多數支持行為中，我們發現好幾個支持策略變項都同時呈現正顯著效果，顯示代間支持交換是多面向的。為了進一步檢討相互性之重要性，我們將六種支持分類為：(1)沒有支持交換，(2)單向提供支持，(3)單向得到支持，及(4)雙向支持四類。台灣社會變遷四期二次調查結果共有629，1,188，及1,236位受訪者沒有不同住父母，兒子，與女兒。表3-3-5顯示受訪者與他們的支持交換分配情形，結果與Shi(1993)之研究發現相同。支持交換是受到支持行為特性，角色，年齡及性別之影響。當支持行為只需有限的金錢與勞力時，不拘性別與角色，其交換比率都高。最典型

表3-3-5：與不同住父母，兒子，女兒之交換型態

	不適用	%	雙向交換 人數	%	單向提供支持 人數	%	單向得到支持 人數	%	無交換 人數	%	合計 人數	%
生病照顧												
父母	629	-	427	31.60	443	32.80	77	5.70	403	29.80	1979	99.90
兒子	1188	-	288	36.40	103	13.02	159	20.10	241	30.46	1979	99.98
女兒	1236	-	222	29.87	77	10.36	139	18.71	305	41.05	1979	99.99
料理家務												
父母	629	-	464	34.37	321	23.77	117	8.66	448	33.18	1979	99.98
兒子	1188	-	288	36.41	166	20.99	121	15.29	216	27.31	1979	100
女兒	1236	-	228	30.68	71	9.50	162	21.80	282	37.95	1979	99.93
提供意見												
父母	629	-	758	56.14	199	14.74	128	9.48	265	19.62	1979	99.98
兒子	1188	-	450	56.89	131	16.56	66	8.34	144	18.20	1979	99.99
女兒	1236	-	431	58	102	13.73	65	8.74	145	19.51	1979	99.98
生活費												
父母	629	-	31	2.29	339	25.11	56	4.14	924	68.44	1979	99.98
兒子	1188	-	19	2.40	234	29.58	160	20.22	378	47.78	1979	99.98
女兒	1236	-	21	2.82	152	20.45	58	7.80	512	68.90	1979	99.97
不定期金錢												
兒子	629	-	101	7.48	596	44.14	95	7.03	558	41.33	1979	99.98
女兒	1236	-	32	4.30	78	10.50	259	34.86	374	50.34	1979	100

資料來源：章英華、傅仰止(2002)，《臺灣地區社會變遷基本調查計畫》，〈第四期第二次調查計畫執行報告〉，中央研究院社會學研究所，2002年2月。

的就是意見交換，其雙向交換高達58%，兩種單向交換合計也有20%。當勞力需求較多時，如生病照顧與料理家務，支持交換的比率會下降，而角色開始發揮作用。由表3-3-5可知雙向交換之比率降為約30%，而兩種單向交換合計也有30%。總比率的降低原因之一是距離障礙。而角色是另一個降低原因，在單向支持方面是提供父母的比率高於得自父母的比率，提供的比率在24-33%之間，而得到之比率約減少10%。

　　假如支持行為包括金錢的提供，交換比率會進一步下降，性別與角色也同時產生作用。傳統上，成年男性有義務提供金錢支持予父母與未成年

子女。父母則會期待兒子提供定期生活費，女兒則是不定期的金錢支持。所以表3-3-5顯示雙向支持比率相當有限，而兒子提供父母的比率約在20%左右。女兒與兒子得自父母不定期金錢的雙向交換比率最高為7.48%。很意外的是兒子提供父母不定期金錢的比率高達44%。而得自女兒的比率也高達34.86%，單從定期金錢交換而言，向下提供支持的比率略高於得到支持的比率。依Caldwell(1976)之假說，這是已開發國家的代間支持行為。如果合計定期與不定期金錢支持，向上提供之比率則高於下向提供支持之比率，顯示孝道傳統仍存於2001年之台灣。

接著我們將兩個單項支持合併起來，變成三類；雙向支持，單向支持，與無支持。所以採複邏輯迴歸對1,350名有不同住父母之受訪者進行分析。自變項也是包括戶基護航網絡，社經變項，環境變項，與交換策略，其衡量方法如前。結果很意外的發現，交換策略在各類支持交換都是最主要的作用因素，而戶基護航網絡與社經變項只對某些支持行為產生作用。由此顯示相互性是代間支持的主要因素。換言之，距離障礙使得相互性變成最重要的影響因素。

不過，交換策略的作用還是隨支持行為之特性而變異。生病照顧與料理家務都需要付出勞力，但前者對生命比較重要，付出也比較多，所以兩者所採用之交換策略也不同。由表3-3-6可知，在控制其他自變項後，五種得到父母支持中的四種之單向支持相對於雙向支持之機率均為顯著負效果。另外，四種提供父母支持也都是顯著負效果。兩類交換策略之係數大致都比其他類自變項之係數為大。在無支持交換相對於雙向支持之機率方面，四種提供父母支持之係數皆為負向，也顯著；而係數值與年齡相近。上述結果顯示，相互性對生病照顧支持的影響是全面性的，因為生病照顧的付出較多。

在料理家務方面，迴歸結果顯示只與不定期財務，照顧小孩，與生病照顧有關。從父母得到不定期財務與照顧小孩支持的受訪者之雙向支持機率大於單向支持。相同的，得到父母照顧小孩與生病照顧之受訪者的雙向

表3-3-6　與不同住父母支持交換之複邏輯迴歸結果

變項	生病照顧(N=1,350) 單向/雙向 係數	標準誤	無/雙向 係數	標準誤	料理家務(N=1,350) 單向/雙向 係數	標準誤	無/雙向 係數	標準誤	提供意見(N=1,350) 單向/雙向 係數	標準誤	無/雙向 係數	標準誤	生活費(N=1,350) 單向/雙向 係數	標準誤	無/雙向 係數	標準誤	不定期金錢(N=1,350) 單向/雙向 係數	標準誤	無/雙向 係數	標準誤
截距	0.92*	0.50	0.33	0.44	2.00**	0.51	1.32*	0.46	1.12*	0.49	0.41	0.53	-4.56**	0.93	-1.46**	0.22	-3.41**	0.68	-0.63	0.33
家戶型態(2G+)																				
2G-S	-0.31*	0.14	0.02	0.13	-0.83**	0.15	-0.67**	0.13	-0.04	0.14	-0.17	0.15	0.62	0.36	0.02	0.09	0.21	0.18	0.08	0.10
其他	-0.33*	0.16	0.12	0.14	-0.02	0.16	-0.19	0.13	-0.08	0.15	-0.19	0.16	0.24	0.26	0.15	0.09	0.27	0.26	-0.02	0.11
不同住家人(無)	-0.43**	0.14	-0.22*	0.11	-0.05	0.14	-0.12	0.12	-0.01	0.12	-0.18	0.13	-0.15	0.22	-0.07	0.07	-0.15	0.17	-0.10	0.09
親戚(無)	-0.17	0.10	-0.13	0.08	-0.08	0.09	-0.06	0.08	-0.08	0.09	-0.11	0.10	0.00	0.26	-0.02	0.07	0.21	0.13	-0.06	0.07
朋友(無)	0.01	0.01	-0.09	0.08	-0.06	0.09	-0.02	0.08	-0.09	0.08	-0.09	0.09	-0.13	0.21	-0.47**	0.07	-0.36*	0.15	0.07	0.07
性別(男)	-0.18*	0.09	-0.24**	0.08	-0.03	0.09	0.14	0.08	0.14	0.08	0.09	0.09					0.16	0.12	0.01	0.06
年齡(60+)																				
29-	0.22	0.41	0.65*	0.28	-0.56	0.45	0.01	0.24	-0.68*	0.29	-0.14	0.27								
30-59	0.26	0.39	0.56**	0.25	-0.06	0.43	0.29	0.21	-0.74**	0.26	-0.31	0.23								
教育程度(大學)																				
小學	-0.32	0.18	-0.08	0.15	0.16	0.19	0.01	0.14	0.43**	0.16	0.24	0.17	0.74	0.60	0.44**	0.11	0.54	0.28	0.15	0.12
初中	-0.10	0.17	0.05	0.14	-0.23	0.16	-0.03	0.14	0.39*	0.15	0.44**	0.17	-0.21	0.31	0.26**	0.10	0.55**	0.27	-0.01	0.12
高中	-0.05	0.14	-0.01	0.12	-0.20	0.14	-0.08	0.12	0.13	0.14	0.08	0.15	-0.46	0.30	0.11	0.11	0.11	0.17	0.14	0.10
專科	0.03	0.15	-0.03	0.13	-0.27	0.15	-0.18	0.14	0.10	0.15	0.10	0.16					-0.12	0.17	0.08	0.11
收入(3萬-)																				
30,000-100,000	0.06	0.13	0.15	0.10	-0.11	0.12	-0.27	0.15	0.13	0.11	0.07	0.12	-0.24	0.33	-0.17	0.10	0.22	0.17	-0.24**	0.09
100,000+	0.11	0.16	0.17	0.13	-0.27	0.15	-0.07	0.13	0.02	0.14	-0.06	0.16	0.09	0.38	-0.34**	0.12	0.17	0.20	-0.22*	0.11

生病照顧(無)	-0.99**	0.11	0.10	-0.90**	0.10	-0.04	0.10	-0.51**	0.11	-0.07	0.13	-0.64	0.43	-0.04	0.09	-0.29	0.16	0.20**	0.08
料理家務(無)	-0.12	0.10		-0.11	0.11		0.07		0.11	0.11	0.12	-0.60	0.46	0.00	0.09	-0.50**	0.17	-0.12	0.08
提供意見(無)	-0.60**	0.11	0.08	-0.11	0.11	0.06	0.83					-0.38	0.56	0.11	0.08	-0.26	0.18	-0.12	0.07
生活費(無)	-0.06	0.20	0.21	-0.19	0.23	-0.05	0.24	-0.39	0.24	-0.53*	0.26	-1.03**	0.25	0.31		-0.58**	0.17	0.24	0.15
不定期金錢(無)	-0.40**	0.14	0.14	-0.44**	0.14	-0.04	0.15	-0.20	0.14	-0.07	0.16	-0.96**	0.33	-0.06	0.09	-0.05	0.15	-0.04	0.08
小孩照顧(無)	-0.28*	0.12	0.10	-0.84**	0.11	-0.46**	0.10	-0.02	0.11	-0.05	0.12	-0.38	0.38	-0.56**	0.09	-0.33*	0.17	-0.33**	0.07
提供																			
生病照顧(無)	-0.59**	0.10	0.08	-0.58**	0.10	-0.51**	0.08	-0.54**	0.09	-0.41**	0.10	0.14	0.35	-0.14*	0.08	-0.13	0.16	-0.07	0.07
料理家務(無)	-0.54**							-0.28**	0.09	-0.26**	0.10	-0.15	0.37	-0.04	0.09	-0.17	0.17	-0.12	0.07
提供意見(無)	-0.55**	0.11	0.09	-0.17	0.11	-0.12	0.09	0.06	0.10	-0.01	0.11								
生活費(無)	-0.82**	0.12	0.10	-0.11	0.11	-0.26**	0.09	-0.29**	0.08	-0.29**	0.09	0.26	0.22	0.53**	0.07	0.22	0.13	0.60**	0.07
不定期金錢(無)	-0.18*	0.09	0.08	-0.16	0.09	-0.01	0.08					-0.42							
Likelihood ratio χ2	2093.13			2120.89				2178.81				1400.63				1974.96			
P	1.0000			1.0000				0.9990				1.0000				1.0000			
df	2E3			2E3				2E3				2E3				2E3			

註：*達0.1顯著水準，**達0.005顯著水準，***達0.01顯著水準。

a.生活費迴歸式中，2G-S與其他合併。

b.生活費迴歸式中，教育程度之第一類為初中或以下。

資料來源：見表3-2-1。

支持機率也大於無支持交換。此外,提供父母生病照顧與定期生活費以及得到父母照顧小孩三者之雙向支持機率也是大於無支持交換。上述結果顯示料理家務之相互性不只以同性質之交換爲主,或勞務性交換爲主,更延伸到接受者認爲重要的其他支持類別。

　　提供意見與上述兩類支持行爲之差別在於所需要的勞力與金錢更少,但是它也受到其他需要勞力與金錢之支持類別之影響。表3-3-6顯示提供父母生病照顧、料理家務與不定期金錢支持都對單向交換相對於雙向交換之機率呈顯著負效果。也對沒有交換相對於雙向交換之機率呈顯著負效果。似乎提供父母代價較高的支持交換具有促進雙向意見交換的功能。由父母處得到生活費支持也呈顯著負效果,則支持上述影響力的存在。也就是由父母處得到定期生活費支持之受訪者之雙向意見交換機率高於沒有得到父母這項支持的受訪者。

　　定期生活費之交換應當由富有者流向較窮之親人,所以預期應以單向交流爲主。結果很意外地發現,雙向交換仍多於單向或無交換。表3-3-6也顯示小孩照顧與不定期金錢支持對單向支持相較於雙向支持之機率都具顯著負效果。這種結果一則可以將定期生活費的提供視爲從父母得到小孩照顧與不定期財務支持的回饋或相互性。二則從合作家庭角度(Silverstein et al., 2002)或需求法則來看,我們預期從父母處得到這兩種支持應當是單向的。在小孩照顧方面,上一節說明是用定期生活費做回饋。而不定期金錢的提供有可能是這一代的父母比較富裕,他們有能力在子女需要購屋或其他需求時給予一臂之助。這種結果顯示在2001年的台灣所呈現的是另一種需求法則。而迴歸的其他結果也支持這種說法。例如提供父母生病照顧與料理家務也對無支持交換相對於雙向交換呈顯著負效果。不過提供父母不定期財務支持則成顯著正效果。這種結果指出當財務方面爲雙向支持時,子女也會提供父母生病照顧與料理家務。另外,如果子女並不富裕,他們有可能只會提供不定期財務支持。整體而言,我們傾向於認爲在2001年的台灣,父母與子女之間基於社會規範,需求法則仍在運作。不過,財務與其他類支持之雙向交換有時仍會超越需求法則。

　　而不定期財務支持是第二個出現顯著正負效果並存的混淆現象。表3-3-6顯示得到父母生病照顧與提供父母生活費支持，在無交換相對於雙向交換之機率都為正顯著效果。假如我們可以接受提供父母生活費者不需提供不定期財務與父母，那提供父母生活費之正效果是可以接受的。另外，當一個人生病時，他會因生病而缺乏資源而無法提供父母不定期財務支持。另一方面，我們也發現如前幾類支持般，得到父母料理家務與生活費支持之受訪者，他們的單向交換相對於雙向交換之機率為顯著負效果。另外提供或得到生病照顧都有顯著負效果。上述結果都顯示這幾種支持的雙向交換都大於單向交換或無交換。

　　反過來，我們也很想知道在控制社經地位(SES)與交換策略等變項後，戶基護航網絡之各圈有無產生何種相互作用。如前所述，它的效應仍受制於支持類別的特性，所以它的效果主要在於生病照顧與料理家務，這兩種需要資源的交換。在生病照顧方面，表3-3-6顯示兩種家戶型態(兩代無偶及其他)及不同住家人對單向支持相對於雙向支持之機率都是顯著負效果。這種結果一則顯示這兩種家庭型態之結構性資源少於兩代有偶或以上之家庭。二則顯示當需求狀況出現時，缺少資源與距離障礙也必須克服，所以不同住家人也會相互支持。另外，表3-3-6也顯示不同住家人在無支持相對於雙向支持也呈現顯著負效果。這種結果有可能是同儕壓力或勞力均攤效應。

　　在料理家務方面，只有兩代無偶在單向支持與無支持兩者相對於雙向支持呈顯著負效果。有可能是一者料理家務對生命重要性不如生病照顧，二者，與他人同住者之親情較淡。另外，朋友在不定期金錢支持方面也是在單向支持相對於雙向支持之機率成顯著負效果。一般而言，朋友間是提供情緒支持。在金錢方面要有借有還，友情才能持續下去。

　　而SES方面，在控制其他自變項後，大致是反映生命週期，態度，與收入之效果。年輕人較健康、有工作、重休閒，所以與老人相較，比較少與父母交換生病照顧。而兩組年輕人較傾向於在提供意見方面呈雙向支持。有可能是西化或教育提高的關係。教育程度較低之兩組則是單向交換機率高於雙向支持。不過，在生活費方面初高中教育程度及高收入者在無交換相對於雙向交換之機率是一正一負的顯著效果。有可能都是資源有無之影響。

　　綜合而言，雖然受到社會變遷的衝擊，家庭型態趨向核心化，但新式擴大家庭取而代之，所以與父母的支持交換大致都是雙向的。例外只有四個，大都是反應能力問題。一為年輕對生病照顧之係數為正，表示年輕兩代較健康，所以能提供父母親生病照顧。其他為教育程度及提供意見與生活費，前者指出年輕兩代具現代通訊技能，而後者為具財務能力，所以都有正顯著影響。

3.戶基護航網絡完整性之影響

　　如本章第二節所述，戶基護航網絡具四圈。如將四圈簡化為有無兩類，一共會有十六種組合，或完整性可有十六種可能性，必須予以簡化才容易進行分析，所以本小節將先說明完整性之分類方法，再說明它對支持交換之影響。

　　a. 完整性之分類方法

　　戶基護航網絡之完整性除了考慮圈數多寡還要考慮到是那一圈之有無對支持行為交換之影響，因此類別數會更複雜，分析時必須依各圈性質再予以簡化。依性質而言，1、2圈為家人，而3、4圈為親戚朋友，1-2及3-4性質不同，在簡化類型數目的考量下，只採用下列各個組合：

　　1. L4：四圈具全

　　2. L3-34：具三圈，但缺第三或四圈

　　3. L3-12：具三圈，但缺第一或二圈

　　4. L2-34：具二圈，但缺第三及第四圈

　　5. L2-2,34：具二圈，但缺第二及第三四圈之一

　　6. L2-1,34：具二圈，但缺第圈及第三四圈之一

　　7. L2-12：具二圈，但缺第一及二圈

　　8. L1：具一圈或以下

表3-3-7將圈數由粗分類逐步導入細分類，所以分成三部分。最上部顯示一至四圈的四種百分比分別為14.67%，34.07%，35.63%，及15.63%。具二三圈的人為主，占70%。這種分配，主要是受到生命週期的影響。具四圈的人，以60歲或以上人為主。具三圈及一圈者，分別為30-59歲及30歲以下組。而具二圈則是大約均分到三個年齡組。上述結果顯示戶基護航網絡之完整性，主要隨年齡而具增。

表3-3-7的中間部分則是加入L3的兩種細分類，30歲以下組是以第三類(L3-12)為主。顯示他們未婚，獨居，且不常與父母聯絡。而30歲以上兩組，則以第四類(L2-34)為主。中年組可能已婚，有子女，且專注於事業，所以疏遠親戚與朋友，60歲以上則可能是受到自身健康不佳，所以少與親戚與朋友接觸。另一個可能原因是親戚與朋友減少。

表3-3-7的最下部分則是再把L2展成三組。L2-34類占51%，L2-1,34占26%，而L2-2,34及L2-12分別為7.4%及15.2%。由此可見，L2的分配也是受到年齡的影響。對30歲以下組而言，L2-1,34及L2-12合計占85.8%。婚姻關係與家庭關係是導致他們只有兩圈的原因。對中年人而言，L2-34就占64.7%。如果把L2-2,34及L2-1,34兩類也包括近來則高達96.1%。換言之，中年人主要是缺第三及四圈。老年人的分配則是沒有L2-12類，但L2-1,34類變多，顯示老人獨居及缺少與親戚朋友互動之比率偏多。

換言之，戶基護航網絡之完整性是受生命週期的影響，年輕人以缺少與家庭有關兩組居多。中年人則是缺親戚與朋友那兩圈。老年人缺兩圈主要是受獨居影響。上述結果顯示戶基護航網絡是一個動態的概念。

b.對支持交換之影響

其次我們關心的是完整性與支持交換有沒有關係。表3-3-8顯示完整性與支持之交換有關。有完整四圈的受訪者在提供父母生活照顧，生活費及不定期金錢支持三方面之比率居次，而料理家務與提供意見則居第三位。在生病照顧與提供意見兩方面高達72%，生活費與不定期金錢支持也分別為30.3%與54.5%。而L3-12類方面，則是在提供父母生病照顧，料理家務，與提供父母意見之方面略優於具四圈者。不過，在提供父母生活費

表3-3-7 戶基護航網網絡組合之年齡分配百分比

年齡	網絡組合									
	L4	L3-34	L3-12	L2-34	L2-2,34	L2-1,34	L2-12	L1	N	Total
第一部分										
29-	5.26	21.71		39.47				33.55	304	100.0
30-59	18.24	40.04		32.45				9.27	1014	100.0
60+	31.25	28.13		34.38				6.25	32	100.0
Total	15.63	35.63		34.07				14.67	1350	100.0
第二部分										
30-	5.26	8.88	12.83	39.47	0.33	15.13	18.75	33.55	304	100.0
30-59	18.24	35.60	4.44	32.45	3.16	7.00	1.28	9.27	1014	100.0
60+	31.25	25.00	3.13	34.38	3.13	12.50	0.00	6.25	32	100.0
Total	15.63	29.33	6.30	34.07	2.52	8.96	5.19	14.67	1350	100.0
第三部分										
30-	5.26	8.88	12.83	5.26	0.33	15.13	18.75	33.55	304	100.0
30-59	18.24	35.60	4.44	21.01	3.16	7.00	1.28	9.27	1014	100.0
60+	31.25	25.00	3.13	18.75	3.13	12.50	0.00	6.25	32	100.0
Total	15.63	29.33	6.30	17.41	2.52	8.96	5.19	14.67	1350	100.0
N	211	396	85	235	34	121	70	198	1350	

註：L3-34表示具有第三圈但缺第三或第四圈。
資料來源：Chen, C.(2006)b. "Does The Completeness of A Household-Based Convoy Matter in Intergenerational Support Exchanges?" Social Indicators Research 79: 117-124.

與不定期金錢則略低於四圈具全者。另外一類具三圈者(L3-34)則是擁有最高的不定期金錢支持。其餘支持則接近其他擁有三或四圈之受訪者。總而言之，具三四圈者資源之結構相對較佳，所以提供父母高比率的生活照顧，料理家務，提供意見，而生活費方面之支持比率也近30%，僅次於L2-1,34及L2-12兩類。這兩類人都未婚，所以提供父母需要之勞務支持比率略低於具三四圈之受訪者，但財務方面則略高。另外一類具兩圈之受訪者為L2-34，他們缺親戚朋友兩圈，但具二代以上家戶與不同住家人，所以勞務之支持略低於前兩類具兩圈之受訪者；但在金錢方面則是略優。最後一類具兩圈者為L2-2,34，他們是缺不同住家人，所以各類支持略低於其他具兩圈者。最後L1類以年輕人為主，所以勞務類支持接近平均數，而金錢方面則低於平均。

表3-3-8　各種圈數組合之得到與提供父母支持之比率

網絡類型	L4	L3-34	L3-12	L2-34	L2-2,34	L2-1,34	L2-12	L1	Total
提供									
生病照顧	72.04	67.42	74.12	58.30	41.18	66.12	60.00	58.08	64.44
料理家務	59.24	55.81	61.18	50.21	29.41	66.94	80.00	61.62	58.15
提供意見	72.04	74.24	74.12	65.53	47.06	68.60	78.57	70.71	70.89
生活費	30.33	27.53	25.88	28.51	26.47	27.27	31.43	22.22	27.41
不定期金錢	54.50	59.34	52.94	57.02	35.29	45.45	32.86	39.39	51.63
人數	(211)	(396)	(85)	(235)	(34)	(121)	(70)	(198)	(1350)
得到									
生病照顧	28.91	29.29	60.00	28.09	14.71	53.72	70.00	45.96	37.33
料理家務	35.55	34.85	64.71	29.79	14.71	56.20	80.00	57.58	43.04
提供意見	66.35	62.12	76.47	57.02	44.12	69.42	85.71	71.72	65.63
生活費	2.37	2.02	10.59	1.70	2.94	9.92	32.86	12.63	6.44
不定期金錢	8.06	11.62	22.35	7.66	14.71	19.01	38.57	20.71	14.52
照顧小孩	34.12	38.38	15.29	30.21	20.59	4.13	4.29	10.10	25.41
人數	(211)	(396)	(85)	(235)	(34)	(121)	(70)	(198)	(1350)

資料來源：見表3-3-7。

　　得到父母提供支持方面，以L2-12在生病照顧，料理家務，提供意見及生活費方面所得到之比率居各類之冠。他們大都未婚或在學。所以父母提供工具性協助之比率高達70-80%。生活費也高達88.57%。反過來，具足四圈的L4在得到父母各類支持之比率都相對較低，只有照顧小孩是例外。也許部分受訪者是居於多代家庭，所以能得到父母照顧小孩之支持。

　　一般而言，家人，不拘居住型態，與父母之交換比率都高於親戚與朋友。上述結果也顯示缺第一或第二圈的受訪者與父母之交換比率較高，而缺第三或第四圈與父母之交換比率就較低。

　　接著我們運用邏輯迴歸分析來探討網絡完整性，SES，環境變項，及交換策略對各類支持之交換影響。在網絡完整性方面，我們將之簡化為四類L4，L3，L2，L1，以L4為參考組。其他各類自變項之衡量方面與前面之分析相同。表3-3-9顯示，L1因為少了三圈所以在提供父母生病照顧，料理家務，生活費及不定期金錢支持都比四圈具全者顯著較少。L2是缺少兩圈，但只在提供父母生病照顧比四圈具全者顯著較少。反過來，L2則是得到父母顯著較多的生病照顧，料理家務，生活費與不定期金錢支持。整體而言，在控制其他變項後，圈數的影響大致維持不變，L2在合併細類後，使得有些支持差異消失。

　　為了取得較佳之配適性(Goodness of fit)，社經變項是做選擇性的加入迴歸式。原則上社經變項還是個人資源指標，例如兩個年輕組群較少資源，也缺乏經驗，所以他們提供父母顯著較少的生病照顧，但是得到父母顯著較多的意見提供。另外，收入較高的受訪者擁有較多的資源，所以他們提供父母顯著較多的料理家務，提供意見，生活費及不定期金錢支持。而得到父母意見提供則顯著較少，教育程度也有類似功能。他們得自父母生活費支持顯著較少，但是得到父母顯著較多的小孩照顧。

　　而四個環境變項中，只有父親的居住遠近在多項支持具顯著負效果。我們不能理解為何居住較近者之代間支持反而較少。

　　在交換策略方面，表3-3-9也顯示代間支持具有兩種特性，分工不清楚及支持替代性。我們發現除了生活費與不定期金錢支持外，其他各類支

表3-3-9　圈數對代間支持交換之迴歸分析結果

變項	生病照顧				料理家務				提供意見				生活費				不定期提供			
	提供		得到		提供		得到		提供		得到		提供		得到		提供		得到	
	係數	標準誤	係數	標準誤	係數	標準誤	係數	標準誤	係數	標準誤	係數	標準誤	係數	標準誤	係數	標準誤	係數	標準誤	係數	標準誤
截距	-0.27	0.34	1.27***	0.36	-3.41**	0.68	-0.63	0.33		0.31	-0.48***	0.15	0.99***	0.16	4.37***	0.55	0.02	0.14	2.55***	0.48
網絡(L4)																				
L3	-0.09	0.10	0.15	0.10	-0.10	0.10					-0.11	0.10	-0.10	0.09	0.15	0.26	0.07	0.08	0.25*	0.15
L2	-0.31***	0.10	0.30***	0.10	-0.12	0.10					-0.09	0.10	-0.04	0.10	0.55***	0.25	-0.10	0.08	0.25*	0.15
L1	-0.35***	0.12	0.38***	0.12	-0.19*	0.12					-0.07	0.13	-0.24**	0.12	0.68***	0.26	-0.28***	0.10	0.27*	0.16
性別(男)																				
年齡(60+)																				
29-	0.23***	0.06									-0.05	0.07								
30-59	-0.82***	0.24									1.09***	0.23								
教育程度(大學)	-0.54**	0.23									0.50**	0.22								
小學			-0.51***	0.12											-1.13***	0.31			-0.63***	0.17
初中			-0.24**	0.11											-0.99***	0.27			-0.61***	0.16
高中			-0.16*	0.09											-0.53**	0.14			-0.23**	0.11
專科			-0.02	0.10											-0.32**	0.15			-0.11	0.12
收入(3萬)																				
30,000-100,000					0.19**	0.08					-0.24***	0.09	0.33***	0.10			0.16**	0.07		
100,000+					0.16*	0.09					-0.18*	0.11	0.54***	0.11			0.12	0.09		
都市(鄉村)																	0.08	0.09		
籍貫(閩南)																				
客家	-0.17*	0.10	-0.42***	0.12					-0.11	0.11									0.05	0.14
外省	-0.10	0.10	-0.09	0.10					0.14	0.12									-0.03	0.13
其他	0.31	0.26	0.37	0.21					-0.18	0.23									0.18	0.29

自變項	(1)	(2)	(3)	(4)	(5)	(6)	(7)	(8)	(9)
母跟居住地（鄉村）	-0.17** (0.07)	-0.23*** (0.07)	-0.20*** (0.07)		-0.12* (0.07)	(0.07)			-0.30*** (0.10)
得到									
生病照顧（無）	0.85*** (0.08)		0.16** (0.08)						
料理家務（無）			0.71***						
提供意見（無）	0.27*** (0.07)		0.22***						
生活費（無）	-0.30** (0.14)								
不定期金錢（無）					-0.17* (0.09)	(0.09)			
小孩照顧（無）	0.24*** (0.08)				0.30*** (0.07)	(0.07)		0.13** (0.07)	
提供									
生病照顧（無）		0.73*** (0.08)		0.14* (0.07)			-0.04 (0.13)	0.03 (0.08)	0.35*** (0.09)
料理家務（無）		0.35*** (0.07)		0.15** (0.07)			0.39*** (0.14)		
提供意見（無）		0.19** (0.08)		1.04*** (0.07)					
生活費（無）									-0.24** (0.10)
不定期金錢（無）／金錢（無）		-0.23*** (0.07)					-0.29** (0.12)		
Likelihood ratio	423.10	657.57	128.59	303.80	154.02	105.81	42.06	450.26	156.82
P	0.1268	0.0985	0.0793	0.2501	0.0739	0.9915	0.2610	1.0000	0.2745
N	1350	1350	1350	1350	1350	1350	1350	1350	1350

註：*顯著水準，**達0.05顯著水準，***達0.01顯著水準。
L3代表三圈，L2代表兩圈，L1代表一圈。
資料來源：見表3-7。

持不只得到類似支持的回報，也最少得到一種其他類的支持，例如，對父母提供生病照顧，會得到來自父母的生病照顧，提供意見與小孩照顧。從父母得到生病照顧會回報以生病照顧，料理家務，及提供意見。這種多重的交換，顯示在常來往的情況下，難有清楚的分工。因此，我們傾向於認為在2001年的台灣，孝道還是維持著，但交換策略則是愈來愈重要。

支持替代性又可分成兩類，一種是同質性的替代，例如，生病照顧，小孩照顧，及料理家務都與勞務有關。所以三類之間可以相互替代。另一種是負向的替代。例如，給予父母生活費，父母就不會回以定期生活費，頂多是偶爾回以不定期金錢支持。換言之，財務較差是得到生活費的主因，因此也只能在偶爾情況下提供不定期金錢支持。此外，我們也注意到提供生活費與父母與提供父母生病照顧呈負相關。似乎提供金錢可以替代生病照顧的勞務。換言之，交換策略是相當複雜的。

四、戶基護航網絡之動態性

本章第二節顯示戶基護航網絡之細分類經潛在類型分析法處理後得到四個類型，包括成家前型，親社會型，成熟型，及擴大型。這四個類型不但反映簡化的四期家庭生命週期，它們也有鑑別社會支持的功能。上述的結果顯示戶基護航網絡之建構對20歲以上之成年人而言是符合護航網絡之理論預期，它隨著生命週期之角色的變動而變動。

本書比較偏重對老人之探討，所以本小節再利用衛生署國民健康局的一系列「台灣老年人保健生活問題長期追蹤調查」資料，來顯示在老年期戶基護航網絡之動態變化。由表3-4-1可知，台灣老人之戶基護航網絡並不差，也一如角色理論所預言的具有動態變化。在1989-1999年的十年間，調查樣本由4,010人逐漸遞減為2,250人。不過，第一圈(有同住家人)，第二圈(有不同住家人)及第四圈(有常來往的朋友)的擁有比率卻相當高，大都在七成以上。第一圈的比率由75.5%降為68.8%；而第二圈則是由73.5%下降再回升為85.3%；第四圈也由73.4%逐年增加為77.6%。另

外，第三圈(有常來往親戚)則變化不一，1989年為39.7%；1993年降為
36.4%；1996年升為53.9%；1999年又降為41.5%。

表3-4-1　戶基護航網絡成員之百分比分配與變化，1989-1999

圈數	1989	1993	1996	1999	1989-1993			1993-1996			1996-1999		
	%	%	%	%	不變	增加	減少	不變	增加	減少	不變	增加	減少
第一圈	75.5	70.7	70.0	68.8	83.2	5.6	11.1	83.8	8.5	7.6	85.6	6.2	8.2
第二圈	73.5	70.5	74.9	85.3	76.4	9.6	14.0	62.2	17.2	20.6	69.2	20.4	10.5
第三圈	39.7	36.4	53.9	41.5	60.4	17.2	22.4	58.9	12.6	28.5	61.5	12.4	26.1
第四圈	73.4	67.9	76.7	77.6	68.0	12.0	20.0	69.8	12.6	17.6	74.6	12.3	13.1
合計	4010	3114	2629	2250	3108			2485			2105		
平均圈數	2.52	2.60	2.82	2.75	-0.02			+0.22			-0.07		

註：第一圈為有同住家人(二代或以上家戶)。
　　第二圈為有不同住但每週至少來往一次之家人。
　　第三圈為有不同住但每週至少來往一次之親戚。
　　第四圈為有不同住但每週至少來往一次之朋友。
資料來源：《台灣老年人保健生活問題長期追蹤調查》，衛生署國民健康局(2010)。

　　上述各圈的變化是反映台灣特有的社經背景對老年時期之社會網絡的
影響。台灣老人偏好與子女同住(陳肇男，1999)，隨著年齡增加子女會死
亡或遷出，所以第一圈會略減，而第二圈會增加。老人若有同住家人可以
取得照顧，但是情緒上的慰藉，還是要從朋友處取得，所以越趨晚年，有
朋友的比率會增加。而擁有常來往親戚的比率也在四成左右，可見在都市
化的趨勢下，傳統的家庭觀念還在。

　　上述戶基護航網絡四圈的總體比率雖有變化，但變動不多。我們再透
過比對個人編號來檢討個人三至四年間的各圈變化情形。如果將變化情形
分成「不變」，「增加」與「減少」三類，我們發現四圈的個體變動差異
很大。其中以第一圈的不變的比率最高。在三個時段的不變比率在83.2-
85.6%之間，增加與減少的比率並無一定模式。不過，有二期的減少的比

率都略高於增加的比率。綜合而言，絕大多數的老人都能居住在他們所偏好的二代或以上家戶。

　　第二圈(不同住家人)與第四圈(朋友)的不變的比率都不低，但互有領先。在第一期，第二圈的不變比率高於第四圈。前者為76.4%，後者為68.0%。後二期則是第四圈高於第二圈，可能與老人的退休有關。在第一期裡要退休的老人較多，職務上的變動會讓來往的朋友減少，而子女也可能減少遷徙的考慮。另外在增加與減少的比率方面，兩圈的變動型態也不一致，第四圈(朋友)都是處於減少比率高於增加的比率，或許老人的朋友以同齡為主，所以凋零比率也高，但結交新朋友的機率相對較高。而第二圈則是頭二期為減少略高於增加，但第三期則是增加遠多於減少，或是陸續有子女成長、就業而遷出。

　　第三圈(親戚)的不變比率最低。三期都在六成左右，減少比率都高於增加的比率，或許與都市化有關。傳統上，親戚很重要，都市化所引起的遷徙會使親戚變得較疏離。

五、結語

　　戶基護航網絡是本書的樞紐，它承接第二章的研究結果將家庭區分成兩代家戶與常來往不同住家人，並將兩者納入戶基護航網絡之第一、二圈，再加入常來往之親戚及朋友作為第三、四圈。本章的分析結果顯示它具有鑑別戶基護航網絡不同成員之代間支持的功能，所以它是一個有用的社會網絡指標。在第六章，我們將進一步探討它對老人心理福祉的作用。

　　另外，本章也指出戶基護航網絡具下列兩項特色：

1.具實用性

戶基護航網絡的實用性，可從三方面看出。第一，它的四圈容易分辨。雖然本章利用調查資料去建構時看似複雜，但社福人員在工作時只需透過簡單的口頭探問即可取得四圈之有無。第二，四圈具不同功能。社福人員可依不同需求，尋求不同的支持來源。第三，兩圈為支持的最低門檻。具一圈或零圈的長輩就是需要社福幫助的對象。

2.驗證理論

護航網絡是立基於角色理論。角色理論指出角色的變動會牽動非正式社會支持系統的變動。本章透過潛在類型分析法分析戶基護航網絡的細分類，得到四個類型：成家前型，親社會型，成熟型，及擴大型。這四個類型反映簡化的四期家庭生命週期。另外，透過老人的追蹤調查，本章也顯示老年期的戶基護航網絡之四圈也呈現不同的變動。這種變動與老人的心理福祉有何關聯將在以下二章繼續討論。

另外，在代間支持交換方面，相互性是重要的影響因素。在各種支持交換時，有提供父母支持者較可能得到父母之相同支持，反之亦然。這種結果類似葉光輝（2012）所說的：台灣人的家庭價值觀是相互性／權威性孝道並存的雙元價值觀。換言之，雖然受到快速社會變遷的衝擊，台灣的代間支持也呈現雙元性：一方面是孝敬父母的傳統價值還在，另一方面是現代化相互性的興起。

附錄1　迴歸分析變項之摘要統計（n=1,350）

變項	％
潛在類型	
成家前型	0.18
親社會型	0.10
成熟型	0.40
擴大型	0.32
性別（男）	
男	0.51
女	0.49
年齡	37.65
30歲以下	0.23
30-59歲	0.75
60歲或以上	0.02
教育程度	

小學或以下	0.16
初中	0.16
高中	0.34
專科	0.18
大學或以上	0.17
收入	
29,999元或以下	0.18
30,000-99,999元	0.57
10萬元或以上	0.25
婚姻狀況	
已婚	0.70
單身／離婚／寡居	0.30
居住地	
都市	0.33
鄉村	0.67
籍貫	
閩南	0.77
客家	0.10
外省	0.11
其他	0.02
父親居住地	
都市	0.47
鄉村	0.53
母親居住地	
都市	0.59
鄉村	0.41
得到生病照顧	0.37
得到料理家務	0.43
得到意見交換	0.66
得到定期生活費	0.06
得到不定期生活費	0.15
得到小孩照顧	0.25
提供生病照顧	0.64
提供料理家務	0.58

提供意見交換	0.71
提供定期生活費	0.27
提供不定期生活費	0.52

資料來源：見表3-2-3。

參考文獻

章英華、傅仰止(2002)，《臺灣地區社會變遷基本調查計畫》，〈第四期第二次調查計畫執行報告〉，台北：中央研究院社會學研究所，2002年2月。

國健局(2010)， http://rds.bhp.doh.gov.tw。

陳肇男(1999)，《老年三寶：老本、老伴與老友──臺灣老人生活狀況探討》，台北：中央研究院經濟研究所，經濟研究叢書第19種。

葉光輝(2012)，「臺灣民眾家庭價值觀之變遷與可能心理機制」，〈臺灣的社會變遷 1985-2005〉，《家庭與婚姻》，臺灣社會變遷基本調查系列之三，頁75-124。

Agrestic, Alan（1996）. *An Introduction to Categorical Data Analysis*. New York, NY: John Wiley.

Caldwell, J.E.（1976）. "Toward a Restatement of Demogreaphic Transition Theory." *Population and Development Review* 2: 321-326.

Chang, L.Y.（2001）. "Family at Bedside: Strength of Chinese Family or Weakness of Hospital Care? " *Current Sociology* 49(3): 155-174.

Chen, Chaonan（2006)a. "Does the Completeness of a Household-Based Convoy Matter in Intergenerational Support Exchanges?" *Social Indicators Research* 79: 117-142.

Chen, Chaonan（2006)b. "A Househod-Based Convoy and the Rciprocity of Support Exchange between Adult Children and Non-Coresiding Parents." *Journal of Family Issues* 27(8): 1100-1136.

Chen, Chaonan and Hui-lin Lin (2008). "Examiningtaiwan's Paradox of Family Decline." *Social Indicators Research* 87: 287-305.

Chen, C., P. Liao and H. Lin(2010). "Is the Household-Based Convoy a Role-Related Support Network?" *Research on Aging* 32(5): 645-676.

Marsden, P.V. (1988). "Homogeneity in Confiding Relations." *Social Network*, 10: 57-76.

Silverstein, M., Li, S. & Zhang, W. (2002). "Intergenerational Exchange in Rural Chinese Families." Presented at *International Conference on Allocation of Social and Family Resources in Changing Societies. Sun-Yat-Sen Institute for Social Sciences and Philosophy, Academia Sinica*, 4-6 December 2002, Taipei, Taiwan.

Vermut, K.L. and K. Magidson (2005). *Latent Gold 4.5 User's Guide.* Belmont, MA. Statistical Innovations, Inc.

第四章　老人心理福祉

　　第三章的研究結果顯示家庭型態受到社會變遷的衝擊，其功能可以由戶基護航網絡予以彌補。而老年期除了生活功能需求以外，心理福祉則是另一個受到關注的研究焦點。主因是老年期會遭遇一連串生命週期的重大事件，諸如健康惡化，退休，喪偶等的衝擊，而產生社會、生理與心理的失衡。

　　而心理福祉的研究則源起於社會指標的探討。從1960年代以來，社會科學家即致力於社會指標的創建，其目的在於建立早期預警系統，以消除失衡、不公、不滿等社會現象及萌芽中的社會需求(OECD, 1971)。美國衛生教育與福利部(US DHEW, 1969)曾將社會指標界定為「直接反應規範性利益(normative interest)的統計數字，能增益對主要社會狀況之簡潔的、綜合性的，與平衡的判斷」。前述「規範性利益」是指該社會指標能測量公眾所關心，願維持適度的控制與導引的事務。有學者再指出社會指標應該是時間系列性的，以捕捉長期趨勢與不尋常的劇烈變動(Sheldon and Freeman, 1970)。

　　社會指標一般可分成客觀的與主觀的兩類指標，前者如國民所得、工資、物價、出生、死亡、住院人數、空氣污染等公私立機構之帳目或記錄，各有其反應個人外在環境之功用。而一般人也認為「生活品質」概念含有認知性與主觀性的重要成分，所以衍生出對主觀社會指標的需求，也產生許多主觀的心理福祉(subjective psychological well-being)指標。

　　本書利用不同心理福祉指標對老人心理福祉進行探討，主要是針對二個問題。第一，循著生活滿意的相關文獻，首先當然要問台灣老人的生活滿意是否也是與年齡組呈負相關嗎？在控制重大生命事件後，各年齡組的遞減的現象會不會消失？家庭與非正式社會支持或其他那些因素會對生活滿意也有顯著的正影響力？第二，戶基護航網絡會不會影響老人的心理福祉？如果會影響，它是透過何種機制產生影響？

　　本書第四章是採用生活滿意指標A(Life Satisfaction Index A, LSIA)作為生活滿意的指標來探討第一個問題。生活滿意研究的標準研究模型會探討五類因素的影響，包括(1)社會結構，通常以人口特徵為操作性衡量，(2)社經成就或資源，(3)生理健康，(4)初級組織的參與及支持，及(5)社團與休閒活動(George, Okun & Landerman, 1985)。這類研究發展出多種的衡量方法，如LSIA、愛心平衡指標(Affective Balance Scale)等(Larson, 1978)；也提出多種的理論如角色退出理論(disengagement theory)(Cumming & Henery, 1961)，身分危機理論(Miller, 1965)，活動理論(Havighurst, 1961)，及身分延續理論(Actchely, 1987)。

　　第五章則是探討第二個問題，戶基護航網絡成員對正負向心理福祉指標會不會有不同的作用？該章採用LSIA作為正向心理福祉指標，而憂鬱(depress)傾向則是作為負向心理福祉指標。戶基護航網絡是不是如House(1981)所述，主要是產生中介作用？本章更進一步探討戶基護航網絡的成員是不是對生活滿意與憂鬱傾向會有不同的作用？

　　針對第一個問題，本章將分三節來探討生活滿意的變化。首節是先呈現台灣老人各年齡組的生活滿意是否真的逐年遞減，再探討控制生命重大事件後，各年齡組之生活滿意遞減的現象會不會消失？而家庭與其他因素是不是都有顯著的影響？次節則是因為首節的分析結果顯示某些年齡組產生顯著的正向影響，所以採用不同迴歸模型來探討年輪效應(Herzog, et al., 1981)。第三節則是探討影響老年生活滿意的另一個重要因素，也就是退休後用來填滿多出的空閒時間之休閒生活。最後一節則是結語。

一、年齡對生活滿意的影響途徑

1.年齡對生活滿意的影響

　　生活滿意(Life Satisfaction)是最常用的衡量生活素質的社會指標之

一。一般人乃至於一些老人學家咸認爲老人的生活滿意會隨年歲增長而降低，原因是老年階段會遭受到收入的減少、健康的惡化及喪偶的孤寂等重大生命事件的衝擊。而剔除了這些因素的影響，年齡對老人生活的主觀評價呈現正面、負面的，還是中性的影響？以往三十多年來美國老人學的研究並未達成定論。早期的文獻回顧均認爲生活滿意隨年齡而遞減(Robinson & Shaver, 1973; Larson, 1978)，爾後有些研究則是利用貫時性研究資料進行分析，結語是46-70歲人口，各年齡組間之差異並不顯著(Palmore & Kivett, 1977)。而很多利用橫切面資料的研究也指出在控制社經變數後年齡與生活滿意間之關係會消失。甚至於有些研究指出，在控制相關因素後，年齡對快樂與士氣呈正面作用(Janson & Mueller, 1983; Witt, et al., 1980)。綜合而言，1950及1960年代的調查研究顯示生活滿意隨年齡而遞減；1970年代則是兩者無關；1980年代則認爲兩者關係由微弱或負相關轉爲顯著正相關(Campbell, 1981)。

　　導致年齡增長與生活滿意研究結果歧異的原因可以歸納爲(a)樣本年齡之選擇、(b)生活滿意之衡量方法，及(c)控制變數的選擇三類。

　　a.樣本年齡之選擇

　　生活滿意是反映主觀之心理福祉的測量方式，它必須透過不同年齡組的比較，才能顯現出生活滿意的程度和意義。而不同年齡又有不同的反映，所以樣本年齡的涵蓋範圍和分類方法會產生不同的結果。在實證上，各個研究各有不同的研究重點。有些研究只關心主要生命階段的差異，所以只比較三個大年齡組，即24-44歲，45-64歲及65歲以上三組(Herzog & Rodgers, 1981)。或是18-34歲，35-59歲及60-69歲(George, Okun & Landerman, 1985)。另外一些研究則是關心青少年以後的完整比較，所以研究對象涵蓋18-91歲，進行10歲年齡組的比較(Spreitzer & Snyder, 1974; Cutler, 1979)。還有一些研究只探討中年以後的變化，所以分成40-54歲組，55-64歲組及65歲以上組(Doyler & Forehand, 1984)。或分成46-50歲，51-55歲，56-60歲，61-65歲及66-70歲等五組(Palmore & Kivett, 1977)。在台灣，相關的研究只關心60歲以上全體老人生活滿意的決定因素，尚未討論分組的變化(陳肇男，2003；陳肇男、林惠生，1995)。

　　b.生活滿意之衡量方法

　　除了年齡分組的歧異，生活滿意的不同衡量方式也使得研究結果大相逕庭。有些研究認為生活滿意是反映多種生活領域(life domains) 的評鑑，包含對家庭、居住城市、政府、工作、嗜好、宗教、組織、婚姻、住家、朋友、健康與財富等十二個層面(Cutler, 1979; Herzog & Rodgers, 1981)。年齡被認為是具有調整(moderate)其他變數在這些生活領域之影響的功能(George, Okun & Landerman, 1985)。換言之，年齡使得婚姻、收入、健康與社會支持對各個生命階段的生活滿意產生不同的影響。以青年期為例，教育與就業狀況比收入更能增加個人的生活滿意度。到了中、老年期，收入則是生活滿意的最重要層面。換言之，年齡上的差異與生命週期所面臨的約制是並存的。在青年期，教育與職業上的成就尚未能轉化為收入的高峰，使得收入對生活滿意的影響相對失色。到了老年期，收入已完整呈現教育的影響，收入與健康和社會支持遂變成生活滿意的最重要影響因素。有研究也顯示對健康的滿意度隨年齡遞減，而對家庭、政府、宗教與社團參與的滿意度則隨年齡而微增(Cutler, 1977)。在台灣，內政部的統計顯示對醫療設施狀況、親子關係、夫妻生活、財務狀況及工作狀況之滿意情況是隨年齡而增加，對公共安全之滿意情形則是隨年齡而遞減(內政部，1999)。

　　比較多的研究則認為生活滿意是生活品質的綜合評價(global assessment)。這種評價是立基於實際的情況或成就與期望之相互比較(George, 1981)。評價的參考對象(referents)或標準則為構成良好生活的個人憧憬或社會的標準或規範。與其他的生活滿意指標如「快樂」相比，生活滿意是對生活品質的長期評價，而快樂則是情緒或愛心的短期轉變。在1980年以前，學者已發展出多種衡量指標，包括生活滿意、快樂與士氣(morale)等的測量，而各種生活滿意指標之相關性則相當高(Larson, 1978)。雖然如此，學者也提出兩點警告，一是各種指標的問項對不同的族群具有不同的刺激性，因此指數的跨文化、年齡、階層比較可能不具任何意義。另外，指數通常是經由抽樣調查而獲得，調查所得指標並不能解釋為能透露深層的心理因素，也難作為群體的心理衛生指標，它可能只是提供代表朋友間日常對話時對愛心經驗(affective experience)的陳述而已。而長久以來，指標已發展出多種衡量方式，如LSIA、愛心平衡指標(Affective Balance Scale)等(Larson, 1978)。在台灣，較常見的是LSIA(陳肇男，1999；陳肇男與林惠生，1995；Chen, 1996)。

　　c.控制變數的選擇

　　在生活滿意的迴歸分析裡，控制變數的數量和種類會影響到年齡組迴歸係數的變化。而除了年齡以外，生活滿意的綜合指標又受那些因素影響呢？標準模型會包含下列五類因素，即(1)社會結構，通常以人口特徵為操作性衡量，(2)社經成就或資源，(3)生理健康，(4)初級組織的參與及支持，及(5)社團與休閒活動(George, Okun & Landerman, 1985)。如前所述，年齡會調整(moderate)這些變數對生活滿意的影響。反之，這些變數的加入會影響到年齡組迴歸係數的變化。例如已婚對一般人而言，無疑的是一種資源。只有寡居比率高時，寡居才不會變成負面標籤(Lopata, 1973)。所以寡居對中年影響最大，因為中年的寡居率最低。到了老年，寡居率漸高，其相對剝奪性可能比中年寡婦要輕。

　　Larson(1978)的文獻回顧指出社經地位較低的老人呈較低的生活滿意。這個現象已由多項研究予以證實，即使控制健康、就業與婚姻等變數，低社經地位老人的生活滿意仍然較低。這種現象會因生活滿意之衡量方法不同而有差異，短期或逐日的衡量如士氣或快樂等所顯現的相關較低；而長期的衡量，如生活滿意，則呈較高的相關。不過，社經地位與生活滿意的相關並不能單獨歸因於某一社經變數。收入、職業地位與教育三者都與生活滿意有關。收入的影響最顯著，在各個研究結果也呈一致性。職業地位低只在兩項研究呈獨立影響力；教育的影響雖是顯著的，但影響力較小且是非線性的。

　　健康對每一年齡層都重要，在中年以前，健康狀況良好一般認為是理所當然。到了晚年，健康問題開始浮現，健康變成生活滿意的先決條件之重要性就日漸增加。一旦生病或變成失能，對人生表達滿意的可能性就微乎其微，所以很多研究視健康為最重要之影響因素 (Larson, 1978)。

　　非正式之社會支持對青年與老年比中年期來得重要。理由有二，一是中年人大都已婚，從婚姻關係可以取得很多非正式之社會支持，無須再向外尋求。第二，中年人大都就業，所以與社會結構緊密結合，透過正式的角色可以取得很多社會支持。有學者建議，非正式之社會支持可有三種衡量方式，一是社會網絡的大小；二是有幾種親近可信賴的人；三是，是否最少有一個親近可靠的人(George, Okun & Landerman, 1985)。對老年人而言，居住安排則是社會支持的良好指標(Lowry, 1984)。在台灣，也有研究指出居住安排對生活滿意具有顯著的影響力(Chen, 1996)。

　　過去三十多年來，探討休閒活動對老人生活滿意的影響相當多，先是以角色喪失(role loss)為基礎的角色退出理論(disengagement theory) (Cumming & Henry, 1961)為先導，進行很多的相關研究。再繼之以身分危機理論，活動理論與身分延續理論。

　　質言之，角色退出理論認為社團參與的退出不會影響生活滿意。身分危機理論與活動理論認為活動減少，生活滿意也會減少。身分延續理論則認為社團參與水準與生活滿意有關，而社團參與的變動則否。在台灣，也有研究指出，對整體老人而言，身分延續理論較適用(陳肇男，2003)。

　　總而言之，控制前述五類變項以後，剩下來的就是年輪效應(cohort effect)(Herzog and Rodgers, 1981)。年輪效應因年齡族群背景經驗而有所差異，有可能是正或負的效應，我們將在第二節再作討論。

2.研究方法

a.目的

　　前述的探討顯示年齡增長與生活滿意的研究有兩個特點，一是大多依賴橫切面的資料進行研究；二是重視生命週期的大階段變化，不重視老年期年齡組間的變化。貫時性調查資料的相對稀少，使得生命重要事件對生活滿意的影響難以探討。而老年期則是承受很多生命重大事件接踵而來的衝擊，這些衝擊，無疑的，會對老人的生活滿意產生很大的階段性影響。

針對上述缺失，我們利用一個貫時性調查的兩期資料探究三個目的：

(a)探討生活滿意度在老年期不同年齡組的演變。

(b)檢視生命重大事件對老人生活滿意的相對影響。

(c)探討其他四類因素的老人生活滿意的影響。

b.資料

針對上述三個目的及假設，我們將利用一個簡單型的貫時性調查資料進行探討。這個資料包含相隔四年的兩次調查，所以它能夠提供四年間老人所承受的各種衝擊。不過，5歲年齡組的變化仍須更長期的追蹤資料。在本研究則是假設各個5歲年齡組未來都會依著相同的軌跡而變化。

上述資料是由台灣省家庭計畫研究所與美國密西根大學人口研究中心與老人研究所三個單位，在1989年與1993年所收集的。第一次調查採三階段等機率抽樣法，抽取4,412位60歲以上老人來代表全台灣的老人，抽樣比為1/370。在1989年10月完成4,049位老人的調查訪問，完成訪視率為91.8%(TPIFP, et al., 1989)。資料收集含八大類：(1)婚姻史與其他背景資料，(2)家戶組成與社經交換，(3)健康狀況與就醫行為，(4)職業史，(5)休閒活動與一般態度，(6)居住史，(7)經濟狀況及(8)感情與工具性支持。有些老人沒有能力回答問項時，事實問項可由親屬代答，但態度問項一律必須由老人自行回答。

第一次的追蹤調查在1993年舉辦(TPIFP, et al., 1993)，共完成3,155位老人的追蹤訪問調查。遺失個案中，死亡占74.6%，其他原因為25.4%。在比對以後，1989年與1993年的資料依個案放在一起，本節就是集合二次調查的資料進行分析。

表4-1-1顯示3,155位老人的特徵，在民國七十八年時與家人同居的老人占75.7%，獨居或與配偶同居者占23.1%。大部分的樣本老人為已婚，70歲以下，閩南人，健康良好，國小或以下教育程度，男性，月收入在1萬元以下。不管已婚與否，大多數老人希望與子女同居。

表4-1-1　樣本特徵

居住安排(1989)		性別(1989)		年齡(1989)	
獨居	8.7	男	56.5	60-64	37.8
與配偶同住	14.4	女	43.5	65-69	30.0
與家人同住	75.7	合計	100.0	70-74	17.7
與其他人同住	1.2	N	3151	75-79	8.4
合計	100.0			80+	6.1
N	3151	籍貫(1989)		合計	100.0
		閩南	60.4	N	3151
收入(1989)		客家	15.4		
5,000-	29.9	外省	21.2	健康狀況(1989)	
6,000-10,000	22.2	原住民	1.6	佳	17.3
12,000-15,000	19.0	不詳	1.4	良	22.4
16,000-20,000	11.8	合計	100.0	可	32.8
20,000+	17.1	N	3151	差	17.3
合計	100.0			很差	4.3
N	3151	婚姻狀況(1989)		不詳	5.9
		已婚	67.8	合計	100.0
教育程度(1989)		分居	1.7	N	3151
不識字	40.4	離婚	0.9		
識字	8.6	寡居	26.2	重大生命事件(四年間)	
國小	32.2	未婚	3.3	子女死亡	5.5
初中	8.2	合計	100.0	婚姻解體	7.4
高中	5.4	N	3151	再婚	0.3
大專+	4.8			健康惡化	43.7
不詳	0.4			經濟惡化	85.9
合計	100.0				
N	3151				

資料來源：《1989,1993老人生活與健康狀況調查》，國民健康局。

　　四年間，經歷收入惡化及健康惡化的老人分別為85.9%及43.7%。婚姻解體包括離婚、分居與喪偶之老人，占7.4%。另外，有5.5%的老人四年內曾有子女死亡。

c.變數衡量

對於生活滿意的衡量，老人生活與健康狀況調查是依據LSIA(Life Satisfaction Index A)(Neugarten et al., 1961)來擬定生活滿意指標問項。LSIA態度問項本來有二十個題目，企圖反映生活滿意的五個面向——即熱心(zest)對冷漠(apathy)，決心(resolution)與毅力(fortitude)，一致性(congruence)，自我概念(self-concept)與情緒傾向(mood tone)。在實證研究裡，一致性、情緒傾向與熱心之層面曾經被分離出來(Adams, 1969; Hoyt et al., 1983)。不過，有學者警告，生活滿意問項之解釋常會因文化群體、社會階層或年齡群而有不同(Larson, 1978)。

1989年的老人生活與健康狀況調查一共向老人提出十個問題，請他們答覆同意或不同意這些人生感受，其內容如下：

(1)你的一生，比多數你認得的人更順利(你的一生，比你鄰居親朋中的老人更順利)。

(2)你對你的一生感到(有)滿意。

(3)你的日子應該可以過得比現在好。

(4)即使可能(再來一次、重新來過)，你也不願改變你過去的人生。

(5)這些年是你一生中最好的日子。

(6)你所做的事大多是單調枯燥的(沒趣味)。

(7)你對你做的事感覺有意思。

(8)你期待未來會發生一些有趣愉快的事(你對未來還有希望一些事)。

(9)你感覺老了，而且有些倦了。

(10)你這一生可以說大部分都符合你的希望。

將上述問題之反映為「同意」者給予代號1，而不同意者給予代號0，再進行因素分析(factor analysis)。結果上述問題中之1，2，4，5，7及10題構成一個因素，可以解釋33.4%的變異(陳肇男、林惠生，1996)。這六個態度問項可以代表老人對過去生活的檢視或對目前生活的感受。所以，可以用來建構一個生活滿意的綜合指標。

1993年的追蹤調查則只問了四個問題，即：

(1)你的人生和大多數的人比，你的命是不是比他們都要好。

(2)這些年是不是你人生最好的日子。

(3)你是不是期待將來會再發生一些好事。

(4)你是不是對你的人生感到有滿意。

兩次調查的生活滿意問項不但數目不同，問法也不盡一致，所以無法用來檢討滿意指標的變化。只能用1993年的問項進行因素分析，來建構生活滿意指標。

表4-1-2顯示因素分析的結果。四個問項可以構成一個因素，共解釋55.5%的變異情形。其中三個問項都是探問老人對過去生活是否滿意，因素負載(factor loading)都在0.8左右。另外一個問項則是探問老人對未來的期待是不是正面的，因素負載為0.51。經依性別與婚姻狀況分別進行因素分析，結果大致雷同，都建議可用三項或全部四項來建構一個生活滿意的指標。在以下分析，本研究是採用兩個生活滿意指標，一個不含探詢未來預期之問項，其範圍在0-3之間。另一個則包含對過去或未來生活滿意的綜合評鑑，其範圍在0-4之間。

表4-1-2　生活滿意因素分析各問項之負載值

項目	男性	女性	已婚	未婚	合計
一生比別人好	0.797	0.804	0.809	0.775	0.801
一生中最好日子	0.817	0.819	0.806	0.833	0.817
未來會發生好事	0.514	0.508	0.506	0.475	0.511
一生感到滿意	0.783	0.830	0.792	0.824	0.805
Eigen value	2.181	2.265	2.189	2.201	2.219
解釋變異%	54.5	56.6	54.7	55.0	55.5
N	1512	1156	1828	840	2668

資料來源：陳肇男(2000)，〈台灣老人之年齡增長與生活滿意〉，《人口學刊》21：37-59。

　　在自變數方面，爲了檢定休閒活動理論所以採用1993年休閒活動參與水準及四年間休閒活動參與的變化。居住安排則是代表非正式社會支持的影響。而重大生命事件包括子女死亡、婚姻解體、再婚、健康惡化及收入惡化會直接衝擊生活滿意，也會影響1993年的活動參與水準、四年間活動參與變化及居住安排。另外，社會經濟地位則被視爲背景因素。換言之，性別、教育、籍貫、婚姻狀況及年齡會透過前述四類因素去影響生活滿意度（見圖4-1-1）。

　　1993年的休閒活動參與包括三類，即社團活動、休閒活動與旅遊活

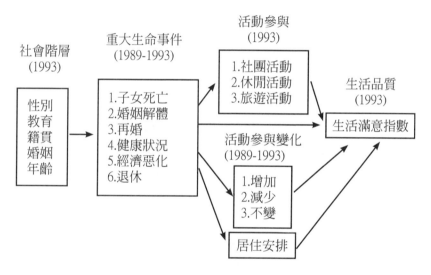

圖4-1-1　年齡與生活品質之分析架構

動。社團活動含五種，即宗教社團、工商社團、政治社團、宗親社團及老人社團。半年內曾參加各種社團活動各給一分，集合起來即爲社團活動指數，其範圍在0-5之間。休閒活動則有十一種，即看電視、看報紙、禮佛、下棋、與孫子女玩、聊天、種花、養寵物、靜坐、土風舞等運動及其他嗜好。半年內有從事某種休閒活動者，給予1分，無爲0。累積休閒活動之分類，即爲休閒活動指數，其範圍在0-11之間。旅遊活動則分三種，即國內當日來回之遊覽、多日國內旅遊及國外旅遊。半年內曾作某種旅遊即

各得1分，合計則為旅遊指數，其範圍在0-3之間。

前述三種活動之四年間增加或減少則各設定一個類別變項，四年間沒有變化者給予代號0，增加或減少活動者給予代號1。家庭之影響則是用居住安排作為指標，居住安排也是類別變項，與子女同住者代號為1，不與子女同住者代號為0。

重大生命事件含五個類別變項，四年之間有子女死亡者、經歷婚姻解體者(如離婚、分居、配偶死亡)，或再婚者均給予代號1，否則為0。一年內健康變壞者，給予代號1，否則為0。而比較四年間的經濟情況，變化者代號為1，其他為0。另外，也依生活費來源判定是否已退休，已退休者代號為1，否則為0。

3. 研究結果

a. 生活滿意之年齡組差異

在不控制相關影響因素時，台灣地區60歲以上老人之生活滿意與年齡組呈負相關。以指數0-3而言，60-64歲組之滿意指數值為1.70。隨著年齡增長各組指數平均值逐漸下降，到80歲以上組則降為1.21，組間差異達0.01的顯著水準(見表4-1-3)。在百分比分配方面，指數為0的比率，在60-64歲組為23.4%，此後逐組增加，到80歲以上組則增為44.3%，或是44.3%的80歲以上老人對過去生活的三個評鑑問項都持否定的態度。

假如把問項擴展為4，也就是把未來的評鑑問項也加進來，生活滿意還是隨年齡而遞減。平均值由60-64歲組的2.28，遞減為80歲以上組的1.59，組間差距達0.01的顯著水準。滿意指數為0的比率則是隨年齡而遞增。由60-64歲組的14.8%，遞增為80歲以上組的36.8%，卡方值也達0.01的顯著水準。比較指數0-4與指數0-3的統計值，可以看出對未來的評鑑也是滿意之情形隨年齡而遞減。以指數0-4之平均值相較於指標0-3而言，60-64歲組增加0.58，而80歲以上組只增加0.38。以指數為0之比率而言，60-64歲組減少了8.6%，而80歲以上組只減少7.5%，70-74歲及75-79歲組分別減少6.1%及6.2%。

表4-1-3　年齡與生活滿意

	60-64	65-69	70-74	75-79	80+	合計	人數
滿意指標							
0	23.4	27.9	29.1	32.9	44.3	27.8	847
1	18.8	19.0	15.1	15.1	15.1	17.6	537
2	21.8	19.1	23.4	19.0	15.7	20.7	629
3	36.0	34.1	32.4	32.9	24.9	33.9	1031
合計	100.0	100.0	100.0	100.0	100.0	100.0	
N	1146	912	543	258	185		3044
	X^2=47.08		DF=12		P=0.00		
$\overline{X}$	1.70	1.59	1.59	1.52	1.21	1.61	
SD	1.18	1.22	1.21	1.25	1.25	1.21	
	F=7.24		P=0.00		R^2=0.008		
滿意指標							
0	14.8	20.3	23.0	26.7	36.8	20.3	617
1	18.0	17.3	13.8	14.0	17.3	16.7	507
2	18.1	18.2	18.6	16.3	11.4	17.6	536
3	22.3	18.3	20.4	19.0	18.9	20.3	618
4	26.8	25.9	24.3	24.0	15.7	25.2	766
合計	100.0	100.0	100.0	100.0	100.0	100.0	
N	1146	912	543	258	185		3044
	X^2=71.83		DF=16		P=0.00		
$\overline{X}$	2.28	2.12	2.09	2.00	1.59	2.13	
SD	1.41	1.48	1.49	1.54	1.52	1.46	
	F=9.93		P=0.00		R^2=0.011		

資料來源：見表4-1-2。

　　內政部統計處於1999年4月間所舉辦之國民生活狀況調查也顯示國民對三年前生活滿意程度是隨年齡而略為下降。主計處是採用單一問項「請問您對自己三年前(1996)的生活滿不滿意？」答案有五類「1.很滿意。2.滿意。3.不滿意。4.很不滿意。5.無意見或很難說。」滿意與很滿意的比率由20-29歲的78.5%逐漸降低到60-69歲的76.2%及70歲以上的76.0%（內政部統計處，1999）。

b. 生活滿意的影響因素

「生活滿意指標」是一個0-3或0-4的量化指數，可視爲一個等距變項，其影響因素的分析乃依圖4-1-1之架構採用OLS迴歸進行探討。受訪者中有290人未能提供收入變化的訊息，所以予以剔除。迴歸分析結果列於表4-1-4。

表4-1-4　生活滿意指數之OLS迴歸分析

	指數0-3	指數0-4
收入惡化	0.22	0.21
（否）	(12.50)**	(11.85)**
性別	-0.01	-0.02
（男）	(-0.31)	(-0.61)
婚姻	0.02	0.06
（已婚）	(0.86)	(2.26)*
退休	0.00	0.02
（是）	(0.14)	(0.92)
居住安排	0.09	0.07
（與子女同住）	(3.40)**	(2.74)**
65-69歲	-0.01	-0.02
（是）	(-0.58)	(-0.80)
70-74歲	0.03	0.02
（是）	(1.54)	(1.05)
75-79歲	0.05	0.04
（是）	(2.39)*	(2.04)*
80歲+	0.02	0.02
（是）	(1.22)	(1.05)
健康惡化	-0.04	-0.04
（是）	(1.98)*	(-2.18)*
教育	0.05	0.08
（國小+）	(2.67)**	(4.03)**
籍貫	-0.04	-0.06

（非閩南）	(-1.99)*	(-3.21)**
93年社團指數	0.02	0.00
	(0.72)	(0.12)
93年休閒指數	0.14	0.13
	(6.17)**	(5.94)**
93年旅遊指數	0.16	0.14
	(7.32)**	(6.00)**
社團減少	0.04	0.04
（有）	(1.93)	(1.95)
休閒減少	-0.04	-0.03
（有）	(-1.12)	(-0.94)
旅遊減少	-0.03	-0.02
（有）	(-1.38)	(-0.95)
社團增加	-0.02	-0.03
（有）	(-0.94)	(-1.57)
休閒增加	-0.02	-0.05
（有）	(-0.54)	(-0.14)
旅遊增加	0.04	0.04
（有）	(2.00)*	(1.84)
N	2861	2861
Adj R Square	0.14	0.14
F	29.20	27.23
P	0.000	0.0000

註：*,**分別指達0.05及0.01顯著水準，（　）為t值。
資料來源：見表4-1-2。

　　表4-1-4顯示生活滿意指數是受到收入惡化、居住安排、年齡、健康惡化、教育、籍貫及1993年活動指數之影響。其中，以收入惡化之影響最大。收入不惡化之老人，其生活滿意顯著較佳。社團指數與旅遊指數之影響居次。活動指數高的老人，生活滿意程度較高。再其次是居住安排的影響。與子女同住的老人，生活滿意度較佳，原因可能是同住子女可提供奉養與照顧。另外，高教育程度及閩南籍老人之生活滿意也是顯著較好，或許是這些老人擁有較多資源所致。

　　令人意外的是年齡組之影響呈分歧的現象，有一個年齡組具有顯著正影響力。75-79歲組之生活滿意顯著優於60-64歲組。而70-74歲及80歲以上組之係數也是正值，只是未達0.05之顯著水準，其可能原因將在下乙節討論中申論。65-69歲組則為未達顯著水準之負值。

　　表4-1-4也顯示兩種指數之分析略有差異。指數0-4受階層因素之影響較大，婚姻變成具顯著正影響，已婚者之生活滿意度較佳，可能是配偶的照顧令老人生活較為滿意。而教育與籍貫兩個變數之係數值都略為增加。這種結果顯示高社經地位老人擁有較多資源，對未來生活也就較具信心。旅遊增加之影響則略減，其機率減為接近0.05的顯著水準。

二、年輪效應

1.迴歸分析

　　老人生活滿意比率本來隨年齡組之年齡增加而呈遞減的情形，但在迴歸分析結果裡卻產生有正有負的歧異現象，而且75-79歲組還呈現顯著正效果。本節將進一步利用五個迴歸模型，將各類影響因素次第加入模型裡，以釐清75-79歲組的結果是否就是年輪效應（Herzog and Rodgers, 1981）。

　　表4-2-1顯示生活滿意指數0到3的逐步迴歸分析結果。模型一是基本模型用來顯示年齡對生活滿意之影響。在未控制其他類因素時，年齡與生活滿意呈負相關。雖然四個年齡組都是負相關，但只有65-69歲組達0.10顯著水準，而80歲以上組則達0.01顯著水準，這種結果顯示剛退休的組群以及最老的組群的生活滿意是顯著低於60-64歲組。整體而言，年齡可以解釋0.2%的生活滿意變量情形。

表4-2-1　生活滿意指數0-3之OLS迴歸分析結果

模型	1		2		3		4		5	
年齡										
65-69	-0.035	(-1.69)	-0.021	(-1.01)	-0.020	(-0.99)	-0.021	(-1.03)	-0.011	(-0.58)
70-74	-0.010	(-0.51)	0.011	(0.54)	0.010	(0.46)	0.008	(0.39)	0.030	(1.54)

75-79	-0.001	(-0.04)	0.021	(1.08)	0.014	(0.74)	0.013	(0.67)	0.045*
80+	-0.051**	(-2.64)	-0.020	(-1.05)	-0.021	(-1.10)	-0.017	(-0.90)	0.023
性別			0.005	(0.28)	0.020	(1.02)	0.022	(1.15)	-0.006
教育程度			0.116**	(5.83)	0.109**	(5.66)	0.108**	(5.65)	0.051**
籍貫 (閩南)			-0.052**	(-2.68)	-0.040*	(-2.15)	-0.041*	(-2.20)	-0.036*
婚姻狀況			0.117**	(6.07)	0.114**	(6.08)	0.113**	(6.06)	0.022
收入減少					-0.248**	(-13.88)	-0.249**	(-13.91)	-0.218**
健康惡化							-0.035	(-1.95)	-0.034*
退休							-0.008	(-0.42)	0.003
居住安排									0.090**

（上表右側 t 值欄位）

	75-79	80+	性別	教育程度	籍貫(閩南)	婚姻狀況	收入減少	健康惡化	退休	居住安排
(t值)	(2.39)	(1.25)	(-0.31)	(2.67)	(-1.99)	(0.86)	(-12.45)	(-1.98)	(0.14)	(3.40)

指數		
社團活動	0.017	(0.72)
休閒活動	0.137**	(6.17)
旅遊活動	0.165**	(7.32)
減少		
社團活動	0.044	(1.93)
休閒活動	-0.036	(-1.12)
旅遊活動	-0.030	(-1.38)
增加		
社團活動	-0.017	(-0.94)
休閒活動	-0.017	(-0.54)
旅遊活動	0.038*	(2.00)

Adj R^2	0.002	0.029	0.090	0.091	0.146
F	2.196	11.67	32.45	26.94	24.248
P	0.067	0.001	0.001	0.001	0.001
N	2861	2861	2861	2861	2861

註：*達0.05顯著水準，**達0.01顯著水準。

資料來源：Chen, C.(2001). "Aging and Life Satisfaction." *Social Indicators Research* 54: 57-79.

　　模型二則加入了社經變項，包括性別、教育程度、籍貫與婚姻狀況。其中，教育程度、籍貫與婚姻狀況三者之影響都達0.01顯著水準。這些變化顯示非閩南籍受訪者比較滿意他們過去的生活。另外，高教育程度及已婚的受訪者也是對過去的生活較為滿意，或許是他們資源比較多所致。而社經變項之加入讓模型的解釋能力由0.2%增加爲2.9%。

　　同時我們也注意到社經變項的加入對年齡組的影響也產生很大的變化。65-69歲組與80歲以上組兩組雖然仍維持負影響，但兩組都變成不顯著。另外，70-74歲組與75-79歲組則變成正影響。

　　模型三則是再加入「收入減少」這個變項，結果顯示，它具有負的顯著效應，且達0.01顯著水準，但它並未讓其他變項對生活滿意之影響產生顯著的變化。雖然如此，它的加入讓模型之解釋能力由2.9%大增爲9.0%。

　　模型四又把「健康惡化」與「退休」兩個變項加進來。雖然兩者都是負效應，但「健康惡化」之影響力僅接近0.05的顯著水準，而「退休」之影響並不顯著。其他變項大致維持不變。而兩者之加入也只讓模型的影響力增加0.1%而已。

　　從模型二到模型四，我們加入三類控制變項，包括社經變項，收入減少，健康惡化及退休。結果顯示老化的負面影響漸漸被去除掉，只有兩組之係數維持爲負向，但有兩組變成正向；不過，四組均不顯著。

　　在模型五，我們再加入「居住安排」與「各類活動」兩種變項。他們的加入讓年齡及總變異量的解釋產生實質上的改變。80歲以上年齡組的係數由負變正，而75-79歲組也達0.05顯著水準的正影響；總變異量的解釋也由9.1%增加爲14.6%。不過，其他三類變項也稍微受到影響。「健康惡化」變成達0.05顯著水準，而婚姻狀況的影響變成不顯著。

　　模型五之解釋能力增加的主要原因來自「居住安排」與目前的休閒活動與旅遊活動都呈顯著正效果。另外，雖然大部分的「各類活動」的變化情形都不具顯著影響力，但「旅遊活動增加」這個變項卻有正顯著影響。

　　在上二小節，我們已指出生活滿意指數0-3只含三項過去生活滿意的評鑑，而指數0-4則加入一項未來生活評鑑。表4-2-2顯示，指數0-4的逐步迴歸結果大致上與指數0-3的指標結果相類似，不過仍有下列幾項重要的差異。首先，我們注意到模型一的各年齡的係數都變得更小，顯示他們比60-64歲組對未來更不具信心。其次，我們也看到「健康惡化」在模型四與五都具顯著負效果。或許這是對未來不確定性的主要來源之一。社經變項的影響略為增加。婚姻狀況變成一直都有顯著正效果。顯示有老伴，對未來生活才比較有信心。另外，籍貫與教育程度的影響力也略為增加。也許教育程度高代表資源較多，對未來也較有信心。最後，我們看到「旅遊活動增加」雖然還是正向，但變成不顯著。因為它是1989-1993年的變化，未來因素的加入遂沖淡了過去變化的效果。

表4-2-2　生活滿意指數0-4之OLS迴歸分析結果

模型	1		2		3		4		5	
年齡										
65-69	-0.042*	(-2.02)	-0.026	(-1.26)	-0.025	(-1.24)	-0.024	(-1.19)	-0.016	(-0.80)
70-74	-0.021	(-1.05)	0.002	(1.07)	0.001	(0.012)	0.001	(0.07)	0.020	(1.05)
75-79	-0.008	(-0.42)	0.016	(0.83)	0.009	(0.50)	0.010	(0.54)	0.038*	(2.04)
80+	-0.056**	(-2.89)	-0.021	(-1.08)	-0.021	(-1.13)	-0.016	(-0.82)	0.020	(1.05)
性別			-0.005	(-0.25)	0.008	(0.44)	0.009	(0.46)	-0.012	(-0.61)
教育程度			0.134**	(6.79)	0.127**	(6.64)	0.127**	(6.63)	0.078**	(4.03)
籍貫 (閩南)			-0.073**	(-3.80)	-0.062**	(-3.33)	-0.063**	(-3.36)	-0.059**	(-3.21)
婚姻狀況			0.140**	(7.28)	0.136**	(7.32)	0.135**	(7.24)	0.059*	(2.26)
收入減少					-0.235**	(-13.16)	-0.235**	(-13.18)	-0.209**	(-11.85)
健康惡化							-0.038*	(-2.14)	-0.038*	(-2.18)
退休							0.008	(0.41)	0.017	(0.92)
居住安排									0.073**	(2.74)
指數										
社團活動									0.003	(0.12)
休閒活動									0.132**	(5.94)
旅遊活動									0.135**	(5.99)
減少										
社團活動									0.044	(1.95)

休閒活動				-0.030	(-0.94)
旅遊活動				-0.021	(-0.95)
增加					
社團活動				-0.029	(-1.57)
休閒活動				-0.005	(-0.14)
旅遊活動				0.035	(1.84)
Adj R^2	0.002	0.040	0.095	0.096	0.137
F	2.652	15.98	34.31	28.53	22.642
P	0.031	0.001	0.001	0.001	0.001
N	2861	2861	2861	2861	2861

註：*達0.05顯著水準，**達0.01顯著水準。
資料來源：見表4-2-1。

2.年輪效應的成因與政策意涵

a.可能成因

對年輪效應而言，生活滿意隨年齡而改善的現象有四個可能解釋原因。

(a)年齡組的背景效應

本節所探討的老人都是在1940年以前出生，因此，他們都經歷過二次大戰前後的艱困時期，再參與台灣經濟奇蹟的創造，一生的收入是由少而多。很多老人多有所積蓄。在晚年相對富裕的情況下，回首前程，多數的人都存有感恩的心。而75歲以上老人是在青年期以後經歷二次大戰，所以對二次大戰的困苦印象更爲深刻，影響力因此較大。

(b)文化效應

傳統的說法是「人生七十古來稀」，現代的說法是「人生七十才開始」。過了70歲以後，很多老人覺得每一天都是上天的厚賜，感恩的心會增加對生活的滿意。

(c)往日美好時光效應

一般人回想既往，常會剔除不愉快的經驗，只留下美好的記憶，而產生往日美好時光效應。

(d)選擇性效應

強者、適者才能逐步邁入高齡。強者、適者往往對人生持較正面之態度。

我們認為大部分老人都具有後三種原因，但75-79歲組經歷了民國五〇、六〇及七〇年代的經濟起飛期，或許第一個理由對該組的效應最強，所以它的正效應達0.05的顯著水準。

另外，我們也發現生活滿意指數的問項內涵對相關解釋因素也有不同之反映。當生活滿意指數裡只含有對過去生活的評鑑時，生命重大事件及活動水準影響力較大。當未來生活評鑑的問項也包含在綜合指標時，前述兩類解釋因素雖然仍是最重要的影響來源，但影響力稍減。相反的，社經地位的影響力則是增加。顯示資源的掌握會影響對未來生活滿意的評鑑。

b.政策意涵

本節的研究結果顯示個別因素對生活滿意之影響，以收入惡化之影響力最大，其次是社團活動水準；再其次是居住安排及健康惡化。針對這種結果，並審視當前的社會福利政策，本節乃提出下列提供正式社會支持之政策建議。

(a)強迫儲蓄式的年金制度值得建立

一則因為收入是否惡化是老人生活滿意的首要影響因素。二則，子女數也日趨減少，因此公共移轉有其必要性。年金的開辦是可以提供老人基本的生活保障。開辦之初，考慮經費籌措問題，或可考慮賦課與儲備混合制(楊靜利，1995；鄭清霞、鄭文輝，1997)。

(b)多舉辦老人社團活動

社團活動水準是影響老人生活滿意的第二個重要原因，而老人社團活動的多寡往往延續以往的習性(陳肇男，2003)。對於不積極參與社團活動的老人，社會福利機構不妨主動出擊，或透過老人非正式網絡，鼓勵老人多參加社團活動。

(c)提供老人居家照護

　　其次，居住安排對老人生活滿意也是具有影響力。過去三十年來，台灣老人獨居或僅與配偶同住的比例快速增加到三分之一左右，獨居的老人往往缺乏親人的供養與照護(Chen, 1996)。這種缺憾可由全民健保或社會福利機構提供居家照護或日間托老等制度予以彌補。

　　(d)增加老人醫療供給

　　健康惡化雖非生活滿意的最重要因素。但隨著老人比率與數量的逐漸增加，失能的老人也會跟著增加，醫療需求也隨之增加，值得衛生主管機構及早未雨綢繆。另外，對老人飲食、運動及疾病預防的衛教活動等，可能更具積極的預防效應，值得衛生主管機構大力提倡。

三、休閒生活之理論與實務

　　上二小節的分析結果顯示，老人生活滿意的主要影響因素有四，包括收入、休閒生活、居住安排與健康惡化。台灣在1995年開辦全民健保，2008年也開辦國民年金。所以收入與健康照護可以由上述兩項正式社會支持得到協助。另外，在非正式支持方面，老人的收入與健康照護可由戶基護航網絡的第一圈(家庭型態)予以反映，我們已在第三章予以討論。除了上述這些因素，休閒生活也是生活滿意的重要影響因素。雖然如前所述，政府可透過舉辦老人社團活動，提供老人這方面的正式社會支持。不過，個人如何看待休閒生活也是影響生活滿意的重要因素。所以本小節是從個體面對休閒生活之參與、變動，以及它的影響因素作較深入的理論與實務的探討，以協助明瞭它對生活品質的作用原理。以下共分四小節，我們先對相關理論再加詳述，其次說明資料與方法，再次為各種活參與之分配及變化，最後為活動變化參與之影響因素。

1.相關理論

　　一個人老了，退休以後，面對讓出工作後所多出來的空閒時間會不會造成身分與自尊的危機呢？在1960年代初期，人口老化問題浮現於美國，學界對上述問題的探討也隨之熱絡。不斷的推出不同的理論與實證研究，從角色退出理論(disengagement theory)(Cumming and Henery, 1961)與身分危機理論(identity crisis theory)(Miller, 1965)的針鋒相對。到活動理論(activity theory)(Havighust, 1963)與延續理論(continuity theory)(Atchley, 1971, 1987, 1989)，論點才趨於圓融。

1960年，Cumming (Cumming et al., 1960)等人在「社會計量」(Sociometry)所發表的一文率先提出「角色退出理論」。而次年出版的一書《變老》(*Growing old*)(Cumming and Henery, 1961)將角色退出理論發展得更加完備。該書將角色退出理論界定如下：「老化是一種不可避免的與雙邊的撤回或退出。結果促使老人與其所屬社會系統內其他人之互動減少。退出的過程可由個人或情境中之他人發動。老人可明顯的撤回與某些階層之人的關係，但依然與另類的人維持親密的關係。伴隨退出而來的現象是老人愈來愈關注自己。而有些機構或制度會協助老人平順的退出。當老化過程完成時，中年時人際關係的那種均衡會由新的均衡所取代。新均衡的特色是較疏遠而且關係類型也改變了。」(Cumming and Henery, 1961, pp. 14-15)

角色退出理論強調雙邊的退出。一方面是老人自己有意願退出，他透過減少扮演的角色，縮小角色或關係的範圍，或減弱角色的參與強度而退出，所剩餘的關係因之產生質變(例如，更感性的)。另一方面，社會也願意解除老人的結構性約束，允許老人退出。因此，角色退出對個人是功能性的，對社會也是功能性的。對老人而言，社會獎賞他一生的勤勞，讓他老年優游林下。對社會而言，老人退出的角色，由年輕人予以遞補，暢通世代的交替。

角色退出理論認為上述的過程是全球性的，是不可逆的。發生的時機與型態會因個人生理、人格、原先投入的類型及生活情境而有小幅的變異。但是，過程的方向是不變的。

柏森思(Talcott Parsons)在為《變老》一書寫序時，一開頭就指出該書是當前最真誠企圖解釋美國社會老化過程的社會與心理特性的一般性理論。他預測該書的研究將在一段時間內成為理論層次討論的重要焦點。在往後的十餘年裡，出現了很多研究報告，有的批評或肯定學理的某些部分，有的拆解變數，有的建議不同的解釋，有的利用不同人口來檢驗。

角色退出理論最受到詬病的是它的普遍性(universality)和不可避免性(inevitability)。有人認為退出的過程只適用於一部分的老人(Brehur, 1968; Kutner, 1962; Maddox, 1964)。有人建議，有些退出事實上只是一輩子低參與的延續而已(Rose and Petersen, 1965)。也有人說退出並不一定對老人有利，因為投入的人往往是最快樂的(Havighurst, 1961; Kleemeier, 1964)。還有人認為心理上的退出先於社會角色退出。而前者可能發生於40歲的中期(Neugarten, 1964)。也有人建議不同層面的行為有不同的退出速度(Williams and Wirths, 1965)。另外，有人認為角色退出需修正加入一些中介變數如機會結構。例如有些名譽教授可以有機會延後退休(Roman & Taietz, 1967)。也有人提出證據顯示角色退出不是因年齡所引起的，而是隨年齡增加而來的體力與社會壓力所導致的(Tallmer & Kutner, 1969)。

身分危機理論的基本看法與角色退出理論剛好相左。它認為退休後的空閒是可以由休閒活動來填補，但休閒活動無法予人自尊與信心，所以帶來下列很多負面作用(Miller, 1965)。

(a)退休表示老人無法勝任所扮演的角色。

(b)身分要由職業取得。剝奪了職業就失去了身分的合法根源。

(c)社會規範認為工作才是身分與自尊的來源，休閒則否。

(d)有收入的休閒活動才能取得身分。

(d)退休就是無能的標籤，如果滲透到其他角色就會產生信心危機。

(f)信心危機的先兆是覺得困窘。

(g)困窘會讓人逃避某些活動場合。

(h)根本的解決之道是讓全職休閒可以被倫理所接受。

Miller的分析並非全盤被接受。問題出在他的兩個假設。一個是身分全由職業取得，另一個是多數人願意留在工作崗位。後者隱含退休並非出於自願，上述批判也大多針對非自願退休而起。另外，也如活動理論一樣，假設只要把失去的角色用別的彌補，老人是可以調適的。

活動理論則是受到實務工作者的歡迎。它的主要內含可摘述如下：

> 人應該盡可能保持中年的活動與態度。不能不放棄時，必須找到
> 替代的活動。例如：退休而放棄工作，用俱樂部或社團活動來取
> 代。親人過世，可用朋友來取代。(Havighurst, 1961)

角色退出理論強調接受不可避免的互動銳減的事實，老年人可以取得較多的滿足。而活動理論則認為活動減少，滿意也會減少。有些研究顯示，活動多者恆多，少者恆少。老年只是中年的延續，乃產生身分延續理論。

身分延續理論認為自尊可以從全職休閒活動中取得，但是要滿足兩個條件。一個是個人擁有足夠的金錢；另一個是有一群同是退休的朋友，一起接受全職休閒是合法的，幫他去除退休就是無能的標籤。當退休制度化，而廣泛被接受時，個人可以延續從前職業得來的身分。例如退休教師，雖然不再教書，但仍然被認同為教師(Atchely, 1971)。

Atchley認為延續理論有潛能成為一個一般性理論(general theory)。延續理論的前提是在做適應性的抉擇時，中年和老年人會試圖保存與維持現存的內部與外部結構。他們偏好在熟悉的生活環境裡引用熟悉的策略來達成延續。

研究者大多指出內部與外部的延續是老化的常見現象。不過，活動理論與延續理論的解釋不同。活動理論假設變動一旦發生，典型的反應是要恢復舊有的均衡。不過，老化所引起的改變無法完全推翻，所以無法恢復到原先的狀態。延續理論則採進化而非靜態的觀點，它假設變動可以被整合融入個人的歷史，並不必然引起騷動或不均衡。Atchley(1989)強調延續理論適用於常態老化(normal aging)，排除失能、非自願退休者的老化，也就規避了身分危機的批判。

延續理論並不反對變動的發生，但要融入個人的歷史，以維持內部或外部的延續。內部的延續是指關於個人記憶的內部結構，諸如想法的心裡

結構、脾氣、愛心、經驗、偏好、傾向與技巧。失去內部延續就如失去方向感，無法下決定或採取行動。外部的延續則是指物理與社會環境之角色關係及活動的記憶結構。所以外部延續也就是關係結構與外在行為的持續。這些結構與行為，外人是看得見的。但是延續是否存在，只能藉由個人內部典型的想法結構來驗證。

Atchley(1989)將延續的程度分成太少、適度及太多三類。太少延續或不延續會讓個人覺得生活難以預測。適度延續是指變動的步調與程度與個人偏好或社會要求一致，也在個人的調適能力之內。過多的延續則讓個人如陷轍中，沒有足夠的變動來豐富生命。但是，延續程度之衡量與操作方法的相關文獻則付之闕如。

不過，變動的原因並不因不同學派而有很大的差異。生命的重大事件諸如退休、空巢、寡居等對內部延續的衝擊並不大(Atchley, 1971, 1987)。但是外部的延續則因年齡歧視與社會退出使得機會結構受到限制。空巢與退休所引起的改變使老人免於外部角色的要求，老人可以貫注到自己具有長處的活動，而避免自己有弱點的活動。活動、機能與環境的延續可以令老人的生活取得更多的滿足。

角色退出理論的後續研究發現在控制角色遺失(role loss)(即寡居、健康惡化與退休)後，年齡與角色退出的關係就消失不見(Tallmer and Kutner, 1968)。Hochschild(1975)則綜合歸納提出下列三類影響角色退出的因素：

a.與年齡相關的一些因素之綜合影響

幾乎在所有的社會情況下，健康惡化都會導致角色退出。寡居則是透過變成少數人(deviant)才不願意參加活動(Blau, 1961)。有人更認為Cumming與Henery所描述的情況只可能發生在死亡前二、三年(Libarman and Coplan, 1970)。即使到了這個時刻，也是有些人退出的可能性比較大，有些人比較小。因此角色退出並非天生的，不可能避免的與普遍性的。剔除這種假設，就剔除角色理論無法推翻的困境。

b.社會的特性

　　從老人角色投入的觀點來看，社會可以分成三種類型，即工業化前，工業化及後工業化社會。在工業化前社會，家就是生產單位。大部分老人控制生產要素，他們可以自己決定投入多少。社會規範則獎勵老年人繼續投入。而經濟所允許的與社會所規範的是一致的。在後工業化社會裡，家庭不是生產單位，市場經濟取而代之。市場經濟的運行相當有效率，以至於各年齡層的人都可以排除在生產行列之外。而社會規範也鼓勵角色退出。所以，經濟力與規範也有一致性。在工業化社會裡則缺乏一致性。此時老人並不擁有生產工具，也被迫退出有收入的活動。但是社會規範是金錢決定價值，不一致性因此產生。

　　c.個人在社會的位置

　　社會階層與性別是兩個影響個人所處社會位置的主要因素。一般而言，高社會階層的人較能控制工作狀況，也比較投入。老年時就比較願意延續工作。而性別角色的分化，使得投入家庭或工作也產生分化，男性比較投入工作，女性比較投入家庭。

　　上述三類因素的加入是有助於將角色退出理論更推向一般性理論。至於退休後可能從事的活動(activity)，延續理論的探討較為深入。基本上，它認為活動的選擇受三個因素之影響：(1)活動的意義，(2)個人的能力及(3)性別、階級及種族規範(Atchley, 1987)。活動的意義林林總總，有的予人身分、尊嚴、財富、成就感等，乃至於消遣、逃避等不一而足。而從事某種活動也要有技巧與知識才能利用它。活動的選擇雖然可以純粹基於個人的偏好，很多人卻不能免於受特定性別、階層與種族的規範之限制。年輕時所發展與養成的活動類型可能延伸到老年。活動量則受到不同力量的衝擊。退休會讓25%的人減少活動。年齡則透過體力衰退，讓老人選擇靜態活動。年齡所引起的失能則完全剝奪掉活動的可能。移住老人社區後，活動可能增加。住進安養院則活動減少。

　　個別活動類型的參與以宗教團體之參與最為普遍。女性的宗教團體參與率略高於男性，也不隨年齡而有變化。男性則是運動、專業等團體參與率較高。中年時參與率達到頂峰。老年時運動團體參與率下降。但是工會、政治等專業團體及嗜好，園藝等社團的參與則頗為穩定(Cutler, 1977)。

利用貫時性的調查，Cutler(1977)發現延續或增加的人遠多於減少參與的人。減少的原因包括經濟與健康惡化，滿足感降低，交通有問題等。政治團體參與率的提高則是由於個人感覺可以實現理想，但大多並無特定目的(Glenn and Grimes, 1968)。而以家庭為中心的活動會增加的原因有二，一為角色遺失，二為偏好家庭內的活動增強(Gordon, 1976)。

基本上，我們認為1990年代的台灣仍處於工業化時期，活動的類型較諸工業化前顯著增多。不過，社會規範並不是接受全職休閒是有價值的。在這種背景認知下，本節之分析乃設定下列三個目的：

(a)檢討老人社團參與，休閒活動與旅遊之參與率。

(b)角色退出理論或延續理論何者較能解釋參與率之變化？

(c)不同活動受哪些因素影響而產生變化。

2.資料與方法

針對上述三個目的，我們還是利用台灣省家庭計畫研究所與美國密西根大學人口研究中心與老人研究所三個單位，在1989年與1993年所收集的追蹤資料進行分析。兩次調查都含八大類資料：(1)婚姻史與其他背景資料，(2)家戶組成與社經交換，(3)健康狀況與就醫行為，(4)職業史，(5)休閒活動與一般態度，(6)居住史，(7)經濟狀況及(8)感情與工具性支持。

在前述相關理論探討裡，幾個學派的爭議重點有二，一為角色退出會不會引起身分與自尊的危機？另一為老人的活動參與率是增加還是減少？對於後者，本節將利用參與活動之類別數目作為參與種類數，並檢討參與種類數之變化及其變動原因。另外，也針對參與率較高之活動個別進行相同的檢討。

對於前者的檢討則受到二種限制。第一是調查資料缺少確切退休日期。本節試圖採用變通的辦法來界定四年間是否退休。方法是比較四年間生活費是否主要依靠退休金。如果從不是依靠退休金變成依靠退休金，這類老人是在四年間辦理退休。這種辦法的缺失是不包含非薪資所得及無退休金制的老人。第二是缺乏身分與自尊危機的相關資料，因此無法探討活動參與率及其變化與身分與自尊的危機之關係。不過，老人生活與健康狀況調查收集有老人生活品質的相關資料。所以替代辦法是檢討活動參與和生活品質的關係。

老人生活與健康狀況調查依據LSIA(Life Satisfaction Index A)(Neugarten et al., 1961)來擬定生活滿意指標問項。兩次調查的生活滿意問項不但數目不同，問法也不盡一致，所以無法用來檢討生活滿意指標的變化。只能用1993年的問項進行因素分析，重定生活滿意指標，並以之檢討活動參與率及其變化和生活品質的關係。

基本上，本節之研究認為1993年老人之活動參與是受到1989年活動參與及四年間老人所經歷之重大生命事件之影響。這兩者又受到社會階層因素，如性別、教育、籍貫及婚姻等和年齡之影響，而1993年的活動參與則影響到1993年時老人之生活滿意。

在進行迴歸分析時，則略去1989年之活動參與，改用四年間活動變化是增加、減少或不變。也就是社會階層因素和四年間重大生命事件會影響活動參與及其變化，這四者合起來，再一起影響1993年之生活品質(參考圖4-1-1)。雖然活動變化對生活滿意並無顯著影響(見表4-1-4)，但是採用活動變化作為變項所擁有之優點有二，一為容易檢視是否延續理論發生作用。二為避免1989年活動參與和1993年活動參與之相關，影響迴歸分析結果。以下對活動參與之探討將先採用活動參與類別數所構成指標進行分析，再對個別活動進行檢討。前者可用OLS進行迴歸分析以探討其影響因素，後者則採用邏輯迴歸分析。

3.各種活動參與之分配與變化

a.各種活動之參與

表4-3-1顯示各種社團、休閒與旅遊活動在1989年及1993年之參與情形。就五種社團活動而言，1989年之參與率大致都不高，約在10%左右。

到1993年，老人社團增加為19.4%。宗教、工商、政治與宗親社團呈微幅變動，四者之參與率都在10%以下。

在休閒活動方面，參與率的差異相當大。在列舉的十二種活動中可以分成三類。高參與率的活動只有看電視一種。1989年時，95.7%的老人都會以看電視為休閒。中參與率的活動則有看報紙、種花、禮佛、聊天、與孫子玩及靜坐等六種，參與率在30-65%之間。低參與率的活動包括下棋、養寵物、手工、嗜好與運動，這些活動的參與率大概都在10%以下。到1993年時，只有運動與禮佛兩者呈實質的增加，大約有半數的老人參與這兩種活動，其餘活動大都呈微幅衰退。

表4-3-1　各種社團、休閒與旅遊活動之參與分配情形

	89年活動種類數					93年活動種類數				
	0	1	2	3	不詳	0	1	2	3	不詳
社團										
宗教	88.4	11.6				90.1	9.9			0.0
工商	92.2	7.7			0.0	90.7	9.2			0.0
政治	88.2	11.8				92.4	7.5			0.0
宗親	91.6	8.3			0.1	91.8	8.1			0.1
老人	87.1	12.9			0.0	80.6	19.4			0.0
休閒										
看電視	4.3	1.2	6.8	87.5	0.1	7.7	2.5	6.8	82.9	0.0
看報紙	59.5	2.4	3.7	34.3	0.2	61.3	3.1	4.2	31.4	0.0
禮佛	60.1	10.7	6.6	22.2	0.3	44.5	21.5	8.1	25.8	0.1
下棋	89.5	4.7	3.9	1.6	0.3	89.8	4.9	3.6	1.6	0.1
與孫子玩	48.5	4.2	6.8	40.4	0.1	51.9	13.5	7.7	26.7	0.1
聊天	33.8	8.8	17.5	39.8	0.1	40.4	14.1	15.3	30.2	0.0
種花	69.3	3.3	6.4	20.9	0.1	71.2	2.3	3.6	23.0	0.0
寵物	81.7	1.0	0.7	16.3	0.4	78.7	1.3	0.9	19.1	0.0
靜坐	57.8	12.2	14.4	15.3	0.4	59.4	9.0	12.1	19.4	0.0
手工[a]	92.8	2.3	2.5	2.4	0.1	92.0	1.4	1.0	5.5	0.0

嗜好[a]	92.1	3.0	2.3	2.4	0.1	92.0	1.4	1.0	5.5	0.0
運動	89.0	2.1	2.1	6.8	0.1	50.5	5.2	6.0	38.2	0.0
旅遊										
旅遊	60.2	36.8	2.7			65.4	32.2	2.3		
國內	62.1	36.6	1.0			63.9	35.3	0.7		
國外	71.6	28.2	---			64.8	35.1	---		

註：代號：0，沒有；1，每週少於1次；2，每週1-2次；3，幾乎每天都做。
a：1993年時手工與嗜好合併為一題。
資料來源：陳肇男(2003)，〈台灣老人休閒生活與生活品質〉，《人口學刊》
　　　　　26：96-136。

　　旅遊活動的參與率，在1989年時，大致為中等。從事當日來回的遊覽及國內旅遊之老人約占40%，而國外旅遊之參與率則為近30%。到1993年，國內之遊覽及旅遊呈微幅衰退，而國外旅遊則增加6.8%。三種旅遊活動之參與率同為35%。

　　從社會支持角度而言，社團活動可以取得非正式社會支持，但是參與比率不高。休閒活動大都是個人活動，所以應該只有消磨時間的功能。旅遊活動可能是與親人或友人結伴而行，因此也有非正式社會支持功能。至於它們對老人心理福祉的影響就要進一步看它們的參與數量與二期之間的變化。

　　而老人參加多少種活動呢？1989年時，60.6%的老人未參加任何一種社團，28.9%的人只參加一種。8.3%的老人參加二種。參加三種或以上社團的老人則占2.2%(見表4-3-2)。到1993年，上述社團參與種類數並無實質變化。

表4-3-2　各種社團、休閒與旅遊活動參與之年齡組分配

	年齡組						卡方 （DF）
	60-64	65-69	70-74	75-79	80+	合計	
89社團							
0	58.8	59.9	62.8	61.9	68.1	60.6	

142 家庭、社會支持與老人心理福祉：二十世紀末的台灣經驗

1	29.5	29.7	28.3	28.8	22.7	28.9	
2	9.4	8.7	6.3	6.2	8.1	8.3	26.61
3	2.2	1.4	2.2	2.7		1.9	(20)
4	0.1	0.2	0.4	0.4	0.1	0.3	
5		0.1				0.0	
合計	100.0	100.0	100.0	100.0	100.0	100.0	
N	1138	907	537	257	185	3024	
93社團							
0	54.7	61.0	62.6	68.9	75.7	60.4	
1	30.5	28.4	28.3	24.5	18.4	28.2	
2	11.2	7.2	7.6	4.7	4.9	8.4	60.39**
3	3.3	3.3	1.1	1.6	1.1	2.6	(20)
4	0.4	0.1	0.4	0.4		0.3	
5	0.1					0.0	
合計	100.0	100.0	100.0	100.0	100.0	100.0	
N	1138	907	537	257	185	3024	
社團總類數變化							
不變	55.3	60.2	66.3	66.1	71.9	60.6	
增加	25.4	19.6	17.7	13.2	8.6	20.2	52.35**
減少	19.3	20.2	16.0	20.6	19.5	19.1	(8)
合計	100.0	100.0	100.0	100.0	100.0	100.0	
N	1138	907	537	257	185	3024	

註：**達0.01顯著水準。
資料來源：見表4-3-1。

　　老人的休閒活動類別就比較多。有三至五種休閒活動的老人均各約占
20%。而兩端的比率則漸減。有二種或六種休閒活動的老人都略微超過
10%。從事一或七種休閒的老人則只有4-5%，完全沒有休閒或有八種以上
休閒活動的老人更減少為1-2%(見表4-3-3)。1993年，二年之休閒種類數
的分配變化也不大，都在5%以內。

表4-3-3　休閒指數分配依年齡組分

	年齡組						卡方a（DF）
	60-64	65-69	70-74	75-79	80+	合計	
89休閒							
0	0.6	1.0	1.5	1.9	3.8	1.2	
1	3.1	3.5	4.8	4.7	10.8	4.1	
2	11.9	13.2	15.8	19.8	21.6	14.3	
3	17.0	19.3	22.5	20.2	18.9	19.0	137.40[a]**
4	22.6	19.7	20.5	21.0	26.5	21.5	(40)
5	20.3	22.9	18.6	18.3	14.1	20.2	
6	15.4	10.8	11.2	9.7	3.2	12.0	
7	6.6	6.5	2.8	3.1	1.1	5.3	
8	2.0	2.4	2.2	1.2		2.0	
9	0.6	0.4				0.4	
10		0.1				0.0	
合計	100.0	100.0	100.0	100.0	100.0	100.0	
N	1138	907	537	257	185	3024	
93休閒							
0	0.7	1.4	1.5	4.3	5.9	1.7	
1	3.0	3.7	5.6	6.2	16.8	4.8	
2	6.4	9.0	10.8	13.6	16.2	9.2	
3	14.2	13.0	16.8	23.3	18.9	15.4	217.24[a]**
4	18.2	20.5	20.9	16.7	19.5	19.3	(40)
5	23.6	22.3	19.4	16.0	14.6	21.3	
6	17.8	15.5	11.4	10.1	4.9	14.6	
7	9.7	8.9	9.1	6.2	2.2	8.6	
8	4.7	4.0	4.1	2.7	1.1	4.0	
9	1.5	1.3	0.6	0.8		1.1	
10	0.1	0.2				0.1	

合計	100.0	100.0	100.0	100.0	100.0	100.0
N	1138	907	537	257	185	3024
休閒指數變化						
不變	19.5	18.9	20.5	19.5	20.5	19.5
增加	48.9	48.7	48.6	44.7	40.0	47.9	8.30 [a]
減少	31.5	32.4	30.9	35.8	39.5	32.5	(8)
合計	100.0	100.0	100.0	100.0	100.0	100.0
N	1138	907	537	257	185	3024

註：**達0.01顯著水準。
a：指數7-8合併以後計算所得之卡方。
資料來源：見表4-3-1。

旅遊參與種類數分配介乎社團與休閒活動之間。1989年時，43.3%的老人不曾參與任何旅遊活動。有一或二種旅遊的老人各占22%左右。三種旅遊全有參與的老人占13.7%(見表4-3-4)。1993年，上述旅遊參與種類數分配也無實質變化。

表4-3-4　旅遊指數分配依年齡組分

	年齡組						卡方
	60-64	65-69	70-74	75-79	80+	合計	(DF)
89旅遊							
0	38.7	41.0	46.4	49.4	65.4	43.3	
1	25.0	22.1	21.0	17.9	13.5	22.1	58.08**
2	21.7	21.9	19.7	21.4	13.0	20.9	(12)
3	14.6	15.0	12.8	11.3	8.1	13.7	
合計	100.0	100.0	100.0	100.0	100.0	100.0	
N	1138	907	537	257	185	3024	
93旅遊							
0	33.0	41.5	47.3	59.9	69.7	42.6	
1	25.9	24.1	22.5	17.5	16.2	23.5	146.26**

2	25.2	19.2	16.9	16.3	8.1	20.1	（12）
3	15.9	15.2	13.2	6.2	5.9	13.8	
合計	100.0	100.0	100.0	100.0	100.0	100.0	
N	1138	907	537	257	185	3024	
旅遊種類數變化							
不變	43.9	46.1	52.0	56.4	61.6	48.1	
增加	31.8	26.6	23.6	15.6	15.1	26.4	54.91**
減少	24.3	27.3	24.4	28.0	23.2	25.5	（8）
合計	100.0	100.0	100.0	100.0	100.0	100.0	
N	1138	907	537	257	185	3024	

資料來源：見表4-3-1。

　　綜合比較三種活動之參與比率與數量，休閒活動居冠，旅遊活動居次，社團活動殿後。而表4-1-4顯示1993年的休閒指數與旅遊指數對生活滿意指數具顯著正影響。由此可見活動參與要達到相當的量才能影響老人的心理福祉。

　　b.年齡與活動參與

(1)社團參與種類數之變化

　　上一節的討論顯示從整體社團參與種類數或個別活動來看，1989-1993年的四年間，老人的社團參與分配大致都缺乏實質的變化。本節則是就上述三表從年齡組及四年間個人的變化來看年齡對三種活動的影響。1989年時，雖然各年齡組之間的差異未達0.05的顯著水準，社團參與種類數仍呈隨年齡遞減的趨勢。60-64歲組中，58.8%的人沒有參加任何社團。隨著年齡增加，到80歲組，沒有社團活動的老人增加為68.1%。反過來，社團參與種類數為1的比率則隨年齡組而遞減。從60-64歲組的29.5%減為80歲或以上組的22.7%，參與種類數為2或3的比率變化也大致如此(見表4-3-2)。上述結果顯示各種社團參與水準都隨年齡增加而減少。

　　如果讓老人所屬的年齡組不變，可以用兩種方法，即縱向與橫向，比較1989年與1993年的社團參與種類數分配而檢討四年間的變化。首先是作橫向比較，也就是檢視各年齡組社團參與種類數的分配在1993年是否仍有差異？表4-3-2第二部分顯示，四年後，年齡組間的差異加大，達0.01顯著水準，社團參與種類隨年齡增加而減少。社團參與種類數為0的比率，在60-64歲組為54.7%，到80歲或以上組則遞增為75.7%。社團參與種類數為1之比率則從60-64歲組的30.5%減為80歲或以上組之18.4%。其餘各參與種類數之變化也大致相同。顯示年齡組之組間差異會與年俱增。組間差異變大之成因為何？由縱向比較可以查出。

縱向比較就是比較1989年與1993年的相對應各年齡組之社團參與種類數分配，可以取得組內之四年變化。換言之，即表4-3-2的第一部分與第二部分的垂直比較，結果顯示四年間呈兩種不同之變化。75歲以下三組，社團參與種類數略為增加，而75歲以上兩組則減少較多。1993年時，社團參與種類數為0之比率，在60-64歲組約較1989年時減少4%，但在65-69歲組與70-74歲組則僅減少1%。但在75歲以上之兩組，社團參與種類數為0之比率則約增加7%。換言之，組間差異加大是由於75歲以上老人社團參與種類數降低較多所致。

上述兩年分配之比較的變化顯示兩種可能涵義。第一，退休可能對社團參與有所影響。剛退休的人可能較有空閒與體力參加社團活動，所以社團活動參與種類數為0的比率下降。年齡越增加，參加社團活動的困擾越多，參與種類數為0或完全退出社團活動之比率因之增加。第二，參與種類數分配的變化為低估的粗值，而非顯示真正變化的淨值。因為整體的分配是呈現增加或減少活動相抵以後的粗值分配。

表4-3-2的最後一小段則是顯示四年間個人的淨變化，可分為不變、增加或減少。其分配情形顯示下列三種涵義。

(a)延續理論可能較適用於台灣老人社團活動的解釋。在60-64歲組，不變的比率已達55.3%。隨著年齡的增加，到80歲或以上組不變的比率高達71.9%，這麼高的不變比率顯示大多數老人是延續四年前的社團活動參與型態。

(b)社團參與種類數增加的比率在退休年齡期較高，往後則隨年齡遞減。60-64歲組之增加比率高達25.4%，65-69歲組則降為19.6%，到80歲或以上則只有8.6%。由此可見，退休後是有一段調適期。

　　(c)社團參與種類數減少的比率不分年齡組，大致都在20%左右。這種變化可能是年齡透過體力變化而減少參與的意願。

(2)休閒參與種類數之變化

　　此處休閒參與種類數並不包含其使用的頻率。含使用頻率的參與種類數之分配情形大致與不含頻率之參與種類數相同，所以予以略去不談。

　　表4-3-3顯示各年齡組之休閒活動參與種類數分配情形。1989年時，各組之分配差異達0.01顯著水準。60-64歲組之高參與種類數或休閒活動種類多的老人所占比率較多。而隨著年齡的增長，休閒活動種類少的老人所占比率則是增多。到1993年，各組之差異仍達0.01的顯著水準。組間差距微微增加，增加原因由1989年及1993年的相對應年組比較結果可知為組內變化分成兩類所致。75歲以上各年齡組之休閒種類數較少所占比率是微微增加。反過來，年輕三組之休閒種類數較少所占比率則略減。

　　上述結果顯示各組在四年間的淨變動似乎不大，但是粗變動或增加與減少相抵以前的變動則要靠直接比較個人四年間的休閒種類數才能得知。

　　實際比較個人四年間的休閒種類數變化則顯示實際的變化情形相當大。不變的比率相對的低，只占約20%。而增加休閒活動類別的老人則居多數，占40-49%。減少休閒活動類別的老人占31-40%。這些變化之涵義有三：

　　(a)休閒活動之加入與退出相當頻繁。可能是休閒活動不受角色、經濟等因素所限，所以可以隨意進出。與個人之內部與外部延續也無關。

　　(b)年齡對休閒參與種類數之變化仍有影響，但未達0.05顯著水準。年輕年齡組增加比率高於減少比率。而隨年齡增加，減少比率則趨近增加比率，有可能是體力漸衰之影響。

　　(c)這些變化是橫切面調查所無法顯現的。

(3)旅遊參與種類數之變化

　　此處之旅遊參與種類數也是不含頻率，只反映旅遊類別數。旅遊參與種類數之分配介於社團與休閒參與種類數之間，但是也受到年齡的影響。

1989年時，60-64歲組之老人中，既不作當日來回的遊覽，也不作多日之國內外旅行之比率為38.7%（見表4-3-4）。隨著年齡增加，參與種類數為0或完全沒有旅遊活動之比率逐年增加，到80歲或以上組則占65.4%。相反的，參與種類數或旅遊類別數1-3的比率則隨年齡而減少，年齡組間的差異達0.01之顯著水準（見表4-3-4）。1993年時，旅遊參與種類數的年齡組間的差異微微加大。60-64歲組之0參與種類數或完全沒有旅遊活動比率降為33.0%，而80歲或以上之0參與種類數比率增加為69.7%。各組之間的差異也是達0.01之顯著水準。

比較1989年與1993年之相對應年齡組所得之組內變化，顯示只有60-64歲組之旅遊參與種類數略為增加。不曾旅遊的比率從1989年的38.7%降為1993年的33.0%，或減少5.7%。而旅遊種類數為2之比率則增加3.5%。其餘各年齡組都是減少旅遊，減少幅度隨年齡增加而微微增加。各組之間的差異仍達0.01的顯著水準。1989-1993年間，個人國民所得由台幣18萬餘元增加為台幣26萬餘元，由此可知上述變化是由個人因素所引起的，而非大環境經濟因素之影響。

上述四年間的分配變化之幅度較接近社團參與種類數的變化，而個人之實際變化情形雖未達顯著水準，但也相當類似，即不變的老人占多數，但也隨年齡之增加而增加。60-64歲組之不變比率為43.9%，而80歲或以上組之不變比率則為61.6%。這種不變的情形所顯示的延續可能是個人的經濟能力或受社會旅遊風氣之影響，與個人之內部或外部一致性無關。

不過參與種類數或旅遊種類數的增加是隨年齡增加而減少，而旅遊種類數的減少則不隨年齡呈一致性的變化。變化的程度大多在四分之一的水準。上述的變化可能是顯示年齡會透過體力變化使得變動幅度趨小。另外，經濟能力也有相似的影響力，在迴歸分析時會進一步控制個人經濟惡化之影響。

綜合而言，多數人之社團活動與旅遊活動都保持不變，而增加與減少之比率大致相等，所以對老人之生活滿意均無顯著的影響（見表4-1-4）。休閒活動之變化較大，但與個人之內部延續無關，所以對老人之生活滿意也無顯著影響。上述現象值得再作迴歸分析。

4.活動參與變化之影響因素

上乙節活動參與種類數之變化顯示社團參與種類數的變化似乎可用延續理論加以解釋。休閒參與種類數呈隨意進出的現象，難有理論性的解釋。而旅遊參與種類數可能是受所得變化的影響。另外，年齡則透過體力變化對三種活動都呈負面作用。所以三種活動參與的變與不變的原因仍然值得加以探討。本節將先採用邏輯迴歸來檢討參與種類數的變化之影響因素。再用邏輯迴歸檢討個別活動變化的影響因素。而自變數之分類界定如下：

應變數為參與種類數或個別活動參與變化情形，不變者代號為0，增加者為1，減少者為2。自變數含經濟惡化、退休、性別、健康惡化、婚姻狀況、教育程度、籍貫及年齡八者。前七者為類別變項，凡經濟呈惡化、已退休、男性、健康呈惡化、已婚、國中或以上教育程度及閩南籍給予代號1，其餘為0。而年齡則是連續變項。

a.參與種類數變化之影響因素

表4-3-5顯示三種活動參與種類數變化所能找到的最佳邏輯迴歸模型。在社團活動方面，性別、婚姻與教育程度三者對增加相對於不變的發生機率都呈顯著正效果。依表中所列勝算比而言，男性、已婚及高教育程度老人增加社團活動參與率為女性之1.35倍，未婚及國小以下教育程度之1.12倍。換言之，社會階層對四年間之社團參與參與種類數變化呈正效果，顯示高階層老人退休後反而比較有閒增加社團活動。而籍貫與年齡則是對減少相對於不變之機率具顯著影響。依勝算比而言，閩南人之減少社團活動參與種類數相對於不變之機率約為其他族群之1.11倍，顯示族群文化是有所不同。而年齡每增加1歲則減少37%的參與率。

表4-3-5　三種活動指數變化之邏輯迴歸結果

	社團		休閒		旅遊	
	增加/不變	增加/不變	增加/不變	減少/不變	增加/不變	減少/不變
常數項	0.98** (3.11) 〔2.66〕	0.37 (1.00) 〔1.45〕	-1.42* (-2.38) 〔0.24〕	0.57 (1.01) 〔1.77〕	0.38** (8.85) 〔1.46〕	-0.24** (-4.78) 〔0.79〕
經濟惡化 (是)					0.15** (4.22) 〔1.16〕	-0.10** (-2.36) 〔0.90〕
退休 (是)			-0.02 (-0.18) 〔0.98〕	0.01 (0.07) 〔1.01〕		
性別 (男)	0.30** (10.36) 〔1.35〕	-0.03 (-0.80) 〔0.97〕				
健康惡化						
婚姻狀況 (已婚)	0.11** (2.47) 〔1.12〕	-0.08 (-1.30) 〔0.92〕			0.11** (4.23) 〔1.12〕	-0.06 (-1.92) 〔0.94〕
教育程度 (國中+)	0.11** (2.85) 〔1.12〕	0.01 (0.05) 〔1.01〕			0.16** (4.55) 〔1.17〕	0.03 (0.72) 〔1.03〕
籍貫 (閩南)	0.05 (1.67) 〔1.05〕	0.10** (2.88) 〔1.11〕			0.03 (1.17) 〔1.03〕	-0.06* (-2.06) 〔0.94〕
年齡 (連續變項)	-0.08 (-0.53) 〔0.92〕	-0.37* (-2.05) 〔0.69〕	0.15 (0.50) 〔1.16〕	0.04 (0.13) 〔1.04〕		
卡方概似比	19.04 (DF=20,P=0.519)		4.34 (DF=2,P=0.114)		23.38 (DF=22,P=0.380)	
皮爾生卡方	20.02 (DF=20,P=0.457)		4.34 (DF=2,P=0.114)		23.92 (DF=22,P=0.352)	
N	3043		3043		2860	

* 達0.05顯著水準，** 達0.01顯著水準。

（　）內為Z值，〔　〕勝算比。

註：變數對照組：非經濟惡化、非退休、女性、非健康惡化、非已婚、國小或以
　　下教育程度，及非閩南籍。

資料來源：見表4-3-1。

　　休閒參與種類數之變化則找不出任何顯著的解釋因素。不過利用「退

休」與「年齡」兩個變數所作的邏輯迴歸就具有解釋能力。這種結果顯示，休閒活動是隨意進出，但多少受空閒與體力之影響。

　　旅遊參與種類數之增加相對於不變的機率是受到經濟惡化、婚姻狀況及教育程度之影響。經濟惡化、已婚及高教育程度老人旅遊參與種類數增加之機率大於不變之機率。增加相對於不變之機率，依勝算比而言，經濟惡化者之機率爲非惡化者之1.16倍，已婚及國中以上教育程度老人也分別爲其他老人之1.12及1.17倍。經濟惡化呈正影響的結果有點出人意外。唯一可能的解釋是1989-1993年時國人的旅遊風氣滿盛。在友人或家人的安排下，雖然感覺收入不如四年前，但仍有能力從事旅遊，也就結伴而行。另外，旅遊參與種類數減少相對於不變之機率則是受到經濟惡化與籍貫兩變數之影響。經濟惡化老人爲非經濟惡化者之0.9倍，而閩南籍老人則爲其他族群之94%。

　　b.個別活動變動之影響因素

　　對於參與率較高之個別活動，本研究也進行影響因素的探討。表4-3-6顯示政治性團體與老人團體之參與變化的邏輯迴歸分析結果。配線結果並不理想，但仍具理論意義，由表4-3-6可知政治性團體增加參與相對於不變的機率是受到性別、教育程度與籍貫三個變數的影響。依勝算比而言，男性之不變機率爲女性之0.69倍。高教育程度與閩南籍之老人其增加機率大於不變之機率爲其他老人之1.40及1.62倍。以近幾年選舉之情況而言，高教育與閩南籍老人之政治參與是比以前積極很多。而減少相對於不變之機率則只受到性別的影響，或男性維持政治性社團之參與大於減少參與之機率爲女性之0.69倍。綜合而言，政治性團體之參與是受到階層因素的影響。

表4-3-6　各種社團活動變化之邏輯迴歸分析

	政治性團體		老人團體	
	增加 / 不變	減少 / 不變	增加 / 不變	減少 / 不變
常數項	2.30** (24.93) [9.97]	-1.45** (-9.42) [0.23]	5.56** (5.65) [259.82]	-2.40** (-3.88) [0.09]

經濟惡化 (是)	--- ---	--- ---	-0.11** (-2.26) 〔0.90〕	-0.07 (-1.13) 〔0.93〕
退休 (是)	--- ---	--- ---	0.07 (1.49) 〔1.07〕	0.01 (0.29) 〔1.01〕
性別(男)	-0.37* (-2.45) 〔0.69〕	-0.37* (-2.45) 〔0.69〕	-0.05 (-1.41) 〔0.95〕	0.06 (1.25) 〔1.06〕
健康惡化 (是)	--- ---	--- ---	--- ---	--- ---
婚姻狀況 (已婚)	--- ---	--- ---	0.09** (2.17) 〔1.09〕	-0.24** (-4.35) 〔0.79〕
教育程度 (國中+)	0.34** (7.31) 〔1.40〕	-0.13 (-1.89) 〔0.88〕	0.12** (2.48) 〔1.13〕	0.00 (0.03) 〔1〕
籍貫 (閩南)	0.48** (9.53) 〔1.62〕	-0.09 (-1.14) 〔0.91〕	-0.08** (-2.15) 〔0.92〕	0.10 (1.94) 〔1.11〕
年齡 (連續變項)	--- ---	--- ---	-0.06** (-4.10) 〔0.94〕	0.02** (3.04) 〔1.02〕
卡方概似比	18.53 (DF=8,P=0.018)		78.74 (DF=102,P=0.958)	
皮爾生卡方	19.91 (DF=8,P=0.011)		533.90(DF=102,P=0.000)	
N	3051		2867	

* 達0.05顯著水準，** 達0.01顯著水準。

( )內為Z值，〔 〕勝算比。

註：變數對照組：非經濟惡化、非退休、女性、非健康惡化、非已婚、國小或以下教育程度，及非閩南籍。

資料來源：見表4-3-1。

　　而老人團體之參與變化因素較政治性團體複雜。老人團體參與增加相對於不變的機率是受到經濟惡化、婚姻狀況、教育程度、籍貫與年齡五個變數的影響。依勝算比而言，經濟惡化、閩南籍及年齡較大老人之不變機率大於增加機率，分別為其他老人之0.9倍、0.92倍，及0.94倍。而已婚及高教育程度老人則是增加機率大於不變之機率則是為其他老人之1.09倍及

1.13倍。另一方面，減少相對於不變的機率只受到婚姻狀況與年齡兩變數的影響。已婚老人維持不變的機率大於減少之機率為非婚老人之0.79倍。而年齡越大則減少的機率大於不變的機率每年為1.02倍。綜合而言，老人團體之參與受到經濟惡化、年齡與階層因素之影響。面對經濟惡化老人有可能會維持不變老人團體的參與。而隨年齡增加而來的體力衰退會使老人維持不變乃至於減少老人團體之參與。階層因素則大致呈正面影響。

　　個別休閒活動變化的邏輯迴歸分析配線有些並不理想，但仍選擇部分結果陳列於表4-3-7並試作歸納。上乙節提到各種休閒活動四年間的變化頻率相當大。表4-3-7則顯示影響這些變化的因素並不一致，也看不出規則來。

　　看電視的增加相對於不變之機率受經濟惡化、退休、健康惡化、婚姻狀況、教育程度及年齡的影響。依勝算比而言，退休與健康惡化老人增加看電視之機率大於不變分別為其他老人之1.14倍及1.11倍，顯示空閒增多或行動不便會增加看電視之機率。而經濟惡化、已婚、高教育程度及年齡較大老人則是不變的機率大於增加的機率，其勝算比分別為0.84、0.90及0.87。另外，減少相對於不變的機率只受到年齡的正影響，或年齡大的老人其減少看電視的機率大於不變之機率，其勝算比每年為1.02倍。

表4-3-7　各種休閒活動變化之邏輯迴歸分析

	看電視		訪友		健身活動		與孫子玩	
	增加	減少	增加	減少	增加	減少	增加	減少
	不變	不變	不變	不變	不變	不變	不變	不變
常數項	4.32**	-2.37**	0.49	-0.17	-0.51	4.11**	1.62**	-1.34**
	(6.13)	(-4.53)	(1.84)	(-0.70)	(-0.51)	(3.18)	(2.61)	(-2.74)
	〔75.19〕	〔0.09〕	〔1.63〕	〔0.84〕	〔0.60〕	〔60.95〕	〔5.05〕	〔0.26〕
經濟惡化(是)	-0.17**	0.07	-0.05	0.00	0.02	-0.08	0.03	-0.12*
	(-3.83)	(1.20)	(-1.26)	(0.13)	(0.37)	(-1.58)	(0.88)	(-2.47)
	〔0.84〕	〔1.07〕	〔0.95〕	〔1〕	〔1.02〕	〔0.92〕	〔1.03〕	〔0.89〕
退休(是)	0.13**	-0.07	0.06*	-0.03	-0.12*	0.19**	0.03	0.02
	(2.91)	(-1.11)	(1.98)	(-1.07)	(-2.38)	(3.42)	(0.92)	(0.55)
	〔1.14〕	〔0.93〕	〔1.06〕	〔0.97〕	〔0.89〕	〔1.21〕	〔1.03〕	〔1.02〕

性別(男)	---	---	0.02	-0.01	0.08	-0.13**	-0.09**	-0.01
（是）	---	---	(0.75)	(-0.41)	(1.92)	(-3.11)	(-3.35)	(-0.37)
			〔1.02〕	〔0.99〕	〔1.08〕	〔0.88〕	〔0.91〕	〔0.99〕
健康惡化	0.10**	-0.04	-0.02	0.09**	---	---	---	---
（是）	(3.07)	(-0.88)	(-0.89)	(3.00)	---	---	---	---
	〔1.11〕	〔0.96〕	〔0.98〕	〔1.09〕				
婚姻狀況	-0.11**	0.01	-0.01	-0.02	---	---	0.13**	-0.06
（已婚）	(-3.27)	(0.36)	(-0.40)	(-0.90)	---	---	(4.53)	(-1.85)
	〔0.90〕	〔1.01〕	〔0.99〕	〔0.98〕			〔1.14〕	〔0.94〕
教育程度	-0.14**	-0.02	0.07	-0.07	0.28**	0.09	0.05	-0.00
（國中+）	(-2.75)	(-0.31)	(1.93)	(-1.79)	(5.59)	(1.85)	(1.49)	(-0.03)
	〔0.87〕	〔0.98〕	〔1.07〕	〔0.93〕	〔1.32〕	〔1.09〕	〔1.05〕	〔1〕
籍貫	---	---	-0.01	0.02	-0.02	-0.19**	-0.05*	0.10**
（閩南）	---	---	(-0.43)	(0.75)	(-0.64)	(-4.17)	(-2.06)	(2.88)
			〔0.99〕	〔1.02〕	〔0.98〕	〔0.83〕	〔0.95〕	〔1.11〕
年齡	-0.04**	0.02**	-0.00	-0.00	0.02	-0.05**	-0.01	0.01
（連續變項）	(-4.17)	(2.83)	(-1.41)	(-0.36)	(1.31)	(-2.67)	(-1.78)	(1.45)
	〔0.96〕	〔1.02〕	〔1〕	〔1〕	〔1.02〕	〔0.95〕	〔0.99〕	〔1.01〕
卡方概似比	95.68(DF=112,P=0.865)		248.70(DF=206,P=0.022)		50.64(DF=48,P=0.370)		110.40(DF=102,P=0.268)	
皮爾生卡方	415.81(DF=112,P=0.000)		219.36(DF=206,P=0.249)		62.51(DF=48,P=0.078)		122.81(DF=102,P=0.079)	
N	2858		2865		2861		2860	

*達0.05顯著水準，** 達0.01顯著水準。

( )內為Z值，〔 〕勝算比。

註：變數對照組：非經濟惡化、非退休、女性、非健康惡化、非已婚、國小或以下教育程度，及非閩南籍。

資料來源：見表4-3-1。

　　訪友所受到的影響因素最少。退休老人增加訪友的機率大於不變，其勝算比為1.06。健康惡化的老人減少訪友的機率大於不變，其勝算比為1.09。而其他階層因素都不發生作用。

　　運動的影響因素有五個。退休老人之不變機率大於增加機率，其勝算比為0.89。但是就減少運動相對於不變之機率，退休則是減少機率大於不變機率，其勝算比為1.21。另外，高教育程度老人之增加機率大於不變，勝算比為1.32。或許高教育老人較關心健康。男性、閩南籍及高齡老人則是不變機率大於減少機率，其勝算比分別為1.08、1.32及1.02。

　　陪孫子女玩的影響因素也有五個。已婚老人是增加機率大於不變，其勝算比為1.14。而男性與閩南籍老人則是不變機率大於增加，其勝算比分別為0.91及0.95。但是閩南籍老人之減少機率又大於不變，其勝算比為1.11。另外，經濟惡化老人則不變機率大於減少，其勝算比為0.89，或僅為非經濟惡化老人之0.89倍。

礼佛的變化之影響因素滿多。退休老人之增加機率大於不變，其勝算比為1.07。但是男性、閩南籍及高齡老人的不變機率大於增加，其勝算比分別為0.87、0.86及0.97。而閩南籍老人之減少機率大於不變，其勝算比為1.07。另外，高教育程度及高齡老人之減少機率也是大於不變，兩者之勝算比分別為1.08及1.01。而已婚老人之不變機率則是大於減少，其勝算比為0.88。

表4-3-7　各種休閒活動變化之邏輯迴歸分析(續)

	禮佛		下棋		看報	
	增加/不變	減少/不變	增加/不變	減少/不變	增加/不變	減少/不變
常數項	2.57** (5.74) 〔13.07〕	-0.88** (-2.61) 〔0.41〕	4.77** (5.13) 〔117.92〕	-2.39** (-3.57) 〔0.09〕	4.33** (4.51) 〔75.94〕	-2.56* (-3.53) 〔0.08〕
經濟惡化 (是)	-0.08* (-2.27) 〔0.92〕	-0.04 (-1.15) 〔0.96〕	-0.08 (-1.60) 〔0.92〕	-0.05 (-0.73) 〔0.95〕	-0.13** (-3.03) 〔0.88〕	0.05 (0.87) 〔1.05〕
退休 (是)	0.07* (2.18) 〔1.07〕	-0.01 (-0.54) 〔0.99〕	0.09 (1.82) 〔1.09〕	-0.00 (-0.01) 〔1〕	0.10* (2.19) 〔1.11〕	-0.07 (-1.16) 〔0.93〕
性別(男) (是)	-0.14** (-4.95) 〔0.87〕	0.02 (0.96) 〔1.02〕	0.39** (7.31) 〔1.48〕	-0.07 (-0.91) 〔0.93〕	0.33** (8.54) 〔1.39〕	-0.24** (-4.02) 〔0.79〕
健康惡化 (是)	-0.03 (-1.27) 〔0.97〕	0.01 (0.70) 〔1.01〕	-0.08* (-2.11) 〔0.92〕	0.06 (1.05) 〔1.06〕	0.00 (0.01) 〔1〕	0.09 (1.93) 〔1.09〕
婚姻狀況 (已婚)	0.12** (4.27) 〔1.13〕	-0.13** (-4.52) 〔0.88〕	--- --- ---	--- --- ---	--- --- ---	--- --- ---
教育程度 (國中+)	0.00 (0.13) 〔1〕	0.08* (2.06) 〔1.08〕	0.25** (5.74) 〔1.28〕	-0.11 (-1.77) 〔0.90〕	-0.11* (-2.44) 〔0.90〕	0.15- (2.18) 〔1.16〕

籍貫 (閩南)	-0.15** (-5.72) 〔0.86〕	0.07* (2.33) 〔1.07〕	0.20** (5.01) 〔1.22〕	-0.06 (-1.14) 〔0.94〕	0.14** (4.31) 〔1.15〕	-0.00 (-0.18) 〔1〕
年齡 (連續變項)	-0.03** (-4.84) 〔0.97〕	0.01* (2.39) 〔1.01〕	-0.04** (-3.28) 〔0.96〕	0.02* (2.20) 〔1.02〕	-0.04** (-2.93) 〔0.96〕	0.02* (2.08) 〔1.02〕
卡方概似比	208.50(DF=206,P=0.438)		82.68 (DF=104,P=0.939)		148.17(DF=104,P=0.003)	
皮爾生卡方	249.00(DF=206,P=0.022)		316.41(DF=104,P=0.000)		614.37(DF=104,P=0.000)	
N	2865		2859		2866	

*達0.05顯著水準，** 達0.01顯著水準。
(   )內為Z值，〔   〕勝算比。
註：變數對照組：非經濟惡化、非退休、女性、非健康惡化、非已婚、國中或以
　　下教育程度，及非閩南籍。
資料來源：見表4-3-1。

　　下棋的變化影響因素有六個。男性、高教育程度及閩南籍老人之增加
機率大於不變，三者之勝算比為1.48、1.28及1.22。而健康惡化及高齡則
是不變機率大於增加，其勝算比為0.92及0.96。另外，高齡之減少機率則
是大於不變，其勝算比為1.02。

　　看報的變化影響因素也是很多。退休、男性與閩南籍老人之增加機率
大於不變，三者之勝算比分別為1.11、1.39及1.15。但是經濟惡化、高教
育程度及高齡老人則是不變機率大於增加，三者之勝算比為0.88、0.90及
0.96。但是男性看報不變機率大於減少，其勝算比為0.79。而高齡老人之
減少機率則是大於不變，其勝算比為1.02。

　　綜合而言，年齡是唯一對休閒活動具普遍影響力的因素，但作用方向
並不一致。看電視、禮佛、下棋與看報等活動會隨年齡而呈不變乃至於減
少之機率顯著增加。籍貫對陪孫子女玩與禮佛也有類似影響。閩南籍老人
陪孫子女玩與禮佛之不變乃至於減少之機率顯著增加。退休對運動之影響
亦雷同。而婚姻對禮佛及性別對看報之作用方向則相反。男性看報之不變
乃至於增加之機率顯著增加。而已婚老人禮佛之不變乃至於增加之機率也
是顯著增加。

旅遊變化因素之分析，因國內旅行之配線情形並不理想，所以表4-3-8只呈現遊覽及國外旅行的邏輯迴歸分析結果。

表4-3-8　各種旅遊變化之邏輯迴歸分析

	遊覽		國外旅行	
	增加 不變	減少 不變	減少 不變	增加 不變
常數項	5.20** (5.11) 〔181.27〕	-3.36** (-4.47) 〔0.03〕	1.13** (27.78) 〔3.10〕	-0.18** (-3.84) 〔0.84〕
經濟惡化 (是)	0.10** (2.43) 〔1.11〕	-0.05 (-0.90) 〔0.95〕	--- ---	--- ---
退休 (是)	0.08* (2.27) 〔1.08〕	-0.08 (-1.75) 〔0.92〕	0.01 (0.52) 〔1.01〕	-0.12** (-2.69) 〔0.89〕
性別(男) (是)	--- ---	--- ---	--- ---	--- ---
健康惡化 (是)	-0.07** (-2.65) 〔0.93〕	0.04 (1.16) 〔1.04〕	--- ---	--- ---
婚姻狀況 (已婚)	0.17** (4.93) 〔1.19〕	-0.14** (-3.43) 〔0.87〕	--- ---	--- ---
教育程度 (國中+)	0.16** (4.59) 〔1.17〕	0.03 (0.73) 〔1.03〕	0.15** (4.12) 〔1.16〕	-0.09** (-2.08) 〔0.91〕
籍貫 (閩南)	--- ---	--- ---	0.04 (1.37) 〔1.04〕	-0.15 (-3.94) 〔0.86〕
年齡 (連續變項)	-0.06** (-4.22) 〔0.94〕	0.04** (3.59) 〔1.04〕	--- ---	--- ---
卡方概似比	100.41(DF=112,P=0.776)		5.25 (DF=8,P=0.730)	
皮爾生卡方	304.64(DF=112,P=0.000)		5.35 (DF=8,P=0.719)	
N	2840		3023	

*達0.05顯著水準，** 達0.01顯著水準。
( )內為Z值，〔 〕勝算比。
註：變數對照組：非經濟惡化、非退休、女性、非健康惡化、非已婚、國小或以
　　下教育程度，及非閩南籍。
資料來源：見表4-3-1。

　　遊覽的變化，其影響因素頗多。經濟惡化、退休、已婚及高教育程度
老人之增加機率大於不變，其勝算比分別為1.11、1.08、1.19及1.17。但是
健康惡化及高齡老人之不變機率大於增加，兩者之勝算比為0.93及0.94。
而高齡之減少機率又大於不變，其勝算比為1.04。已婚則是不變機率大於
減少，勝算比則為0.87。綜合而言，高階有閒會增加遊覽機會，但健康或
體力惡化則會減少遊覽之機會。

　　國外旅行變化的影響因素較少。高教育程度老人之增加機率大於不
變，其勝算比為1.16。而不變之機率又大於減少，這種情形之勝算比為
0.91。而退休老人之不變機率大於減少，其勝算比為0.89。

　　質言之，活動參與種類數或個別活動之變化情形主要是受階層及年齡
之影響。它們透過對金錢、時間與體力之變化而影響參與情形。當這些變
數被加入在迴歸式裡，活動變化對生活滿意的影響自然不具顯著影響力。

四、結語

　　生活滿意所受到各種可能因素之影響已完整呈現在表4-2-1及表4-2-2
的模型裡。而Herzog and Rodgers(1981)認為階層(class)與年輪效應
(cohort)是兩種影響老人生活滿意的重要因素。階層的影響在很多研究都
可看到，而年輪效應的實證則不多見。國健局的老人調查資料經分析後
提供一個非常清楚的例證。在未控制相關因素時，老人各年齡組的生活
滿意隨年齡增加而遞減。但在控制階層與生命重大事件等相關因素後，
70歲以上老人對生活滿意之影響都優於60-64歲組，75-79歲還呈顯著正
影響。上述資料分析驗證了年輪效應。而在實證生活方面，我們的觀察

結果認為這一年齡組的老人都具有積極勤奮的特質，因為這一組人是在1960年以前出生，他們經歷了二次世界大戰前後的艱困時期，養成了積極奮鬥的特性。依據這種特質，他們創造了台灣經濟奇蹟。一生的收入由少而多，很多老人是有所儲蓄。在晚年期相對富裕的情況下，自然生活滿意會較高。

以本書的主軸社會支持而言，正式與非正式社會支持都對老人心理福祉各扮演某種角色。本章前兩節的分析顯示老人生活滿意的主要影響因素有四，包括收入惡化，休閒活動，居住安排，與健康惡化。台灣在1995年開辦全民健保，在2008年也開辦國民年金。另外，長期照護法也在催生之中。這三項正式社會支持應當可以紓解收入惡化及健康惡化對老人生活滿意的不利影響。而居住安排是家庭型態的一種指標。本章的分析指出有子女同住對生活滿意呈正顯著影響，所以家庭對老人的生活滿意呈直接的影響，或具有非正式支持的功能。綜合而言，面對家庭核心化與人口快速老化的雙重社會變遷時，正式社會支持與非正式社會支持兩者都是可以增進老人的心理福祉。

休閒生活的功能有可能是彌補退休後所引發的角色遺失或多出的空閒時間。不過，三種休閒生活中，社團活動對生活滿意無顯著影響，但休閒活動與旅遊活動則都有顯著影響力。能否產生顯著影響的原因可能是參與比率的多寡有關。社團活動的參與比率大多在10%左右，所以無法對生活滿意產生顯著作用。

為何休閒生活的變化對生活滿意不產生顯著影響？事實上，休閒活動的變化量相當大，但與個人內部之延續無關，所以對老人之生活滿意不產生顯著影響。而大多數老人社團活動與旅遊活動維持不變，增加與減少約略相等，所以對生活滿意不產生顯著影響。另外，本章的分析也顯示活動參與的變化也是受健康、收入等因素的影響，當這些因素被控制時，活動參與有可能因此不產生顯著影響。

參考文獻

內政部統計處(1999)，《中華民國台灣地區國民生活狀況調查報告》，內
　　政部統計處編印。

陳肇男、林惠生(1995)，〈台灣老人之社團參與和生活滿意〉，《台灣地
　　區人口、家庭及生命品質研討會論文集》，台北：中國人口學會，民
　　國 84 年 3 月 4、5 日。

陳肇男(2003)，〈台灣老人休閒生活與生活品質〉，《人口學刊》26：
　　96-136。

陳肇男(2000)，〈台灣老人之年齡增長與生活滿意〉，《人口學刊》21：
　　37-59。

楊靜利(1995)，〈國民年金規劃構想與費率預估——人口結構，勞動參與
　　率及財務處理〉，《人文及社會科學集刊》7(1)：101-121。

鄭清霞、鄭文輝(1997)，〈老年基礎年金財務處理方式：個人階梯費率之
　　探討〉，孫得雄、齊力、李美玲(主編)，《人口老化與老年照護》，
　　頁205-236，中華民國人口學會出版。

Adams, D.（1969）. "Analysis of a Life Satisfaction Index." *Journal of
　　Gerontology* 24: 470-474.

Atchley, R.C.（1971）. "Retirement and Leisure Participation: Continuity or
　　Crisis? " *The Gerontologist* 11（part 1）: 13-17.

Atchley, Robert C.（1989）. "A Continuity Theory of Normal Aging."
　　Gerontologist 29: 183-190.

Atchley, Robert C.（1987）. *Aging, Continuity and Change*（2nd ed.）, chapter
　　9, Belmont, California: Wadsworth Publishing Company.

Blau, Z.S.（1961）. "Structural Constraints on Friendship in Old Age."
　　American Sociological Review 26: 429-439.

Brehur, H.P.（1968）. "Sociology and Aging: Orientation and Research."

Gerontologist 8: 24-31.

Campbell, A. (1981). *The Sense of Well-Being in America*. New York, McGraw-Hill.

Chen, C. (2001). "Aging and Life Satisfaction." *Social Indicators Research* 54: 57-79.

Chen, C.N. (1996). "Living Arrangements and Economic Support for the Elderly in Taiwan." *Journal of Population Studies* 17:59-82.

Cumming, E., and Henry, W. (1960). *Growing Old*. New Yorks, Basic Books.

Cumming, E., Dean, L.R., Newell, D.S., and McCaffrey, I. (1960). "Disengagement-A Tentative Theory of Aging," S*ociometry* (23): 23-35.

Cutler, S.J. (1977). "Age Variations in the Dimensionality of Life Satisfaction." *Journal of Gerontology* 34(4): 573-578.

Culter, S.J. (1977). "Aging and Voluntary Association Participation." *Journal of Gerontology* 32 (4): 470-479.

Dolyer, D., and Forehand, M.J. (1984). "Life Satisfaction and Old Age." *Research On Aging* 6(3): 432-448.

George, L.K. (1981). "Subjective Well-Being: Conceptual and Methodological Issues." In Eisdorfer C. eds. *Annual Review of Gerontology and Geriatrics*. New York, Springer, 1: 345-382.

George, L.K., Okun, M.O., and Landerman, R. (1985). "Age as a Moderator of the Determinants of Life Satisfaction." *Research On Aging* 7(2): 209-233.

Glenn, N.D. and Grimes, M. (1968). "Aging, Voting, and Political Interest." *American Sociological Review* 33: 563-575.

Gordon, C., Gaitz, C.M., and Scott, J. (1976). "Leisure and Lives: Personal Expressivity Across the Life Span." In Robert H. Binstock and Ethel Shanas (eds.), *Handbook of Aging and the Social Sciences*, 310-341. New York: Van Nostrand Reinhold.

Havighurst, R.J. (1961). "Successful Aging." *Gerontologist* 1: 8-13.

Herzog, A.R, and Rodgers, W.Z. (1981). "The Structure of Subjective Well-Being in Different Age Groups." *Journal of Gerontology* 36(4): 472-479.

Hochschild, A.R. (1975). "Disengagement Theory: A Critique and Proposal." *American Sociological Review* 40(5): 553-569.

Hoyt, D.R. and T.C. Creech (1983). "The Life Satisfaction Index: A Methodological and Theoretical Critique." *Journal of Gerontology* 38: 111-116.

House, J.S. (1981). *Work Stress and Social Support*. Addison-Wesley Publishing Company

Janson, P., and Mueller, K.F. (1983). "Age, Ethnicity and Well-Veing: a Comparative Study of Anglus, Blacks and Mexican Americans." *Research On Aging* 5: 353-368.

Kleemeir, R.W. (1964). "Leisure and Disengagement in Retirement." *Gerontologist* 4: 180-184.

Kunter, B. (1961). "The Social Nature of Aging." *Gerontologist* 2: 5-8.

Larson, R. (1978). "Thirty Years of Research on the Subjective Well-Being of Older Americans." *Journal of Gerontology* 33(1): 109-125.

Liberman, M.A. and Coplan, A.S. (1970). "Distance from Death as a Variable in the Study of Aging." *Developmental Psychology* 2: 71-84.

Lopata, H.Z. (1973). *Widowhood in An American City* (Schenkman, Cambridge, MA).

Lowry, J.H. (1984). "Life Satisfaction Time Components Among the Elderly." *Research On Aging* 6(3): 417-431.

Maddox, M. (1964). "Disengagement Theory: A Critical Evaluation." *Gerontologist* 4: 80-83.

Miller, S.J. (1965). "The Social Dilemma of the Aging Leisure Participant." In Arnold M. Rose and Warren A. Peterson (eds.), *Older People and Their Social World*, 77-92, Philadelphia: Davis.

Neugarten, B.V., Havighurst, R.J., and Tobin, S.S. (1961). "The Measure of Life Satisfaction." *Journal of Gerontology* 16: 134-143.

OECD(Organization for Economic Cooperation and Development) (1971). *Science, Growth and Society-A New Perceptive Report of The Secretary-General's Ad hoc Group on New Concepts of Science Policy.* Paris: OECD.

Palmore, E. and Kivett, V. (1977). "Change in Life Satisfaction: a Longitudinal Study of Persons Age 46-70." *Journal of Gerontology* 32(3): 311-316.

Robinson, J.P., and Shaver, P.R. (1973). *Measures of Social Psychological Attitudes.* Ann Arbor, MI, Institute for Social Research.

Roman, P. and Taietz, P. (1967). "Organizational Structure and Disengagement: The Emeritus Professor." *Gerontologist* 7(3): 147-152.

Rose, A.M. and Peterson, W.A. (1965). *Older People and Their Social World,* Philadelphia: F.A. Davis.

Sheldon, E.B. and H.E. Freeman (1970). "Notes on Social Indicators: Promises and Potential." *Policy Sciences* 1:1 (Spring 1970): 97-111.

Spreitzer, E., and Snyder, E.E. (1974). "Correlates of Life Satisfaction Among the Aged." *Journal of Gerontology* 29(4): 454-458.

Taiwan Provincial Institute of Family Planning (TPIFP) (1989). "1989 Survey of Health and Living Status of the Elderly in Taiwan: Questionnaire and Survey Design." *Comparative Study of the Elderly in Four Asian Countries.*

Taiwan Provincial Institute of Family Planning (TPIFP) (1993). "1993 Survey of Health and Living Status of the Elderly in Taiwan: Questionnaire and Survey Design." *Comparative Study of the Elderly in Four Asian Countries.*

Tallmer, M. and Kutner, B. (1969). "Disengagement and the Stress of Aging." *Journal of Gerontology* 24: 70-75.

US DHEW(US Department of Health, Education and Welfare) (1969). *Toward a Social Report*. Washington: U.S. Government Printing Office, 1969 (Also Ann Arbor, Mich: Ann Arbor Paperbacks, University of Michigan Press, 1970)

Willams, R.H. and Wirths, C.G. (1965). *Lives Through the Years*. New York: Atherton.

Witt, D.P., Lowe, G.D., Peek, C.W., and Curry, E.W. (1980). "The Changing Association between Age and Happiness: Emerging Trend or Methodological Artifact?" *Social Forces* 58: 1302-1307.

第五章　社會支持與老人心理福祉

　　本書第四章是從生活滿意方面去探討老年人的心理福祉，其特點是從動態的觀點去探討老人的生活滿意。透過不同年齡組或簡化的人生三階段之比較，可以反映隨著年齡增加而來的重大生命事件如何衝擊老人的生活滿意。不過，第四章的探討也有下列的局限。第一，社會支持的衡量不夠周全。我們在第一章已指出社會支持是個多面向的概念，它包含支持行為，支持結構與主觀評鑑三個面向。但在第四章，我們只用居住安排來反映支持結構。但是第三章的分析則指出戶基護航網絡是由四種成員(包括家庭型態，常來往不同住家人，親戚，與朋友)所組成的一個四圈結構之非正式社會支持系統。它的個別成員或擁有的圈數(或完整性)具有不同的各種家庭支持的功能解釋能力。所以本章將利用戶基護航網絡來探討它對老人心理福祉如何發生作用。由於它包含初級與次級關係，也具有解釋家庭支持功能的能力，所以是直接把本書的三個概念直接串聯起來。

　　第二，生活滿意是正向的心理福祉指標。而老年期受到很多生命重大事件的衝擊，往往產生負面的感受，所以負面的心理福祉也值得探討。本章將以憂鬱傾向作為負面心理福祉指標，而進行探討。

　　綜合而言，對生活滿意與憂鬱傾向的探討，我們將著重在單一時間點時，戶基護航網絡所扮演的角色，或它的個別成員與完整性對老人的心理福祉的影響。另外，如第一章第三節(社會支持與心理福祉)所述，社會支持主要是產生緩衝效應(buffering effect)，或扮演中介的角色。本章將以戶基護航網絡作為非正式社會支持系統的指標，利用台灣資料來驗證戶基護航網絡是否對生活滿意與憂鬱傾向都扮演中介的角色？最後，我們也很想知道戶基護航網絡的成員或完整性是否會對兩者產生不同或分化的作用？

　　本章將利用國民健康局在1989年所收集的《老人生活與健康狀況調查》資料進行探討。主因是它是唯一具代表性的老人資料，而樣本代表性對理論性的探討是最根本的要求。另外，該調查之抽樣方法與樣本特徵已在前幾章陳述過，所以不再重複贅述。本章共分三節，將先探討戶基護航網絡對生活滿意之作用；第二節則探討戶基護航網絡對憂鬱傾向之作用。最後則為結語。

一、戶基護航網絡與生活滿意

　　要言之，本節將從靜態的觀點去探討老人的生活滿意。我們將探討在某一時點，有哪些內在或外在的感受或因素會影響老人的生活滿意。而動態與靜態所強調的影響因素差異極大。動態分析強調年齡所引發之重大生命事件的影響，靜態分析則注重當下的資源，包括個人及社會支持的影響，所以，本節將先簡單重述生活滿意之定義，測量與影響因素，再說明研究架構與變項操作，接著再呈現分析結果。

1.生活滿意之定義與測量

　　生活滿意是最常被使用作為探討老人生活品質的一項重要指標（黃璉華，1992）。而什麼是生活品質呢？Campbell(1976)指出生活品質是包括主觀與客觀的指標。主觀指標指個人對生活主觀適應、快樂、滿足、安寧的狀態，即生活滿意度；客觀指標則指生活內容的本身，但不易直接反映生活感受。主觀指標才是了解個人生活品質的直接方法（劉淑娟，1999）。因此影響老人生活滿意之相關因素逐漸成為老人學研究者極為關心的主題之一。Shichman與Cooper(1984)也持相同看法，他認為生活滿意是指個人的生活能夠過得更好，具有愉快的生活及較好的生活品質，亦即代表個體對於日常生活品質的主觀感受。質言之生活滿意隱藏著兩個關鍵的因素，即人的外在與內在感受及其交互作用。其衡量方法也有多種。早期學者就從人的外在角度切入，以參與社會活動越多，表示其生活越滿意（駱美芳，1987）。生活滿意也可以是一種個體性的評估，例如Wood、Rhoder與Whelan（1989）及蔡添元（2005）的研究即顯示，已婚者的幸福感高於未婚者。又如生活越獨立（以ADL與IADL為測量指標）的老人，其生活滿意越高，生活態度則越正向（劉淑娟，1999）。也有學者建議與其記錄受試者所圈選出的題項，再彙整影響生活滿意的各項重要事件，還不如探討其對於生活滿意的一個普遍性或整體性的評價來得更具意義（Diener et al., 1985）。另外若僅以外顯行為來衡量生活滿意，仍無法完全解釋生活品質，因其尚牽涉個人內在情緒狀況及個人價值觀，Neugarten、Havighurst與Tobin（1961）遂建議應先著重個人內在的參考架構，其次再注意社會應參與的層次。所以「生活滿意」是泛指個人的幸福感受，而這種感受是與他個人對生活層面中自覺重要的部分，所獲得的滿足感有關（Ferrans & Power, 1985）。而生活品質基本上是一多層面而無固定界限的概念，質言之，生活滿意度也應當是一種多層面的概念。其組成要素可綜合歸納為下列幾種（Peace, 1990）：

(1)老年人的個人特性：如功能性能力、年齡、性別、階級等。

(2)物質環境因素：如休閒設施、住宅標準等。

(3)社會環境因素：如休閒活動、家庭及社會網絡等。

(4)社會經濟因素：如收入、生活水準等。

(5)個人自主因素：如下決定、做控制等。

(6)主觀的滿足：即老年人主觀的評判生活品質。

(7)個性因素：如快樂、愛心、士氣、生活滿意等。

　　主張生活滿意為多層面者，則認為將所有題目無選擇性的加總成為單一概念並不是一個恰當的測量方式。因此支持生活滿意度是多層面概念的研究學者，即發展出多層面的問卷來衡量生活滿意度，例如Neugarten等人，在1961年針對92位50-90歲的高齡者進行四回合的訪談，進而從訪談資料中抽出可以測量的要素，進而發展出「生活滿意度量表A」（Life Satisfaction Index A, LSIA），也就是將生活滿意視為一個建構性概念，包括五種心理滿意的層面：生活的熱中、處事態度、目標的一致性、自我概念及情緒狀態。可被視爲一個直接、穩定和精確的方法，以界定是否適應良好的感受，並作爲生活品質良好的指標（Brandmeyer, 1987; Diaz, 1988）。

2.生活滿意之影響因素

探討生活品質的研究相當多，而影響的因素眾說紛紜，並未形成共識。依研究之理論基礎可概分成兩類(George, 2006)。有一類是聚焦於探討客觀生活狀況與主觀生活品質(包括生活滿意)之關係。完整的客觀生活狀態應包括人口特徵、社經地位、健康狀況、活動參與、社會整合，及社會關係與社會支持六種概念。不過，迄今並無任何單一研究能夠完全納入上述六類概念。另一類研究則是探討社會心理特徵對心理福祉(psychological well-being)的影響。社會心理特徵包括對生活的掌控感，自我效力，生命的意義感，及期望與成就之差異等。

本節所採用之資料取自國民健康局之「台灣地區中老年人身心社會生活狀況長期追蹤調查系列」。該調查是依據上述第一類研究理論，收集四組影響生活滿意的因素，包括社會經濟因素，健康，休閒活動的參與及非正式社會支持。各因素之作用簡述如下。

社會經濟因素包括個人年齡、性別、婚姻狀況等特質的影響在第四章已詳細說明。陳肇男(2001)利用國健局之老人調查的1989年及1993年兩波資料探討四類因素對生活滿意之影響。其中年齡被認爲是具有調整其他因素在這些層面之影響的功能。換言之，年齡使得婚姻、收入、健康與社會支持對各個生命階段的生活滿意產生不同的影響。另外，在老年期，高齡者將面臨伴隨老化而來的失落感，例如：身心健康與經濟獨立的喪失、家庭與社會之間聯繫的喪失，甚至包括自我存在意義的喪失等，這些喪失感終將導致生活滿足感的喪失(林麗惠，2001)。所以有研究指出在不控制老化過程所引起之負面因素時，超過65歲以上老人，年齡越大的老人其生活滿意度越低(Chen, 2001)。

除了年齡，性別、婚姻狀況、教育程度、及職業別等社經變數也會影響老人之生活滿意(Larson, 1978)。一般來說，已婚、教育程度高的老人較其他婚姻狀況、教育程度低者的生活滿意度為高(Chen, 2001; Pinquart & Sorensen, 2000)。在性別上，則出現不同的結果。有的研究發現，老年女性較易出現憂慮和孤單的感覺，其生活滿意度則相對較年老男性為低(Spreitzer & Snyder, 1974)。也有研究發現並沒有顯著差異(黃璉華，1992)。在婚姻方面，關華山(1996)之研究指出，目前有偶而且與配偶同住的老人生活滿意度最高，其次是有偶但是未與配偶同住者，再次則是喪偶、離婚或與配偶分居者，而生活滿意度最低者是未婚的老人。

　　而生活滿意也會隨著健康的衰弱而降低。換言之，年紀越大越容易患病，越容易喪失生活自主性、喪失社會生產力，而依賴程度亦隨之上升，遂影響老年人健康狀況與生活品質(劉淑娟，1999；Bowling & Farquhar, 1996, Chen, 2001)。

　　健康狀況之客觀性功能衡量主要是採日常生活活動(activities of daily living，簡稱ADL)與工具性日常生活活動(instrumental activities of daily living，簡稱 IADL)來評量老人身體功能狀態。劉淑娟(1999)探討罹患慢性病老人之生活滿意，發現生活越獨立(以ADL與IADL為測量指標)的老人，其生活滿意越高，生活態度也越正向。反過來Asakawa、Koyano與Ando(2000)針對日本老人的研究發現，老人在身體功能性的退化將大幅降低其生活滿意度。對自己的健康主觀評價越高的老年人，其生活滿意度越高。另外，有些研究也指出主觀的自覺健康情形是影響未來生活滿意度最重要的因素，對老人而言，自覺健康狀況是屬於高穩定性的健康評量指標之一(林麗惠，2004；黃國彥、鍾思嘉，1986)。

　　理論上，休閒活動的參與可帶給人們放鬆、愉悅、自我實現等身心方面的滿足。所以休閒參與程度越高，越能增進老人福祉，且可有效減緩身體功能的衰退和降低死亡率(Menec, 2003)。更具體而言，增加休閒程度的參與程度能明顯的減緩因身體功能衰退、喪偶或非正式網絡接觸減少等情境轉變所帶來的負面影響，與生活品質亦呈現正相關的影響(陳肇男，2003；Silverstein & Parker, 2002)。另外，積極的休閒生活方式對於健康也有直接的效益，能有助於減緩某些生活事件或疾病所帶來的負面影響，可協助老年人適應晚年生活，進而維持生活之滿意度(Novak, 2006)。

另外，戶基護航網絡則是本節的焦點因素。如第一章所述，戶基護航網絡是依據Kahn and Antonucci(1981)護航網絡與Fei(1992)的差序格局所設計出來的一種社會網絡指標。它包含家庭型態，常來往的不同住家人，親戚，及朋友四者由內而外依序排成一個四圈的社會網絡(Chen, 2006)。它的特點有三：一為成員明確；二為維持動態觀念，可以接受成員出缺的可能性；三為四種成員依親密性不同而排列。這些特點讓它可以有三種不同分析方法，包括：(1)將四圈成員虛擬化，變成四個虛擬變項；(2)單一時點所擁有圈數；及(3)單一時點所擁有的成員組合。本節將採前二種方法進行測試戶基護航網絡如何影響老人的生活滿意。House(1981)認為社會支持會對工作壓力產生主效果，也會產生緩衝效果，而回顧多年來各種探討心理福祉的研究，George(2006)顯示大部分研究指出社會支持主要是發揮緩衝作用，所以都把社會支持當作中介變項。

3.研究架構

參考George(2006)所提出研究生活滿意的樣板研究架構，本研究將自應變項之關係設定如圖一所示。本研究假設社經地位、健康及活動參與等因素會直接影響活滿意。而上述這些因素也會透過中介變項「非正式社會支持系統」對生活滿意產生間接影響。而非正式社會支持系統則使用戶基護航網絡四圈的有無與完整性作為衡量指標。本研究之重點在於扣除上述因素之間接影響後，社會支持系統是否仍然對生活滿意具影響力，以供社會福利系統介入時之參考。

4.研究變項之操作型定義

茲將圖5-1-1所列變項之操作型定義說明如下：
(1)生活滿意
本節之生活滿意度衡量是採用Neugarten et al.(1961)所發展出來的生

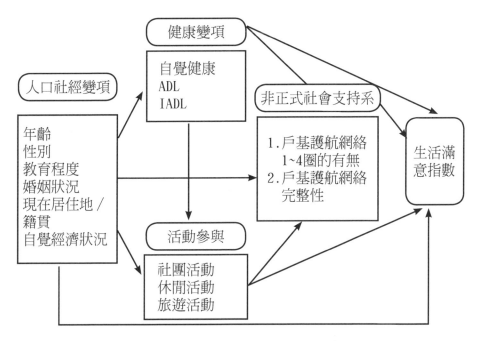

圖5-1-1　老人生活滿意之分析架構

活滿意度量表A。1989年的問卷向老人提出了十個問題，主要用以測量老人對過去、現在和未來的生活滿意情形（見附表5-1-1）。我們將各問題之反映為同意者給予代號1，而不同意者給予代號0。少數個案(4.5%)有漏答現象。凡漏答者皆予以刪除。而十題中之3、6、9題為反向題，經過轉換後再加總。總分為0-10分，分數越高表示生活滿意度越高。

(2)戶基護航網絡

　　本節之分析是以戶基護航網絡反映非正式社會支持系統，其建構方法分兩種，茲簡述如下：

a.戶基護航網絡一至四圈的有無

　　(a)戶基護航網絡第一圈：先將同住對象依身分類別分為七類：「LA(獨居戶)」、「3G＋S(三代同堂有配偶)」、「3G－S(三代同堂沒有配偶)」、「2G＋S(兩代同堂有配偶)」、「2G－S(兩代同堂沒有配偶)」、「S＋O(配偶及其他人)」以及「O(其他人)」。再將3G＋S、3G

－S、2G＋S及2G－S四類視為有戶基護航網絡第一圈，而其餘三類為沒有戶基護航網絡第一圈[1]。

(b)戶基護航網絡第二圈：在非同住直系家人接觸頻率問項中找出接觸頻率一週等於或多於一次者視為常接觸，其餘則為無接觸。只要有一個以上常接觸的直系家人者，即為有戶基護航網絡第二圈。否則為無戶基護航網絡第二圈。

(c)戶基護航網絡第三圈：如果有親戚之常接觸頻率為一週等於或多於一次，即視為有戶基護航網絡第三圈。否則為無戶基護航網絡第三圈。

(d)戶基護航網絡第四圈：如果有朋友、鄰居之常接觸的頻率為一週等於或多於一次，即視為有戶基護航網絡第四圈。否則為無戶基護航網絡第四圈。上述四圈是依親屬距離排列，構成戶基護航網絡。而二至四圈都考慮到接觸頻率，所以可視為一種核心網絡(core network)，可用以檢討具可近性網絡成員及其完整性是否可被動員提供支持，而影響老人生活滿意之功能 (Marsden, 1987；伊慶春，1999)。

b.擁有圈數(戶基護航網絡完整性)：戶基護航網絡之整合(完整性)是將每位個案戶基護航網絡一至四圈的有無加總得之，分為〇圈至四圈共五類。

(3)社經變項

本節之分析共採用八個人口社經變項，各變項界定如下：

年齡：依受訪者實際年齡計算，將其區分為60-64歲、65-69歲、70-74歲、75-79歲以及大於80歲五組。

性別：分為男性以及女性兩類。

教育程度：受訪者的最高學歷，分為四組，分別為不識字、識字(非正式教育)、小學以及初中以上。

籍貫：分組為閩南人、客家人、外省人以及其他四類。

婚姻狀況：分為已婚、分居或離婚、喪偶和不曾結婚四組。

1　第一層將有無偶配偶分成兩類，分析結果與本文所得結果並無顯著差異。

收入：收入狀況在本研究指的是月收入，分別是低於5000元、5000-9999元、10000-14999元、15000-19999元、高於20000元，共五組。

自覺經濟狀況：問卷中受訪者自覺經濟狀況被合併為滿意（包括很滿意，滿意，普通）及不滿意（包括不滿意，很不滿意）兩類。

現在居住地：指的是受訪者接受訪問時的居住地，分別為都市和鄉村兩類。

（4）健康變項

健康變項則有三個，各變項分類如下：

（a）ADL：日常生活活動包括：看受訪者是否能獨力完成六種日常活動。計分方式為若回答「沒困難」為0分；回答「有些困難」、「很困難」或「完全做不到」者為1分。將六項分數加總，分數範圍在0-6之間，分數越高代表ADL越困難。本研究在刪除漏答者618人（15.4%）後，後將分數高於平均數者給予代號1，其餘為0。以反映比一般好或壞。

（b）IADL：工具性日常生活活動共計五項，計分方式如同ADL，回答「沒困難」者為0分；回答「有些困難」、「很困難」或「完全做不到」者為1分。本研究在刪除漏答者788人（19.6%）後，將五項分數加總，分數範圍在0-6之間，分數越高代表ADL越困難。以反映比一般好或壞。

（c）自覺健康狀況：將問卷中受訪者所答自覺健康狀況合併為滿意（包括很滿意，滿意，普通）及不滿意（包括不滿意，很不滿意）兩類。前者給予代號1，其餘為0。

（5）活動參與

活動參與也包含三個變項，各變項之計分說明如下：

（a）休閒活動：問卷中老年人所從事的休閒活動包含了十二個項目，本研究將各項區分為1分即有參加（包括每週約一兩次、幾乎每天做、有、次數不明）和0分即沒有參加（包括沒有或極少，每週少於一次）兩類。然後將其分數加總，分數範圍在0-12之間，分數越高代表參與休閒活動項目越多。本研究將分數高於平均數者給予代號1，其餘為0。以反應比一般多或少。

　　(b)旅遊活動：問卷中老年人所從事的旅遊活動包含了四個項目。分數之歸類方法如同休閒活動，將各項二分：0分代表沒有參與(包括從不、極少)及1分代表有參與(包括每年幾次，每月都有)。然後將分數加總，分數範圍在0-4之間，分數越高代表參與旅遊活動越多。本研究將分數高於平均數者給予代號1，其餘為0。以反映比一般多或少。

　　(c)社團活動：問卷中老年人所從事的旅遊活動包含了七個項目。先將各項二分：0分代表沒有參與(包括從不、極少)及1分代表有參與(包括每年幾次，每月都有)。然後將分數加總，分數範圍在0-7之間，分數越高代表參與社團活動項目越多。本研究將分數高於平均數者給予代號1，其餘為0。以反映比一般多或少。

5.分析結果

　　在分析結果方面，將先呈現樣本分配，再採用t或F檢定來篩選研究架構中之前置變項。其次，使用五個迴歸模型來探討戶基護航網絡對生活滿意度之中介作用。模型一、二分別探討戶基護航網絡四圈之各別及完整性之解釋能力。模型三則是探討其他前置變項之影響力。模型四為合併模型一及三之變項進行網絡四圈之中介作用探討，而模型五則為合併模型二及三之變項用來探討網絡完整性之中介作用。

　　a.樣本特徵

　　本節所用樣本之特徵分析呈現於表5-1-1。大多數老人為已婚。籍貫以閩南人居多。居住區域之城鄉差距不大。教育程度以國小或以下為主。在性別上，以男性人數占多數(56.9%)，主因是1950年代，大陸遷台人口以男性士兵居多。而年齡的部分，以60-64歲的人口居多(38.8%)；其次為65-69歲族群的28.0%；而大於80歲的為最少數，只占了5.6%。顯示研究樣本中年輕老人居多。ADL平均分數為2.90分。IADL平均分數為0.86分。ADL平均分數雖接近3.0的中點，但老人自覺健康多為滿意。整體而言，老人們的健康狀況尚屬良好。雖然多數的老人其月收入在1萬元以下(52.3%)。但大多數老人對自己的經濟是感到滿意的(82.3%)，對自己的經濟狀況不滿意的只占17.7%。這種分配或許與大多數老人在青少年期經歷困苦，而老年期步入繁榮期的特殊族群有關(Chen, 2001)。

在本節裡，非正式社會支持系統是先以戶基護航網絡一至四圈的有無來衡量。多數的老人擁有戶基護航網絡的第一、二、四圈者占七成以上，而擁有戶基護航網絡的第三圈的比率是較少的(39.7%)，也就是與親戚是較少接觸(見表5-1-1)。

其次再以戶基護航網絡完整性(即擁有的圈數多寡)來衡量，共分為五種，即〇至四圈(見表51-1)。大多數的老人所擁有的圈數為二圈和三圈，分別占了總樣本數的31.0%和32.3%。擁有完整四圈的比率則為22.5%。而擁有一圈的12.2%。沒擁有任何一圈，則占了極少數2.0%。原因是本研究的抽樣母體不含集體住戶。所以老人獨居比率低於其他研究。

表5-1-1　樣本特徵之分配及與生活滿意之相關檢定(n=4,010)

變項名稱	人數(%)	生活滿意度平均值(標準差)	檢定值(自由度)
性別			t= -5.653 ***(3761)
女	1728 (43.1)	5.95(2.534)	
男	2282 (56.9)	6.41(2.412)	
年齡			F=3.462 **(4/3757)
60-64	1557 (38.8)	6.35(2.461)	
65-69	1121 (28.0)	6.17(2.494)	
70-74	699 (17.4)	6.14(2.43)	
75-79	406 (10.1)	6.10(2.467)	
80＋	226 (5.6)	5.71(2.578)	
籍貫			F=7.132 ***(3/3711)
閩南	2424 (61.2)	6.24(2.455)	
客家	597 (15.1)	6.45(2.281)	
外省	864 (21.8)	6.07(2.612)	
其他	74 (1.9)	5.12(2.490)	
居住城鄉			t= 0.081(3761)

鄉下	2124(53)	6.21(2.4)	
都市	1886(47)	6.21(2.557)	
自覺經濟			t= 26.894 ***(3761)
滿意	3176 (82.3)	6.67(2.252)	
不滿意	686 (17.7)	4.06(2.335)	
自覺健康			t= 21.487 ***(3761)
滿意	2994 (77.4)	6.65(2.293)	
不滿意	876 (22.6)	4.68(2.480)	
教育			F=44.214 ***(3/3744)
不識字	1664 (41.7)	5.77(2.511)	
小學	1232 (30.9)	6.36(2.477)	
初中以上	752 (18.8)	7.00(2.191)	
識字（非正式教育）	344 (8.6)	5.99(2.482)	
婚姻			F=51.242 ***(3/3757)
已婚	2600 (64.9)	6.53 (2.369)	
分居、離婚	117 (2.9)	4.74 (2.445)	
喪偶	1145 (28.6)	5.77 (2.535)	
不曾結婚	146 (3.6)	4.98 (2.604)	

表5-1-1　樣本特徵之分配及與生活滿意之相關檢定(續)(n=4,010)

變項名稱	人數(%)	生活滿意度平均值（標準差）	檢定值(自由度)
ADL指數			t=14.961***(3392)
低於平均	1733(51.1)	6.81(2.239)	
高於平均	1661(48.9)	5.58(2.563)	
IADL指數			t=14.554***(3222)
低於平均	1951(60.5)	6.71(2.288)	
高於平均	1273(39.5)	5.44(2.619)	
休閒活動			t=-11.303***(3703)
低於平均	1864(50.3)	5.57(2.532)	
高於平均	1841(49.7)	6.66(2.334)	
旅遊活動			t=-14.811***(3740)
低於平均	2323(62.1)	5.75(2.547)	

高於平均	1419(37.9)	6.95(2.162)
社團活動		t=-7.260***(3752)
低於平均	2281(60.8)	5.98(2.519)
高於平均	1473(39.2)	6.57(2.358)
戶基護航網絡第一圈		t= 3.658 ***(3761)
有	3028(75.5)	6.29(2.421)
無	982(24.5)	5.95(2.617)
戶基護航網絡第二圈		t= 10.742 ***(3761)
有	2904(72.4)	6.47(2.338)
無	1106(27.6)	5.51(2.684)
戶基護航網絡第三圈		t= 5.399 ***(3761)
有	1591(39.7)	6.47(2.374)
無	2419(60.3)	6.03(2.526)
戶基護航網絡第四圈		t= 7.031 *** (3761)
有	2944(73.4)	6.37(2.429)
無	1066(26.6)	5.73(2.546)
戶基護航網絡完整性		F=38.924 ***(4/3758)
L0	80(2.0)	4.23(2.570)
L1	491(12.2)	5.38(2.681)
L2	1242(31.0)	6.03(2.528)
L3	1296(32.3)	6.43(2.347)
L4	901(22.5)	6.73(2.242)

*$p<0.05$，**$p<0.01$，***$p<0.001$。

F: ANOVA。

t: t-test。

註：每一變項人數不足4,010人視為遺漏值。

資料來源：謝美智、陳肇男、朱僑麗(2013)，「非正式社會支持系統對老年人生活滿意度的影響」，《中華心理學刊》26（2013）（1）：33-64。

b.四類變項與生活滿意度之相關

　　十題生活滿意度之平均分數為6.21，標準差為2.47，而十題之Cronbah Alpha為0.761，表示該量表具有高內在信度。將四類變項與生活滿意度進行t-檢定分析(見表5-1-1)。在性別方面，男性之生活滿意度為6.41分，高於女性的5.95分。兩者之差異達統計上顯著差異。即男性之生活滿意程度顯著較高。與以往研究一致。年老女性較容易出現焦慮和孤單的感受，所以男性較女性的生活滿意度高(Spreitzer & Synder, 1974)。而Ruff(1989)探討兩性在心理幸福滿足感有無差異的研究中也發現女性在士氣與憂鬱等測量項目上，明顯比男性受試者士氣低落，顯得較憂鬱。

在年齡方面，年齡越長，其生活滿意度分數越低，呈顯著差異。在籍貫部分，客家人的生活滿意度高於閩南人和外省人，也達0.05顯著差異水準(見表5-1-1)。教育程度越高及收入越高者其生活滿意度亦越高，達顯著差異。而在婚姻狀況方面，已婚者的生活滿意度高於分居、離婚或喪偶。而單身未曾結婚者其生活滿意分數最低，達顯著差異。

在自覺經濟的部分，滿意經濟狀況的老年人之生活滿意度指數為6.67分顯著高於不滿意經濟狀況的老人之4.06分。而自覺健康的部分，覺得滿意的老年人之生活滿意度指數為6.65分明顯高於不滿意健康的老人之4.68分，也達統計上的顯著差異。過去研究結果也顯示滿意自覺健康狀況與滿意經濟狀況的老人有較好之生活滿意度(林麗惠，2004；Thompson & Krause, 1998)。

而休閒活動、旅遊活動和社團參與和生活滿意之F檢定都達0.01之顯著水準，即參與的項目多於平均者其生活滿意度較高(見表5-1-1)。而在ADL與IADL方面則高於平均者之生活滿意較差，F檢定也都達顯著水準。

c.戶基護航網絡與生活滿意度之相關

t檢定分析結果顯示擁有戶基護航網絡第一圈的老人生活滿意度(6.29分)高於沒有第一圈的老人(5.51)。同樣的，分別擁有第二、三、四圈的老人其生活滿意度也都高於沒有第二、三、四圈的老人。四圈的有無與生活滿意度上的相關皆達統計上顯著的差異(見表5-1-1)。

以戶基護航網絡完整性而言，擁有的圈數越多即代表網絡越完整。而擁有圈數越多之老人其生活滿意度越高。五類之差異達0.05顯著水準(見表5-1-1)。

d.戶基護航網絡之中介作用分析

　　本節依圖5-1-1之架構由右至左逐步將自變項加入分析模型中。所以共採用五個迴歸模型來探討戶基護航網絡及其他三類因素之作用機轉。前三個模型分別以戶基護航網絡各圈及完整性和其他三類變項為自變項。模型一及二之整體解釋變異能力包含戶基護航網絡各圈及完整性之直接與中介效果之綜合解釋能力。模型三則包含戶基護航網絡以外之其他三類因素，以呈現其他三類因素之解釋能力。模型四及五則是同時採用圖一所有因素為自變項，也就是控制其他三類因素之影響力，所以能呈現戶基護航網絡各圈及完整性之直接效果。

　　在模型一中首先將戶基護航網絡一至四圈有無對生活滿意度進行迴歸分析（見表5-1-2）。結果發現，整體模式的變異解釋力為4.5%。也就是直接與中介效果合計可解釋4.5%的變異。由未顯示的分析結果中我們知道各變項之VIF小於2，所以彼此間並無共線性問題。其中除了第三圈外（即常往來親戚），其餘第一、二、四圈的有無對生活滿意度皆具有顯著的影響力。即擁有第一、二、四圈的老年人其生活滿意度較高。

　　模型二是檢討戶基護航網絡的完整性對生活滿意度之迴歸分析（見表5-1-2）。結果發現，整體模型或直接效果與中介效果合併起來的變異解釋力為3.9%，略低於一至四圈有無的整體解釋能力。變項間之VIF亦小於2，彼此間無共線性問題。從表5-1-2可看到，與參考組（有完整四圈者）比較，擁有圈數越少，其生活滿意度越差。小於完整四圈者，其與生活滿意度的負相關皆達統計上的顯著意義。

　　模型三是用人口社經變項、健康狀況變項及活動參與等對生活滿意度進行迴歸分析。經刪除漏答者後，共有2,859人（71.2%）納入迴歸分析。結果發現，整體模型的變異解釋力為27.5%。所有自變項間VIF值皆小於3，所以自變項中並無共線性的問題（見表5-1-2）。而迴歸結果也顯示，教育程度較高者（初中以上），住在鄉下及有參與休閒活動，旅遊活動，ADL與IADL之分數低或等於平均數者以及滿意健康狀況和經濟狀況的老年人有較高的生活滿意度，皆達統計上的顯著性。在籍貫的部分仍是以外省人有較高的不滿意情形且達顯著的相關影響。

表5-1-2 老人生活滿意之迴歸分析

變項名稱	模型一	模型二	模型三	模型四	模型五
常數	4.844(0.121)**	6.725(0.082)***	3.446(0.170)***	2.807(0.204)***	3.729(0.190)***
*Convoy(無)					
Convoy 1_有	0.256(0.092)**			0.121(0.095)	
Convoy 2_有	0.900(0.090)***			0.592(0.098)***	
Convoy 3_有	0.164(0.085)*			0.030(0.087)	
Convoy 4_有	0.607(0.095)***			0.234(0.100)*	
Convoy 完整性					
*(4圈)					
0圈		-2.500(0.300)***			-1.485(0.312)***
1圈		-1.350(0.142)***			-0.670(0.154)***
2圈		-0.694(0.109)***			-0.239(0.116)*
3圈		-0.294(0.108)**			-0.141(0.109)
休閒活動_(低於平均)			0.372(0.085)***	0.303(0.087)***	0.294(0.087)**
旅遊活動_(低於平均)			0.459(0.091)***	0.396(0.091)***	0.407(0.091)***
社團活動_(低於平均)			0.102(0.088)	0.075(0.088)	0.077(0.088)
ADL_(低於平均)			-0.287(0.099)**	-0.290(0.098)**	-0.296(0.099)**
IADL_(低於平均)			-0.262(0.104)*	-0.248(0.104)*	-0.243(0.104)*
*(60-64歲)					
65-69歲			-0.039(0.096)	-0.051(0.096)	-0.043(0.096)
70-74歲			0.071(0.121)	0.043(0.121)	0.060(0.121)
75-79歲			-0.002(0.158)	-0.025(0.157)	-0.018(0.157)
80歲＋			0.046(0.221)	0.055(0.219)	0.058(0.219)
*(閩南人)					
客家人			0.054(0.121)	0.006(0.121)	0.015(0.121)

表5-1-2　老人生活滿意之迴歸分析(續)

變項名稱	模型一	模型二	模型三	模型四	模型五
外省人			-0.518(0.113)***	-0.259(0.120)*	-0.308(0.118)**
其他			-0.430(0.306)	-0.385(0.305)	-0.381(0.305)
*(女性)					
男性			0.067(0.095)	0.122(0.095)	0.112(0.095)
*(自覺經濟_不滿意)					
自覺經濟_滿意			1.982(0.110)***	1.903(0.110)***	1.916(0.110)***
*(自覺健康_好)					
自覺健康_好			1.184(0.110)***	1.149(0.109)***	1.160(0.109)***
*(鄉下)					
都市			-0.239(0.086)**	-0.229(0.087)**	-0.230(0.086)**
*(不識字)					
小學			-0.187(0.108)	0.205(0.107)	0.222(0.107)*
初中以上			0.683(0.140)***	0.674(0.140)***	0.675(0.140)***
識字(非正式教育)			0.213(0.156)	0.246(0.155)	0.244(0.155)
N	3763	3763	2859	2859	2859
Ad R²	0.045	0.039	0.275	0.285	0.283
F值	44.936	38.924	58.069	50.575	50.007
P值	0.000	0.000	0.000	0.000	0.000

*p<0.05，**p<0.01，***p<0.001。

註：1.（ ）內為各變項之參考組＊：年齡，60-64歲；籍貫，閩南人；性別，女性；自覺經濟，不滿意；自覺健康，不好；城鄉，鄉下；教育，不識字；戶基護航網絡(convoy)一至四圈，無；戶基護航網絡完整性，四圈。

2.（ ）內為標準誤。

資料來源：見表5-1-1。

　　模型四則是採用戶基護航網絡一至四圈有無及其他三類變項為自變項進行迴歸分析。所有自變項間之VIF值皆小於3，自變項間亦無共線性的問題（見表5-1-2）。整體模式可以解釋老人生活滿意度28.5%的變異量。比模型三增加1%的解釋能力。戶基護航網絡四圈之直接效果為1%。與模型三相比較，加入四圈之虛擬變項之F值為15.34，P值小於0.005，所以是有解釋能力[2]。另外，迴歸結果也顯示，在控制戶基護航網絡四圈有無後，社經變項仍維持原有的影響力。休閒活動與旅遊活動的參與度高於平均、IADL分數低於平均、外省人、住在鄉下者、自覺經濟滿意者、自覺健康滿意者、教育程度初中或以上者仍有顯著影響力。另外擁有戶基護航網絡第二圈和第四圈仍有顯著影響，但第一圈則變成不顯著。

　　模型五則包含戶基護航網絡完整性之虛擬變項及其他四類為自變項。結果顯示，所有自變項間VIF值皆小於3，所以自變項間一樣也無共線性的問題。整體模式可以解釋老人生活滿意度28.3%的變異量。與模型三相較，解釋能力增加0.8%或戶基護航網絡圈數之直接效果為0.8%。加入四圈之虛擬變項之F值為12.5，P值小於0.005，所以是有解釋能力。而迴歸結果也顯示，原有各自變項之影響力大致不變。休閒活動與旅遊活動的參與度高於平均、ADL及IADL分數低於平均、外省人、住在鄉下者、自覺經濟滿意者、自覺健康滿意者、教育程度初中以上的老人其生活滿意較高。另外擁有戶基護航網絡圈數完整性越高之影響力則是有變化。與有完整四圈之參考組比較，擁有圈數小於兩圈者，其生活滿意度顯著小於四圈俱足者。顯示戶基護航網絡小於二圈者，其生活滿意無法由其他四類變項得到彌補。

2　　$\dfrac{R_{k+s}^2 - R_k^2/s}{1-R_{k+s}^2/n-(k+s)-1} \sim F_{s,n-k-s-1}$

$$\dfrac{0.382-0.365/4}{1-0.382/2658-26} = \dfrac{0.00425}{0.0002348} = 18.10$$

$$\dfrac{0.380-0.365/4}{1-0.380/2658-26} = \dfrac{0.00375}{0.0002355} = 15.92$$

6.討論

　　影響老人生活滿意的因素可概分成社會經濟變項、健康、休閒活動與社會支持四大類。在政府推行全民健保與國民年金後，老人的經濟與健康可以獲得某種程度的保障。但是老人卻面臨子女不同住比率增加，導致家庭養老功能衰退之疑慮。所以有必要討論不同住家人、親戚及朋友對老人生活滿意之影響。

　　本節之主要目的之一是探討戶基護航網絡之成員是否具有中介效果。在未加入其他四類變項時，第一、二及四圈是具有顯著的中介與直接的綜合影響力，但在加入其他四類變項後，所顯現的是戶基護航網絡一至四圈的直接效果。而本節的分析結果顯示一至四圈的直接效果略異於綜合效果。戶基護航網絡之第一圈變成並無顯著直接影響力。可能原因是社會規範要求同住家人提供經濟支援與健康照顧（劉淑娟，1999；Fiori, Antonucci & Cortina, 2006）。老人主要也以得到這些要求為滿足。當這些支持被控制後，第一圈就變成不具顯著影響。而第三圈也不具顯著直接影響力。可能原因是都市化以後，親戚之間較少往來，印證遠親不如近鄰的諺語，所以對生活滿意度之影響不大。反觀第二和第四圈，兩者皆有顯著直接效果。第二圈指的是不同住的常來往直系親屬。他們因為距離障礙（Litwak, 1960），所以比同住家人提供較少的經濟與健康照顧支持（陳肇男，1999；Litwak, 1960），因此比較不受控制家庭經濟及健康等因素之影響。而第四圈之朋友和鄰居，主要是因為有共同的興趣以及常相往來（陳肇男，1999），進而提供了很多的情感支持（Seeman & Berkman, 1988），因此不受控制社經與健康等變項之影響。

　　本節之另一個主要研究目的是戶基護航網絡圈數的直接效果。在控制其他四類變項後，我們發現二圈或以上的支持系統可以讓老人覺得生活滿意。而那些圈的組合能提供這種功能是個值得探討的問題，但也是一個複雜的問題。本研究所採用之戶基護航網絡共分四層，每層二分以後，可有十六種組合，分析起來很複雜，非本章所能涵蓋，需要專文探討[3]。

　　而在非正式社會系統之整體綜合影響力方面，分析結果發現非正式社會支持系統在不控制其他變項時具有4%解釋能力。而不含戶基護航網絡，其他三類變項的變異解釋力只有27.5%。加入戶基護航絡之四虛擬變項或完整性變項時的整體解釋力分別是28.5%與28.3%。兩者相較，F值為顯著。亦即加入戶基護航網絡四圈時對老年人的生活滿意度是有直接效果。上述結果顯示戶基護航網絡主要為產生中介效果。它們的直接解釋能力為1%；另外，可中介3%的解釋能力。本研究進一步指出只要不同住家屬能維持常來往。也有要好朋友常來往，老人之生活滿意度不會受老化之影響。

　　另外，在加入非正式社會支持系統變項後，其他三類變項也略有變化。老人身體狀況、籍貫、居住地及教育程度仍對生活滿意仍具有顯著的影響力。不過，小學程度變為具顯著影響，休閒活動與籍貫之顯著程度略為降低。但性別與年齡仍無顯著影響力。與以往某些研究結果相同（黃璉華，1992；Edwards & Klemmack, 1973）。年齡與性別是因為可引起健康與經濟變化才會影響生活滿意度。控制健康與經濟因素，他們就失去顯著影響力（Chen, 2001）。

　　在其他三類變項之影響力方面，值得注意的是活動參與對生活滿意度的影響。本書第四章是採用國健局1993年的老人調查資料探討生活滿意的影響因素，雖然所採用的解釋變數不盡相同，但結果指出休閒生活與旅遊活動對生活滿意呈正顯著影響。本節結果則進一步顯示，休閒活動與旅遊活動的參與對老年人的生活滿意度之顯著的影響力並不因社會支持系統加入而有顯著變化。顯示老人之兩種活動內容與非正式社會支持體系無關。在相關分析中我們發現，老年人們以看電視，聽收音機及與鄰居或他人聊

3　近來有些研究利用複雜的分析方法（如cluster analysis）將護航網絡分離出多種網絡類型如多元型、家庭型、朋友型等。各有不同屬性，也各有不同支持功能，（Fiori et al., 2006）。戶基護航網絡因成員明確，需將四圈有無作不同組合即可獲得上述網絡類型。因所需篇幅較多，將另為文探討。

天居多，大多是靜態休閒爲主(陳肇男，1999)，一個人即可進行，所以不需動用非正式社會支持體系。與許多國內、外學者的研究具有一致性(陳肇男，1999)。但是，本節之研究結果也發現從事休閒活動對老人心理福祉是有正向相關。老年人可藉由休閒活動參與來提升心智與精神上的活躍，進而增進士氣與心理上的安適與健康(Lawton, Moss & Fulcomer, 1987)。曾賢仁(2006)之研究也發現休閒活動與生活滿意度呈正相關，老人擁有好的休閒參與經驗，對其生活滿意有正向的影響。所以值得政府推動老人休閒活動，給予正式社會支持之協助。而旅遊活動之類似效果則可能是心理內部延續所致。另外，本節的迴歸分析也顯示社團參與對生活滿意度始終未達預測生活滿意度的顯著水準。原因可能與第四章的分析相同，或許是因爲在那個年代參與社團的氣氛不盛所以比率偏低。參與的平均分數爲0.52分，使得社團參與在預測老人生活滿意度的能力上並不顯著。

　　本節是利用具全國代表性之「台灣地區中老年人身心社會生活狀況長期追蹤調查系列」單一年的資料進行分析，研究結果指出戶基護航網絡的概況對老人生活滿意度是有影響。因爲資料年代較久遠，限縮其政策應用性。但在理論上除指出戶基護航網絡具中介與直接效果，另外也指出不同住親屬及常往來朋友具顯著影響力。將來可進一步探討非正式社會支持系統會不會隨年齡增長而萎縮？會不會因此影響老人生活品質，也就是以此研究結果爲基礎，將來可進一步利用1993年乃至於1996、1999、2003年的長期世代追蹤研究調查連續性研究分析資料，探討非正式社會支持系統在各個老化階段之動態變化及其影響力。

二、戶基護航網絡與憂鬱傾向

　　隨著台灣人口之快速老化，台灣的老年人口快速增加。有憂鬱傾向的老年人也隨之水漲船高，但是提供老年人社會支持的家庭人數卻逐年下降。如何透過社會支持系統去紓解老年人之憂鬱傾向，成爲當前迫切需要研究的重要議題（Caplan, 1974; Peek and Lin, 1999）。本節之主要目的為探討戶基護航網絡的成員及完整性如何對老年人之憂鬱傾向產生作用之機轉。本節將先約略敘述老年憂鬱傾向之參考文獻，其次為研究方法，最後為分析結果。

1.文獻探討

(1)憂鬱傾向之界定

本節要探討的是憂鬱傾向而非憂鬱症。不過，對憂鬱症作簡略的介紹會有助於了解憂鬱傾向之界定與測量。憂鬱症的診斷相當複雜，且有許多疾病是與憂鬱症類似，因此需要經由精神科醫師診斷。根據美國精神醫學會（American Psychiatric Association, APA）1994年修訂出版之第四版心理疾病診斷與統計手冊（Diagnostic and Statistical Manual of Mental Disorders, fourth edition，簡稱DSM-IV）將憂鬱歸為情感性疾患，其中包含重鬱（major depressive disorder）、低落性情感疾患（dysthymic disorder）與其他憂鬱疾患（depressive disorder not otherwise specified）。重度憂鬱的診斷標準為兩週內出現以下行為，包含：1.憂鬱心情；2.失去興趣或喜樂。此兩項症狀中有其中一項，而下列症狀須同時出現五項或五項以上且至少維持兩週以上，並呈現有原功能的改變包括：幾乎每日1.非處於節食情形而明顯體重下降，或體重增加；或食慾減低或增加。2.失眠或嗜睡。3.精神運動性遲滯或激躁。4.疲累或失去活力。5.無價值感或過度罪惡感。6.思考或決斷力減低。7.反覆想到死亡或自殺的意念（American Psychiatry Association, 1994）。低落性情感疾患的診斷標準是幾乎整天感覺心情憂鬱、有憂鬱心情的日子比非憂鬱心情的日子為多，而下列症狀中：1.胃口不好或吃得過多；2.失眠或嗜睡；3.活力低或疲累；4.低自尊；5.專注能力減退或做決定有困難；6.感覺無望，至少有兩項維持為期至少兩年的時間，且障礙發生並非是因為某種物質或一般醫學狀況所造成。其他憂鬱疾患則為有憂鬱特質但不符合重鬱、低落性情感疾患、伴隨憂鬱心情之調適性疾患或伴隨焦慮及憂鬱混合心情之適應性疾患等。而輕鬱症（minor depressive disorder)為其中一種。

　　憂鬱症是一種情緒障礙的疾病，它可能是一個徵象(sign)、症狀(symptom)、症候群(syndrome)、情緒狀態(emotional state)、反應(reaction)、疾病(disease)或臨床存在的現象(clinical entity)。然而隨著年歲的增加，老年人的身體疾病會增加，社會及經濟問題也會累積而愈來愈多。這些問題會帶來情緒上的困擾，因此醫療人員及老年人的照顧者，甚至老年人自己都傾向於把老年人的憂鬱視為是面對上述困擾的正常反應，而忽略它可能是憂鬱症。因此老年人的憂鬱症被低估，也連帶的忽略、而失去治療的機會。其結果是有憂鬱症老年人備受煎熬，呈現高自殺率，照顧者也隨著受苦。老年人憂鬱症已成為社會的負擔，必須以公共衛生的重大議題來看待它。最近幾年世界各先進國家已在正視老年人憂鬱症問題。台灣也有人針對此問題做流行病學研究。而本節所稱的「憂鬱傾向」，並非為醫療診斷的真正憂鬱症程度，而是指某一段時間內所出現的憂鬱情緒。

　　近年來，憂鬱傾向在老年人當中之普及率相當的高。根據國外研究報告指出，大約有12.1-34.6%的老年人有老年憂鬱傾向（Green, 1992; D'Ath, Katona, Mullan, Evans, Katona, 1994; Harwood et al., 1999; Djernes et al., 2000; Freudenstein, Arthur, Matthews, Jagger, 2002; Osborn et al., 2002）。國內的調查資料顯示，65歲以上的老年人有10.8-26%曾有憂鬱傾向出現（曾憲洋等，1995；鄭惠信等，1995；邱裕峰等，1991）。年紀大並非危險因子，但當老年人孤單或合併有其他內科的慢性病，有較大的機率會得到老年憂鬱傾向。而且像這類較晚發生的憂鬱傾向，如果沒有好好治療，可能會很容易復發。因此，老年憂鬱傾向是一項重要的公共衛生課題。憂鬱傾向的主要症狀包括失去活力、缺乏幹勁、注意力無法集中、睡眠障礙、特別是易早醒及睡眠片段、食欲變差、體重變輕及身體症狀。然而老年憂鬱比一般年輕人的憂鬱更容易出現身體症狀，所以往往被誤診為是生理問題，而做了許多不必要的檢查。不僅浪費醫療資源，並且延誤病情，徒增病人的痛苦。老年憂鬱傾向也常常會有憂鬱心情、焦慮、低自信心、無助無望感、自責等症狀，嚴重者更會有妄想或自殺想法。老年憂鬱傾向也會造成認知功能障礙，因此也常被誤認為是癡呆症。而癡呆症的病人大約有25-30%會有憂鬱症，更增加了診斷的困難度。有些身體疾病以及藥物也會引起憂鬱症，因此在評估老年憂鬱傾向時，必須是全面且詳細的。

然而老年憂鬱傾向也可能代表著老年期初發的憂鬱傾向或是以往就有憂鬱傾向，但於老年期再復發。由於老年期主要面臨的挑戰，就是「失落」（loss），包括各式各樣人生資本的流失。當老年人經歷變化時，其社會心理的變化顯得較為弱勢與敏感。

影響老年期憂鬱傾向的社會心理危險因子包含：罹病嚴重度（熊曉芳，1999；劉珣英，2001；Chou & Chi, 2000），低社經階層、自覺健康差（唐億淨等，1999；黃麗玲，2000）、失能、社交孤立、隔離、搬家、遷徙、喪偶、容易焦慮緊張個性。依老年期憂鬱傾向上的特點來看，老年人較無法表達憂鬱情緒，常常以身體症狀來取代情緒的不舒服，如慢性疼痛和焦慮症狀（Smith et al., 1995; Bell el al., 2001; Doris, 2002）。國內學者之研究也發現老年人較常出現身體症狀及行為性憂鬱症狀，而較少以典型的情緒症狀出現（廖以誠等，1995；張國榮、張敏，1997）。張永正（2000）則指出老年人憂鬱與身體疾病有較高的共病率，其臨床症狀表現也較為多樣化、不典型，因此導致老年人憂鬱傾向常被忽略。老年人常見的身體症狀有：失眠、腰痠背痛、手腳發麻或關節痠痛、頭暈、頭痛、容易疲勞、頸部痠痛或僵硬、便秘或腹瀉、腹部不適、心悸、胸悶、呼吸困難、喉嚨有異物感等症狀。許多研究顯示老年人出現愈多身體不適抱怨時，憂鬱的可能性也隨之升高。雖然自殺意念會隨著年紀增加而下降。但老年人一旦有自殺的想法，會予以執行。以自殺結束自己生命的危險性較年輕人為高。老年人自殺死亡率約為年輕人之兩倍，研究顯示其中80%合併有憂鬱症（林皇吉，2006）。

(2)憂鬱傾向之測量工具

在國內常使用來測試個案憂鬱程度的量表有：貝氏憂鬱量表、12題版中國人健康量表、鄭氏憂鬱量表、台灣老年憂鬱量表等。貝氏憂鬱量表

(The Beck Depression Inventory, BDI)是由Beck等人於1961年所發展出來的。此量表由21個憂鬱症狀所組成，依據嚴重度不同，每種症狀以0-3分區別。21種症狀之合計分數在10分以下為非憂鬱症，10-18分、19-29分、30-63分分別為輕、中、重度憂鬱傾向。12題版中國人健康量表(CHQ-12)為一種篩檢輕型精神疾病的自填式量表。鄭氏憂鬱量表(Zing's Depression scale, ZDS)則發展於1965年，問卷共有20題，分數為20-100分，為使用於慢性病人之測量工具。其特點為內部一致性佳(梁繼權、呂碧鴻、李明濱、湯麗玉，1998)。Sheikh和Yesavage也在1983年發展出老年人憂鬱量表(Geriatric Depression Scale, GDS)。另外，台灣老年憂鬱量表(Taiwan Geriatric Depression Scale, TGDS)是由廖以誠等人在2004年翻譯GDS而成。量表共30題，可分成情感、認知與身體三面向，通用於協助基層醫療人員篩選老年憂鬱症。CES-D(Center Epidemiological Studies Depression Scale)則是美國流行病學研究中心憂鬱量表，是由Radloff於1977年發展而成；鄭泰安博士在1985年將之翻譯成中文。其量表採用四點計分，總分為0-60分。.

　　Jeffrey, Tamson, Christopher和Deborah(1997)針對GDS及CES-D兩種憂鬱量表進行比較研究，發現兩者敏感性分別高達92%及100%；特異性為87%及84%，由此證實兩種量表皆為良好的老年人憂鬱篩檢工具。目前CES-D被廣泛運用於社區老年人的相關研究當中(葉瓊蘭，1999；呂淑妤、林宗義，2000；林嘉玲，2000；徐淑貞，2001)。CES-D量表依受試者過去一週內自身狀況回答以下題目：1.原本不介意的事，最近竟然會困擾我；2.我的胃口不好，不想吃東西；3.即使有親友幫忙，我還是無法拋開煩惱；4.我覺得我和別人一樣好；5.我做事時無法集中精神；6.我覺得悶悶不樂；7.我做任何事都覺得吃力；8.我對未來充滿希望；9.我認為我的人生是失敗的；10.我覺得害怕；11.我睡覺睡不安穩；12.我是快樂的；13.我比平日不愛說話；14.我覺得寂寞；15.我覺得人們不是友善的；16.我享受人生的樂趣；17.我曾經痛哭；18.我覺得悲傷；19.我覺得別人不喜歡我；20.我做事提不起勁。發生頻率分類為沒有或極少發生(每週一天以

下)、有時候(每週一天至兩天)、時常(每週三天至四天)、經常(每週五天
至七天)。依序給0-3分，其中第4、8、12、16題為反向題，因此必須反向
計分，總分為0-60分。分數愈高者表示有愈嚴重的憂鬱傾向，並以16分為
區分有無憂鬱傾向之切割點。此量表敏感度為92.0%(Chien & Cheng,
1985)。

由於在做問卷調查時，不適合使用冗長的問卷，因此國民健康局與美
國密西根大學老年人研究所及該校人口研究中心合作，於「台灣地區老年
人保健與生活問題長期追蹤調查系列研究」中，使用以因素分析所修訂之
CESD-10，作為衡量老年人憂鬱傾向之依據(楊景閔，2005)。受試者依過
去一週內狀況回答以下問題：1.不大想吃東西，胃口差；2.覺得做每一件
事都很吃力；3.睡覺睡不安穩；4.覺得心情不好；5.覺得寂寞；6.覺得身邊
的人不友善；7.覺得悲傷；8.做事提不起勁；9.覺得快樂；10.覺得日子過
得不錯。發生頻率由無、很少(只有一天)、有時候有(二至三天)、經常有
或一直有(四天以上)。並依發生頻率每題給0-3分。其中第9、10題為反向
題，因此需要反向計分。得分範圍由0-30分，並以10分為切點以界定是否
有憂鬱傾向。小於10分者歸類為無憂鬱傾向；10分以上者則歸為有憂鬱傾
向(Kohout et al., 1993)。CESD-10所使用的切點多為兩種—分別為8分及10
分切點。Elena M.A., William B.C., Judith A.M., and Donald L.P. (1994)研
究發現，CESD-10使用8分及10分切點，8分切點所測量出之憂鬱盛行率較
符合社會科學調查之憂鬱盛行率，而10分切點所得之憂鬱盛行率則與臨床
醫學上之憂鬱盛行率相符。因此，統整國內學者使用CESD-10之切點分配
狀況，其中以使用10分作為切點(張慧伶，2007)多於8分(徐慧娟、張明
正，2004)。

2.分析方法

以往的研究顯示老年人之憂鬱傾向除受社會人口學背景影響外，還有
生命重大事件、身體功能下降、經濟、家庭結構改變、居住環境的遷徙等
之影響(王淨，1998)。本研究除採用上述各變項並加入社會網絡變項。質

言之，本研究所用變項包括年齡、性別、省籍、教育程度、婚姻狀況、居住地區、自覺健康、工作狀況、自覺經濟、休閒活動、社團活動、旅遊活動、ADL（Activities of Daily Living）、IADL（Instrumental Activities of Daily Living）、疾病數以及戶基護航網絡，所以分析時仍採用George（2006）所提出的架構（見圖5-1-1），各自變項之分類大致與上節相同，有差異時也明顯易解，所以此處不再贅述。

　　而應變項憂鬱傾向則是以問卷中CES-D（Center for Epidemiological Studies Depression）之題項分數加總而得。CES-D之總題數計10題，計分方法是將回答沒有及很少者（少於一天）計分為0分、有時候會者（一至四天）計分為1.5分、經常或一直會（五至七天），則計分為3分。10題題目中，覺得快樂與覺得享受人生為反向題，因此反項計分。再將所有題目之分數加總為CES-D總分，總分範圍為0-30分。Elena（Elena et al., 1994）等之研究指出，CES-D以10分作為切點（cut-off）所測量出之憂鬱盛行率較符合臨床盛行率。因此本研究也以10分為切點辨別有無憂鬱傾向，10分以上者為有憂鬱傾向而未滿10分者為無憂鬱傾向。Elena等之研究中提到Berkman et al.（1992）發現CES-D可容忍三題漏答，漏答之該題可以全樣本之平均分數替代。本研究中，若個案在10題中，漏答一題者將其漏答之題項以該題所有個案回答之平均數代替；若個案漏答兩題以上者則刪除此個案之資料。

　　而戶基護航網絡對憂鬱傾向之作用也是採五個迴歸模型來鑑別是否具有中介作用。模型一及二是探討戶基護航網絡之四圈及圈數之解釋能力。模型三則是顯示其他自變項之影響。模型四及五則是用來探討各圈及圈數是否具有中介作用。

3.分析結果

　　（1）自變項與憂鬱傾向之相關情形
　　表5-2-1顯示樣本特徵及它們與憂鬱傾向之相關情形。樣本特徵已在第四章陳述過，所以本節予以略去不談。整體而言，15.0%的受訪者具憂鬱傾向，表5-2-1則顯示憂鬱傾向與社經變項與戶基護航網絡等變項大致

都呈顯著相關。表中只有居住地區與憂鬱傾向沒有顯著相關。

依個別變項而言，男性，健康良好，有工作，自覺經濟狀況很好，高教育程度，多數族群，有偶，年輕，具有戶基護航網絡各圈，或圈數較多之受訪者的憂鬱傾向比較低。這些結果顯示資源較多或社會支持較多者之憂鬱傾向比率較低。其中最值得注意的是自覺經濟狀況，自覺健康狀況，與戶基護航網絡完整性三者之效用最為顯著。自覺經濟狀況不好之受訪者的憂鬱傾向比率高達56.5%；自覺健康狀況不好者為40.2%；無戶基護航網絡者也為整體憂鬱傾向之兩倍。

表5-2-1 人口與社會經濟、戶網變項與憂鬱傾向之次數分配、卡方檢定（N=3,856）

| 變項名稱 | 人數 | 百分比 | 憂鬱傾向 | | 卡方(自由度) |
			無 百分比	有 百分比	
性別					62.113(1) ***
男	2198	57.0	88.9	11.1	
女	1658	43.0	79.7	20.3	
居住地區					0.111(1)
都市	1817	47.1	84.8	15.2	
鄉下	2039	52.9	85.1	14.9	
自覺健康					585.637(2) ***
不好	869	22.5	59.8	40.2	
普通	1474	38.2	88.5	11.5	
很好	1513	39.2	95.9	4.1	
工作狀況					9.372(1) **
無	3523	91.4	84.4	15.6	
有	333	8.6	90.7	9.3	
自覺經濟					455.924(2) ***
不好	207	5.4	43.5	56.5	
普通	667	17.4	71.5	29.5	
很好	2954	77.2	90.9	9.1	

教育程度					83.280(3)	***
不識字	1565	40.7	79.5	20.5		
小學	1209	31.5	87.7	12.3		
初中以上	735	19.1	92.4	7.6		
識字	332	8.6	86.7	13.3		
（非正規教育）						
籍貫					16.705(3)	**
閩南人	2319	60.9	83.7	16.3		
客家人	571	15.0	90.0	10.0		
外省人	849	22.3	86.3	13.7		
其他	67	1.8	74.6	25.4		
婚姻					54.728(2)	***
有偶	2531	65.7	88.0	12.0		
喪偶	1068	27.7	79.2	20.8		
其他	255	6.6	78.4	21.6		
年齡					14.306(3)	**
60-64	1526	39.6	86.8	13.2		
65-69	1095	28.4	84.7	15.3		
70-74	665	17.3	85.3	14.7		
75以上	569	14.8	80.1	19.9		
戶網第一圈有無					56.446(1)	***
無	1403	36.5	79.3	20.7		
有	2443	63.5	88.3	11.7		
戶網第二圈有無					37.340(1)	***
無	1060	27.5	79.2	20.8		
有	2796	72.5	87.1	12.9		
戶網第三圈有無					14.189(1)	***
無	2307	59.8	83.2	16.8		
有	1549	40.2	87.6	12.4		
戶網第四圈有無					33.290(1)	***
無	979	25.4	79.3	20.7		
有	2877	74.6	86.9	13.1		
戶網完整性					81.110(4)	***
L0	75	1.9	68.0	32.0		
L1	463	12.0	74.1	25.9		

L2	1179	30.6	84.0	16.0
L3	1260	32.7	88.6	11.4
L4	879	22.8	88.3	11.7
憂鬱傾向				
無	3276	85.0		
有	580	15.0		

註：* p<0.05，**p<0.01，***p<0.001。
L0為戶網擁有0圈；L1為戶網擁有1圈；L2為戶網擁有2圈；L3為戶網擁有3圈；
L4為戶網擁有4圈。
憂鬱傾向以CES-D量測，分數大於等於10分者為有憂鬱傾向，小於10分者，則
無。
資料來源：林欣韻，〈戶基護航網絡對老人憂鬱傾向之影響〉。碩士論文，亞
洲大學健康暨醫務管理學系，民國九十八年六月。

　　表5-2-2則顯示休閒與健康變項之憂鬱傾向之平均值與t檢定。由該表
可知，休閒活動數，旅遊活動數，及社團活動數多的受訪者之憂鬱傾向平
均值顯著低於三類活動數低之受訪者。反過來，在健康變項中ADL，
IADL，及罹患疾病數多的受訪者，其憂鬱傾向平均值則顯著較高。這些
變項中，以罹患疾病數之差異最大。無憂鬱傾向之受訪者的平均罹患疾病
數為3.03，而具憂鬱傾向的受訪者之平均罹患疾病數則為5.60。

表5-2-2　休閒、健康變項與憂鬱傾向之描述性統計及T檢定（N=3,856）

變項名稱	人數	平均數±標準差	T		自由度
每週參與之休閒活動數	3797	3.60±1.66	8.477	***	3795
無憂鬱傾向	3222	3.69±1.65			
有憂鬱傾向	575	3.07±1.63			
每年參與之旅遊活動數	3833	1.25±1.31	12.527	***	3831
無憂鬱傾向	3254	1.36±1.33			
有憂鬱傾向	579	0.65±1.04			
每週參與之社團活動數	3847	0.52±0.76	5.721	***	3845
無憂鬱傾向	3269	0.55±0.78			

有憂鬱傾向	578	0.36±0.63			
ADL失能數	3471	2.87±1.10	-18.138	***	3469
無憂鬱傾向	2939	2.73±1.02			
有憂鬱傾向	532	3.63±1.19			
IADL失能數	3291	0.76±1.23	-20.007	***	3289
無憂鬱傾向	2799	0.59±1.06			
有憂鬱傾向	492	1.73±1.64			
罹患疾病數	3530	3.40±2.82	-20.071	***	3528
無憂鬱傾向	3022	3.03±2.51			
有憂鬱傾向	508	5.60±3.50			

註：＊p<0.0，**p<0.01，***p<0.001。
資料來源：見表5-2-1。

(2)迴歸分析

本節採邏輯斯迴歸分析各相關因素對憂鬱傾向之作用。一共使用五個迴歸模型。第一、二個模型係先分析戶網之各圈有無以及完整性對憂鬱傾向之個別影響。第三個模型則檢視人口與社會經濟變項、休閒變項及健康變項對憂鬱傾向的影響。模型四則是包含模型三之變項以及戶基護航網絡中各圈之有無對憂鬱傾向之影響；而模型五為模型三之變項再加入戶基護航網絡完整性對憂鬱傾向之影響。

表5-2-3　影響憂鬱傾向因素之邏輯斯迴歸分析

變數名稱	模型一 Odds ratio	模型二 Odds ratio	模型三 Odds ratio	模型四 Odds ratio	模型五 Odds ratio
戶網第一圈					
（無）	-			-	
有	0.559***			0.586***	
戶網第二圈					
（無）	-			-	
有	0.617***			0.675*	
戶網第三圈					

	(1)	(2)	(3)	(4)
（無）	-		-	
有	0.891		1.086	
戶網第四圈				
（無）	-		-	
有	0.626***		0.741*	
戶網完整性				
L0	4.763***			3.755***
L1	3.182***			1.611*
L2	1.959***			1.440
L3	1.300			0.872
（L4）	-			-
休閒活動		1.041	1.066	1.078
旅遊		0.875*	0.880	0.882
社團		0.921	0.957	0.944
ADL		1.050	1.039	1.048
IADL		1.252***	1.255***	1.253***
疾病數		1.134***	1.137***	1.132***
性別				
（男）		-	-	-
女		1.294	1.222	1.306
自覺健康				
（不好）		-	-	-
普通		0.399***	0.386***	0.383***
很好		0.204***	0.198***	0.195***
工作				
（無）		-	-	-
有		0.824	0.756	0.783
自覺經濟				
（不好）		-	-	-
普通		0.505**	0.532**	0.527**
好		0.173***	0.184***	0.180***
教育程度				
（不識字）		-	-	-
小學		0.908	0.883	0.885
初中以上		0.632	0.676	0.666

識字 (非正規教育)			0.642	0.641	0.636
籍貫 (閩南人)			-	-	-
客家人			0.909	0.988	0.994
外省人			1.671**	1.320	1.352
其他			1.300	1.401	1.436
年齡 (60-64)			-	-	-
65-69			1.049	1.004	1.035
70-74			0.937	0.906	0.966
75以上			0.931	0.817	0.889
常數	0.502***	0.100***	0.560	1.188	0.406*
-2 Log Likelihood X^2	3148.442	3158.596	1618.291	1581.146	1583.604
Nagelkerke R^2	0.048	0.043	0.365	0.382	0.380
N	3846	3846	2666	2658	2658

註：* $p<0.05$，** $p<0.01$，*** $p<0.001$，（ ）爲對照組。
L0爲戶網擁有0圈；L1爲戶網擁有1圈；L2爲戶網擁有2圈；L3爲戶網擁有3圈；
L4爲戶網擁有4圈。
憂鬱傾向以CES-D量測，分數大於等於10分者爲有憂鬱傾向，小於10分者，則
無。
資料來源：見表5-2-1。

　　表5-2-3模型一顯示，戶基護航網絡之各圈有無中，除第三圈外，其
餘各圈都對老年人憂鬱傾向有顯著影響。有第一圈者比沒有第一圈者有憂
鬱傾向的勝算比爲0.559倍，表示有與配偶同住之二代家戶者較不易有憂
鬱傾向。有第二圈者比沒有第二圈者，其有憂鬱傾向的勝算比爲0.617
倍，表示有與非同住家人每週聯絡超過一次者，其憂鬱傾向的比率低於沒
有每週與非同住家人聯絡者。有第三圈者比沒有第三圈者有憂鬱傾向的勝
算比爲0.891倍，差異並不顯著。有第四圈者比沒有第四圈者有憂鬱傾向
的勝算比爲0.626倍，即每週有與鄰居朋友接觸者較不易有憂鬱傾向。四
圈合計可以解釋4.8%的變異情形。
　　模型二是以完整四圈爲參考組，分析結果顯示具0，1，2圈之勝算比

分別爲4.763，3.182，及1.952，三者都達0.001的顯著水準。而具三圈的勝算比爲7.30，未達0.05的顯著水準，換言之，擁有二圈或以下戶基護航網絡的受訪者，其憂鬱傾向顯著高於具完整四圈的受訪者，而整個模型可以解釋4.3%的變異情形。

　　模型三則是用來檢視戶基護航網絡以外之自變項，包括參與旅遊多寡、IADL失能程度和疾病數量多寡對有無憂鬱傾向呈現顯著影響。在旅遊活動方面，每年都參與一項或以上旅遊活動者有憂鬱傾向的勝算比爲0.875倍，顯示每年參與旅遊活動的次數能減少憂鬱傾向的發生。IADL方面，IADL每多一項失能則有憂鬱傾向比無憂鬱傾向高1.252倍。而疾病數方面，每多一種疾病，其有憂鬱傾向的勝算比爲1.134倍，顯示疾病的數量顯著影響憂鬱傾向的發生。在自覺健康變項方面，自覺健康普通及很好者之勝算比分別爲0.399及0.204。由此可知自覺健康較佳者之憂鬱傾向顯著低於自覺健康不好的受訪者。另外，自覺經濟變項對憂鬱傾向也有顯著影響，自覺經濟普通及好者之勝算比分別爲0.505及0.173。上述結果顯示自覺經濟愈不好的受訪者愈容易有憂鬱傾向。最後在籍貫部分，外省人相對於閩南人發生憂鬱傾向的勝算比爲1.671倍，顯示外省人之憂鬱傾向顯著高於閩南人。模型三之各自變項合計可以解釋36.5%的變異情形。

　　模型四包含模型一及三之變項，其目的爲檢討二個模型之相互影響。模型四之結果，顯示在加入戶基護航網絡所建構的四個類別變項後，IADL、疾病數、自覺健康及自覺經濟四個變項的顯著水準並未受到影響，只有籍貫變成不顯著。而戶網四圈當中，第三圈仍無顯著影響。另外，第二圈及第四圈的顯著水準由0.001降爲0.05。

　　就政策涵義而言，上述結果顯示工具性日常活動功能、疾病數、自覺健康及自覺經濟外，有無與配偶同住、與不同住家人接觸頻率和鄰居朋友的接觸頻率對老年人憂鬱傾向仍然具有影響力，由此可知，老年人不僅要健康、經濟要好也要有伴侶的陪伴、家人的關心與鄰居、朋友間的互動，才會使能老年人的心理達到平衡、安適(well-being)。

　　就變項作用機轉(mechanism)而言，上述結果顯示戶基護航網絡扮演中介的角色。換言之，在模型一裡，戶基護航網絡具中介與直接效用，所以它的顯著水準比較高。在模型四裡，因爲模型三變項的加入，它的中介作用被抵銷，只剩下直接作用。直接作用是否顯著，可以由兩模型之卡方值來作檢定。模型三與四之卡方值分別爲0.365及0.382，兩者相差0.017，或直接效用可解釋1.7%之變異。其F值爲18.10達0.01顯著水準。與模型一相比較，兩者之卡方值差異爲3.1%，或中介作用爲3.1%。

　　模型五除採用模型三之自變數外，再加入戶基護航網絡之完整性。其目的爲檢視戶基護航網絡之作用。模型五之結果與模型三相比較顯示，IADL、疾病數、自覺健康及自覺經濟都不受戶基護航網絡完整性加入之影響，仍然對憂鬱傾向的有無呈現顯著影響，但是籍貫也是變成不顯著。而在戶基護航網絡完整性方面，模型二與模型五之比較顯示擁有0圈之顯著程度維持不變，但擁有1圈之影響力其顯著程度由0.001降爲0.05。另外擁有2圈之影響力顯著程度則由0.001變成不顯著。上述結果顯示只有0圈及1圈具直接作用，而2圈及部分1圈具中介其他變項之作用力。

　　而戶基護航網絡完整性之直接作用力可由卡方值來作檢定。模型三及五之卡方值分別爲0.365及0.380。兩者之差爲0.015，或其直接作用力可解釋1.5%之變異。兩者之F值爲15.92，達0.01顯著水準。與模型二之卡方值相較，兩者相差2.8%，或戶基護航網絡可中介2.8%之解釋變異作用。

4.討論

　　上述結果顯示戶基護航網絡的主要功能是扮演中介的角色。另外一個研究重點是戶基護航網絡是否對正負向心理福祉指標具有不同的作用？因此在本節探討戶基護航網絡對憂鬱傾向之作用時，所使用的變項與上乙節探討生活滿意之變項大致相同，但是結果有同有異。相同的是戶基護航網絡完整性之作用，有別的是第一圈的作用不同。前者的涵義是一個人最少要具有戶基護航網絡四圈之兩圈才會感覺生活滿意，也才不會有憂鬱傾向。後者的涵義是正負向的心理福祉來自不同的非正式社會支持來源。

　　相同的原因有可能是：不管是正向或負向的心理福祉都需要第三者的

增強(reinforcement)，去確定自己的感受或緩解憂鬱。對於二圈或以下的受訪者，或許需要正式社會支持的介入，如社工員等。而相異的原因有可能與支持是否與兼含物質與心理層面有關。生活滿意有可能來自物質與心理兩層面。朋友一般都只提供心理支持而不提供物質支持(尤其是金錢)，所以它的作用不受社經變項加入的影響。而家人一般都會提供物質支持，包括經濟支援與健康照顧，但在心理方面則支持與衝突大致都有。當社經變項加入時，會去除物質提供的影響，進而讓第一圈(家庭)失去顯著影響力。但在老人具有憂鬱傾向時，家人一般都會給予物質與心理兩層面的支持，因此其他變數的加入不會影響它的作用力。

上述結果顯示戶基護航網絡對不同心理福祉指標具有不同的鑑別力，顯示它在評鑑心理福祉方面是一個有意義的社會網絡建構方法。主要原因可能有二：一為它包含非正式社會支持應該要有的成員；二為它能反映社會變遷對家庭的衝擊。擴大家庭雖分解為同住之二代家戶及不同住但常來往之直系親屬，但他們合起來所形成之修正式擴大家庭，仍具有支持功能。另外，常來往之親戚則失去支持功能。不過，朋友仍具有支持功能。

三、結語

本章設定兩個主要目的。一為探討戶基護網絡對生活滿意與憂鬱傾向能否產生中介作用；二為它的成員對上述兩種心理福祉指標是否會有不同的作用。大型調查資料不太可能收集社會網絡能否產生主作用的資料。原因有二，第一，主作用之資料的收集必須針對特定的人、事、與物進行調查，所需的時間較長，不利於大型調查的執行。第二，所收集到的資料可能相當分歧，很難分析整理。本章所採用的調查資料並未針對中介作用收集資料，但是透過迴歸分析我們發現戶基護航網絡主要是對老人心理福祉產生中介作用。

另外一個更重要的發現是不同的戶基護航網絡成員對正負向心理福祉指標具有不同的直接作用。在控制相關變項後，常來往的不同住家人與朋友對生活滿意具顯著正影響，而同住家人則是對老人憂鬱傾向最有影響，其次才是常來往不同住家人與朋友。這種結果符合常情，因為同住家人難免有衝突的時候，不像常來往不同住家人與朋友一定是衝突較少才會常來往，所以對正向心理福祉指標具顯著影響。另一方面，對負向心理福祉，只有同住家人才能不吝不捨，時時予以幫助。

以本書主軸社會支持而言，戶基護航網絡是一個具理論意義的社會網絡指標。它的第一、二圈是反映受社會變遷所產生的修正式擴大家庭。第三、四圈則是納進次級關係。不同成員不但對代間支持有鑑別作用(詳見第三章)，對正負向心理福祉指標也有不同的作用。由此可見在理論上它是一個有意義的指標。另外，它也具有實用價值。基層社福人員透過簡單的訊問就可查出老人的戶基護航網絡的情形，再依據網絡成員或圈數提示老人向何處取得非正式社會支持，到最後才訴諸正式社會支持。

附表5-1-1：生活滿意問項

(1)你的一生，比多數你認得的人更順利。
(2)你對你的一生感到滿意。
(3)你的日子應該可以過得比現在好。
(4)即使可能(再來一次、重新來過)，你也不願改變你過去的一生。
(5)這些年是你一生中最好的日子。
(6)你所做的事大多是單調枯燥的(沒趣味)。
(7)你對你做的事感覺有意思。
(8)你期待未來會發生一些有趣愉快的事。
(9)你感覺老了，而且有些倦了。
(10)你這一生可以說大部分都符合你的希望。

ADL, IADL項目：
1989年之問卷中未將ADL與IADL的問項集中放置而是分散提問，執行此資料庫整理時則將其一一列出及計算之。

　　ADL包含洗澡、走路200-300公尺、爬樓梯2-3樓、穿脫衣服、起立站立或坐在椅子、獨立上廁所等六項。

　　IADL則包含購買日常用品、獨自搭汽車或火車、掃地、打電話、處理金錢等五項。

　　休閒活動：

　　休閒活動包含了十二個項目，分別為(1)園藝、盆栽、種植花草，(2)手工藝術，如木工、針線、書法、繪畫等，(3)興趣嗜好，如釣魚、集郵、收藏……等，(4)閱讀書報，(5)看電視或聽收音機，(6)靜坐和想事情，(7)禮佛、祭拜、祈禱、讀經，(8)飼養動物，(9)和小孩或孫子玩，(10)下棋或打牌，(11)與鄰居聊天，或到社區公共場所與人聚談及(12)參加團體活動，如早覺會、土風舞、歌唱會等。

　　旅遊活動：

　　旅遊活動包含了四個項目，分別是(1)上餐館吃飯或看電影、逛百貨公司，(2)到附近名勝參觀遊玩，不過夜的，(3)到國內長途過夜旅行，及(4)出國觀光探親或赴大陸探親。

　　社團活動：

　　社團活動包含了七個項目，分別是(1)社團性活動，宗教團體、教會、寺廟等，(2)工商農等行業團體工會、獅子會，(3)社會服務或公益助人團體，(4)政治性團體，(5)社區交誼服務團體，(6)宗親會、同鄉會及(7)老人團體(常春俱樂部)。

參考文獻

王淨，〈老人的心理衛生問題〉。王世俊等著(1998)，《老年護理學》，
　　　台北：匯華，1998，頁245-257。

伊慶春(1999)，〈核心網絡中的親屬與非親屬，台灣社會的個人網絡〉，
　　　《第三次社會變遷基本調查研討會，台北：中央研究院社會學研究所
　　　籌備處。》

呂淑妤、林宗義(2000)，〈南部社區老人憂鬱症狀盛行率及相關因素研究〉，《台灣公共衛生雜誌》19(1)：50-60。

邱裕峰、張智仁、葉宗烈(1991)，〈北門鄉老人認知障礙和憂鬱症狀的盛行率：問卷調查〉，《中華精神醫學》5：123-131。

林欣韻(2009)，〈戶基護航網絡與老年人憂鬱傾向之影響〉，碩士論文，台中：私立亞洲大學健康暨醫務管理學系。

林皇吉(2006)，〈老年憂鬱症之臨床表現與身心處預〉，臺灣憂鬱症防治協會。2009年6月2日摘自http://www.depression.org.tw/knowledge/know_info_part.asp?paper_id=52。

林嘉玲(2000)，〈自費安養機構老人睡眠品質及其相關因素探討〉，未出版碩士論文，台北：國立台灣大學。

林麗惠(2001)，〈高齡者參與學習活動與生活滿意度關係之研究〉，未出版博士論文，嘉義：國立中正大學成人及繼續教育學系。

林麗惠(2004)，〈高齡者生活滿意度之調查研究〉，《玄奘社會科學學報》2：45-84。

徐淑貞(2001)，〈社區獨居老人其內在資源對憂鬱〉，未出版碩士論文，台北：國立台北護理學院。

徐慧娟、張明正(2004)，〈台灣老人成功老化與活躍老化現況：多層次分析〉，《台灣社會福利學刊》3(2)：1-36。

唐億淨、李孟智、王玉濤、吳麗芬、黃孝鏘、卓良珍、周碩頌(1999)，〈老人自覺健康狀況及其相關因素〉，《中華民國家庭醫學雜誌》9：31-42。

張永正(2000)，〈社區老人憂鬱疾患之身體狀況〉，未發表碩士論文，高雄：私立高雄醫學大學。

張國榮、張敏(1997)，〈老人憂鬱症治療〉，《國防醫學》 25：229-233。

張慧伶(2007)，〈台灣地區65歲以上老人憂鬱的危險因子探討〉，未發表碩士論文，台中：私立亞洲大學。

陳肇男(1999)，《老年三寶：老本、老伴與老友》，台北：中央研究院經
　　濟研究所。

陳肇男(2001)，《快樂銀髮族——台灣老人的生活調查報告》，台北：張
　　老師文化事業公司。

陳肇男(2003)，〈台灣老人休閒生活與生活品質〉，《人口學刊》26：
　　96-136。

梁繼權、呂碧鴻、李明濱、湯麗玉 (1998)，〈成年人慢性病壓力與憂鬱
　　相關之探討〉，《中華家醫誌》8(3)：124-133。

黃麗玲(2000)，〈社區獨居老人身體、心理及社會功能之探討〉，未出版
　　碩士論文。高雄：私立高雄醫學大學。

黃璉華(1992)，〈老人生活滿意度相關因素之因徑分析研究〉，《護理雜
　　誌》39(4)：37-47。

黃國彥、鍾思嘉(1986)，〈老人健康自評、生活改變和生命意義與其生活
　　滿意之關係〉，《中華心理衛生學刊》3：169-181。

葉瓊蘭(1999)，〈自費安養機構老人社會支持與身體健康、憂鬱之相關因
　　素探討〉，未發表碩士論文，台中：私立中山醫學大學。

曾憲洋、張明永(1995)，〈老年期憂鬱性疾病〉，《中華心裡衛生學刊》
　　5：5-20。

曾賢仁(2006)，〈老人休閒藍圖對休閒滿意與生活滿意之影響——以花蓮
　　縣富里鄉老人會爲例〉，花蓮：國立東華大學觀光暨遊憩管理研究所
　　(未出版)。

楊景閔(2005)，〈台灣老人精神抑鬱的狀況、改變及影響因子：10年長期
　　追蹤研究〉，未出版碩士論文，台中：私立中山醫學大學。

楊靜利、陳寬政(2002)，〈台灣地區子女離家的原因與步調〉，《人口學
　　刊》25：120-144。

廖以誠、葉宗烈、柯慧貞、駱重鳴、盧豐華 (1995)，〈老年憂鬱量表
　　——中譯版信、效度初步研究〉，《彰基醫誌》1：11-17。

熊曉芳(1999)，〈社區獨居老人健康狀況、社會支持及相關因素探討〉，

未發表碩士論文，台北：國立台灣大學。

鄭惠信、史麗珠、謝瀛華、盧承皆(1995)，〈老年人憂鬱因子之相關研究〉，《內科學誌》6：125-134。

劉珣英(2001)，〈憂鬱病患身體失能度〉，《勞工期刊》1：218-222。

劉淑娟(1999)，〈罹患慢性病老人生命態度及生活滿意度之探討〉，《護理研究》7(4)：294-306。

蔡添元(2005)，〈銀髮族導向的新興產業〉，《網路社會學通訊期刊》49，南華大學社會所。

駱美芳(1987)，〈大專生參與性對不同年級學生學校生活滿意度之相關預測研究〉，《實踐學報》18：229-279。

謝美智、陳肇男、朱僑麗(2013)，〈戶基護航網絡影響臺灣老年人生活滿意度之中介作用〉，《中華心理衛生學刊》26(1)：33-64。

關華山(1996)，《台灣老人的居住環境》，台北：田園文化事業公司。

American Psychiatric Association (1994). *Diagnostic and Statistical Manual of Mental Disorders*, Fourth Edition. Washington: American Psychiatric Association.

Antonucci, T.C. & H. Akiyama (1987). "Social Networks in Adult Life and a Preliminary Examination of the Convoy Model." *Jorunal of Gerontology* 42(5): 519-527.

Asakawa, T., Koyano, W. & Ando, T. (2000). "Effects of Functional Decline on Quality of Life among the Japanese Elderly." *International Journal of Aging and Human Development* 50(4): 319-328.

Bell, M., & Goss, A.J. (2001). "Recognition Assessment and Treatment of Depression in Geriatric Nursing Home Residents." *Clinical Excellence for Nursing Practitioners* 5: 26-36.

Berkman, L.F., Oxman, T. & Seeman, T.E. (1992). "Social Networks and Social Support among the Elderly: Assessment Issues." In R.B. Wallace & R.F. Woolson (Eds.), *The Epidemiological Study of The Elderly* (pp. 196-

212). New York: Oxford University Press.

Bowling, A., & Farquhar, M. (1996). "Associations with Changes in Life Satisfaction among Three Samples of Elderly People Living at Home." *International Journal of Geriatric Psychiatry* 11: 1077-1087.

Brandmeyer, D.D. (1987). "Higher Education Activity and Life Satisfaction in the Older Adult." Unpublished Doctoral Dissertation, The University of Georgia.

Campbell, A. (1976). "Subjective Measures of Well-Being." *American Psychologist* 31(2): 117-126.

Caplan, G. (1974). *Support Systems and Community Mental Health: Lectures on Concept Development*. New York: Behavioral Publications.

Chen, C.N. (2001). "Aging and Life Satisfaction." *Social Indicators Researches* 54: 57-79.

Chen, C.N. (2006). "A Household-Based Convoy and the Reciprocity of Support Exchanged between Adult Children and Non-Coresiding Parents." *Journey of Family Issues* 27(8): 1100-1136

Chien, C.P., & Cheng, T.A.(1985). "Depression in Taiwan: Epidemiological Survey Utilizing CES-D." *Folia Psychiatria at Neurologia Japonica* 87(5): 335-338.

Chou, K. & I. Chi (2000). "Stressful Events and Depressive Symptoms among Old Women and Men: A Longitudinal Study." *Journal of Aging and Human Development* 51: 275-293.

D'Ath P. Katona P., Mullan E., Evans S., Katona C. (1994). "Screening, Detection and Management of Depression in Elderly Primary Care Attenders. I: The Acceptability and Performance of the 15 Items Geriatric Depression Scale (GDS15) and the Development of Short Versions." *Family Practice* 11(3): 260-266.

Diaz, P.C. (1988). "Life Satisfaction and Learner Self-Direction as Related to

Ethnicity in the Older Adult." Unpublished Doctoral Dissertation, The Ohio State University.

Diener, E., Emmons, R.A., Larsen, R.J., & Griffin, S. (1985). "The Satisfaction with Life Scale." *Journal of Personality Assessment* 49: 71-75.

Djernes J.K., Kvist E., Gulmann N.C., Munk-Jorgensen P., Olesen F., Mogelsvang S., & Kehler M. (2000). "Prevalence of Depressive Disorders among Frail Elderly, Assessed by Psychogeriatricians, General Practitioners and Geriatricians." *Ugeskr Laeger* 17 (16): 2330-2334.

Doris, N.U. (2002). "Elderly Women's Explanation of Depression." *Journal of Gerontological Nursing* 7: 23-29.

Edwards, J.N. & Klemmack, D.L. (1973). "Correlates of Life Satisfaction: A Re-examination." *Journal of Gerontology* 28: 497-502.

Elena, M.A., William, B. C., Judith, A.M., Donald, L.P.(1994). "Screening for Depression in Well Older Adults: Evaluation of a Short form of the CES-D." *American Journal of Preventive Medicine* 10(2): 77-84.

Ferrans, C.E., & M.J. Power.(1985). "Quality of Life Index Development and Psychometric Properties." 8(1): 15-24.

Fei, X. (1992). *From the Soil-The Foundation of Chinese Society*. Berkeley, Los Angeles, Oxford: University of California Press.

Fiori, K.B., Antonucci, T.C., & Cortina, K.S. (2006). "Social Network Typologies and Mental Health among Old Adults." *Journal of Gerontology: Psycholgical Sciences* 61B(1): 25-32.

Freudenstein U, Arthur A, Matthews R, Jagger C. (2002). "Can Routine Information Improve Case Finding of Depression among 65 to 74 Year Olds in Primary Care?" *Family Practice* 19(5): 520-2.

George, L.K. (2006). "Perceived Quality of Life." In R.H. Binstock & L.K. George (Eds.), *Handbook of Aging and the Social Sciences* (pp. 321-

333）. San Diego: Academic Press.

Green B.H. et al. (1992). "Risk Factors for Depression in Elderly People: A Prospective Study." *Acta psychiatrica Scandinavica* 86(3): 213-217.

Harwood, D.G., Barker, W.W., Ownby, R.L., Mullen, M., & Durra, R. (1999). "Factors Associated with Depressive Symptoms in Non-Demented Community-Dwelling Elderly." *International Journal of Geriatric Psychiatry* 14: 331-337.

Havighurst, R.J. (1961). "Disengagement Theory: A Crtique and Propsal." *American Sociolgical Review* 40(5): 553-569.

House, J.S. (1981). *Work Stress and Social Support. Reading.* Addison-Wesley Publishing Company.

Hoyert, D.L. (1991). "Financial and Household Exchanges between Generations." *Research on Aging* 13(2): 206-225.

Jeffrey, M.L., Tamson, K.N., Christopher, C., & Deborah, A.K.(1997). "Screening for Depression in Elderly Primary Care Patients — A Comparison of CES-D and GDS." *Archives Internal Medicine* 157: 449-454.

Kahn, R.C., & Antonucci, T.C. (1981). "Convoys of Social Support: A Life-Course Approach." In S.B. Kiesler & V.K. Oppenheimer (Eds.), *Aging: Social change* (pp. 383-405). New York: Academic Press.

Kaplan, B.H., Cassel, J.C., & Gore, S. (1977). "Social Supprot and Health." *Medical Care* 15(5): 47-58.

Kohout, F.J., Berkman, L.F., Evans, D.A., Cornoni-Huntley, J. (1993). "Two Shorter Forms of the CES-D Depression Symptoms Index." *Journal of Aging & Health* 5(2): 179-193.

Larson, R. (1978). "Thirty Years of Research on the Subjective Well-Being of Older Americans." *Journal of Gerontology* 33: 109-125.

Lawton, M.P., Moss, M., & Fulcomer, M. (1987). "Objective and Subjective

Uses of Time by Older People." *International Journal of Aging and Human Development* 24: 171-188.

Litwak, E. (1960). "Geographic Mobility and Extended Family Cohesion." *American Sociological Reviews* 25(3): 385-394.

Marsden, P.V. (1987). "Core Discussion Network of Americans." *American Sociological Review* 52: 122-131.

Menec, V.H. (2003). "The Relation between Everyday Activities and Successful Aging: A 6-Year Longitudinal Study." *Journals of Gerontology Series B— Sciences and Social Sciences* 58(2): S74-S82.

Neugarten, B.L., Havighust, R.J. & Tobin, S.S. (1961). "The Measurement of Life Satisfaction." *Journal of Gerontology* 16(2): 134-143.

Novak, M. (2006). *Issues in Aging*. Boston. Mass: Pearson A & B.

Osborn D.P., Fletcher A.E., Smeeth L., Stirling S., Nunes M., Breeze E., Siu-Woon Ng E., Bulpitt C.J., Jones D., Tulloch A., & Siu-Woon E. (2002). "Geriatric Depression Scale Scores in a Representative Sample of 14,545 People Aged 75 and Over in the United Kingdom: Results from the MRC Trial of Assessment and Management of Older People in the Community." *International Journal of Geriatric Psychiatry* 17 (4): 375-382.

Peace, S.M. (1990). *Methods & Issues: Researching Social Gerontology*. Sage Publication.

Peek, M.K., & Lin, N. (1999). "Age Differences in the Effects of Network Composition on Psychological Distress." *Social Science & Medicine* 49: 621-636.

Pinquart, M., & Sorensen, S. (2000). "Influences of Socioeconomic Status, Social Network, and Competence on Subjective Well-Being in Later Life: a Meta-Analysis." *Psychology and Aging* 15(2): 187-224.

Radloff, L.S.(1977). "The CES-D Scale: A Self Report Depression Scale for Research in the General Population." *Applited Psychological*

Measurement 1: 385-401.

Ruff, C.D.（1989）. "Happiness is Everything, or is it? Explorations on the Meaning of Psychological Well-Being." *Journal of Personality and Social Psychology* 57: 1069-1081.

Seeman, T. & Berkman, L.（1988）. "Structural Characteristics of Social Network and Their Relationship with Social Support in the Elderly: Who Provide Support?" *Social Science and Medicine* 26(7): 737-749.

Sheikh, R.L., & Yesavage, J.A.（1986）"Geriatric Depression Scale（GDS）. Recent Evidence and Development of a Shorter Version." *Clinical Gerontologist* 5(1/2): 165-173.

Shichman, S., & Cooper, E.（1984）. "Life Satisfaction and Sex Role Concept." *Sex Role* 11(3/4): 227-240.

Silverstein, M., & Parker, M.G.（2002）. "Leisure Activities and Quality of Life among the Oldest Old in Sweden." *Research on Aging* 24(5): 528-547.

Smith, G.E., Vomkorff, M., & Barlow, W.（1995）. "Health Care Costs of Primary Care Patients with Recognized Depression." *Arch gerontological Psychiatry* 52: 850-856.

Spreitzer, E., & Snyder, E.E.（1974）. "Correlates of Life Satisfaction among the Aged." *Journal of Gerontology* 29(4): 454-458.

Thompson, E.E., and N. Krause.(1998). "Living Alone and Neighborhood Characteristics as Predictors of Social Support in Late Life." *Journals of Gerontology, Series B: Psychological Sciences and Social Science* 53B (6): S354-S364.

Wood, W., Rhoders, N., & Whelan, M.（1989）. "Sex Difference in Positive Wellbeing: A Consideration of Emotional Style and Marital Status." *Psychological Bulletin* 106(2): 249-264.

第六章　台灣老人家庭、社會支持與心理福祉研究的挑戰與對策

　　本章是對本書從兩方面進行檢討，包括研究台灣老人家庭、社會支持與心理福祉所面對的挑戰與所採行的對策。本書所面對的問題是根源於工業化與都市化。雖然它們促使台灣在1990年代進入了已開發國家的行列，但從1950年代起也帶給台灣一連串的快速社會變遷。這些社會變遷當然也會對既有的社會制度產生衝擊，包括家庭與社會支持系統。本書利用戶基護航網絡作為社會支持系統的指標，並檢驗它對代間支持與老人心理福祉的影響。檢驗這些影響，無可避面的要面對一些挑戰。而為了應付挑戰，自然要採取適當的對策。本章將從四方面敘述本書所面對的挑戰，包括(1)根本的挑戰，(2)領域的挑戰，(3)資料的挑戰，及(4)方法的挑戰。接著再說明本書在應付這四方面的挑戰，所採用的對策。

一、本書的挑戰

1.根本的挑戰

　　本書的根本挑戰是起源於快速社會變遷的衝擊。受到都市化與工業化的影響，引發了選擇性的遷徙。年輕人為了就學、就業與較佳的生活環境，大量的移往都市，而把老弱人口留在鄉下，使得鄉下獨居老人的比例大幅增加。另一方面，都市化與遷徙人口的生育率較低，除了進一步加深人口老化，也讓家庭人口數產生變化。家庭型態遂由擴大家庭為主，逐漸轉為以核心家庭為主。歷年的戶口普查或調查資料顯示擴大家庭所占家戶

型態的比率由1965年的66%，逐步降為2001年的36%。相反的，同一期間核心家庭的比率由35%增加為64%（詳見第一章）。

　　家庭型態核心化使得家庭人口數減少而減弱家庭的養老功能。相反的，人口老化來得又快又急，主因是嬰兒潮世代陸續進入老年期。台灣在1993年時，65歲以上老年人口占總人口的比率達到7%，進入世界衛生組織（WHO）所界定的人口老化社會。而依據國家發展委員會2010年的中推計，台灣65歲以上老年人口將在2018年達到14.6%，進入聯合國所界定的高齡化社會。爾後仍繼續快速增加，到2039年將再增加一倍，成為29.6%。前一個比率加倍需時二十五年，而後一個比率加倍只需二十一年。老年人口數也從1993年的147萬人，增加為2018年的345萬人，以及2041年的698萬人（國發會，2010）。

　　提供非正式社會支持的家庭，除了經歷家庭人口數減少而減弱供給的窘境，還要面臨老年人口快速增加的需求提升之壓力。在正式社會支持方面，老年人口的快速增加也有必須適時補足醫療照護人力與安養機構等問題。質言之，人口快速老化會產生正式與非正式社會支持兩方面的挑戰。不過，本書只針對非正式社會支持進行深入探討。

2.領域的挑戰

　　本書名為「家庭、社會支持與老人心理福祉」。它橫跨三個領域。每個領域各自都有長久的研究歷史，也各自發展出不同的理論與實務探討。要熟悉三個領域，進而找出三者之關聯是一項重大的挑戰。

　　就作者能力所作的涉獵，目前的文獻大多只作三個領域的兩兩關聯。例如家庭型態與代間支持的關係（Hoyert, 1991；林如萍，2012），社會支持與健康及心理福祉（Kaplan, et al., 1977; Peek and Lin, 1999）。要將三者就現有的理論基礎串聯在一起就要另闢蹊徑。

3.資料的挑戰

　　要探討三個領域串聯在一起的問題，最好是能夠針對該問題進行長期

逐年資料收集。以老人心理福祉為例，文獻上所指出的共同主因為老年期
會遭遇一連串生命重大事件的衝擊，所以老人的生活滿意呈逐年遞減的現
象(詳見本書第四章)，要回答這個問題最好是利用長期逐年的追蹤資料進
行分析。

　　國民健康局的老人長期追蹤調查資料是個相當難得的資料，它依據社
會學及老人學之理論收集資料，所以內容相當豐富。可是要回答上述問
題，它仍有三個限制。第一，它是每隔四到五年才舉辦一次追蹤調查，所
以缺乏逐年的資料。第二，樣本流失相當大，主因是老年期的死亡率較
高。樣本的流失，使它逐漸失去代表性。所增補的樣本又從50歲開始，變
成中老年的代表性樣本。第三，逐期調查的問項或問法並不一致，乃限制
某些資料的使用。

　　內政部統計處與中央研究院社會學研究所也都舉辦橫切面的調查。雖
然這些調查的資料內容是有延續性，但是它們除了並非是追蹤調查以外，
它們還有其他限制。諸如，樣本年齡不一致；調查方法除了面訪外，還有
電話訪問等方法。如何善用這些大規模且具有代表性的調查資料，以協助
回答本書的根本挑戰，也是一種挑戰。

4.分析方法的挑戰

　　伴隨資料而來的是分析方法的挑戰。有些調查問題的答項是順序變項
(order variable)而非等距變項(equal interval variable)。理論上，應當用順
序型的資料處理方法(如ordered probit等)進行分析，不應當用等距型的線
性迴歸處理。只是在這個領域裡，那個年代的大部分期刊文章也是如此處
理，如果不採用類似的方法就不利於引用比較。

　　雖然本書比較側重老年期的問題，但是有時候也引進其他年齡期的資
料，進行不同生命週期的比較。這種比較雖然可能會讓研究似乎偏離老人
主題？但是不同生命週期的不同行為之驗證，應當是能讓理論更為圓滿，
更能預測不同生命週期的行為。有它值得加入的價值。

二、本書對挑戰的對策

1.根本問題的對策

　　就正式社會支持與非正式社會支持而言，研究社會支持的學者大多認為一般人會先尋求非正式社會支持的協助，其次才是求助於正式社會支持（House, 1981）。目前一般人的生活經驗大抵也是如此。不過，世界衛生組織（WHO）在2002年提出了活躍老化的概念，如果各國政府都能確實推行活躍老化的概念，或許對上述學者的看法可能有所衝擊，而略爲改觀。

　　世界衛生組織（WHO, 2002）將活躍老化界定如下：

　　如果老化是一種正向的生活經驗，晚年仍應持續擁有健康、社會參與及社會安全。換言之，活躍老化是一種過程。在這個過程中，健康、社會參與及社會安全都有最佳的機會來促進老人的生活品質。它適用於個人，也適用於全體老人。只要在必要時提供保護、安全與照顧，人生在整個生命過程中都能實現生理、心理與社會福祉的潛能。也能依照他們的需求，希望與能力去參與活動。所以「活躍」一詞是指持續的參與社會、經濟，與公民事務，並不只是有能力從事體育活動或生產勞務。即使是退休的或失能需要照顧的老人，都能對他的家庭、同儕、社會、國家持續作爲一個活躍的貢獻者。換言之，活躍老化是透過「健康」、「社會參與」，及「社會安全」三個支柱來達成聯合國老人政策綱領的五大原則：獨立、參與、照顧、自我實現與尊嚴（UN, 1991）。

　　台灣在1995年實行全民健保，也在2008年實施國民年金。另外，也推動老人健檢活動、終身學習法、無障礙設施等友善環境之建立等法令。不過，最根本的還是在2007年修正通過老人福利法，其目標爲達成聯合國老人政策綱領所指示的五大原則。

　　台灣的相關單位在老人的法規、政策與實務三方面都作了相當大的努力，但其功效有其局限性（陳肇男等，2013）。老人之主要支持仍然來自家庭。但受到社會變遷的衝擊，家庭趨向核心化，而減弱其老人之支持功能。能取而代之的主力應是非正式社會支持系統。

2.領域上的對策

本書並非一開始就致力於串聯三個領域。最早是以生活滿意為研究主題，檢討居住安排以及其他相關因素對它的影響(詳見第四章)。一直到接觸Litwak(1960)的修正式擴大家庭以及Kahn and Antonucci(1981)的護航網絡，才試著把兩者串在一起，提出戶基護航網絡的構想。所以它與護航網絡的最大差別在於護航網絡之成員為個人，而戶基護航網絡則包含修正式擴大家庭與個人。本書並陸續探討它的成員、完整性，及潛在類型對代間支持的影響(詳見第三章)。經過上述的檢驗後，確定戶基護航網絡是一個有意義的社會網絡指標。再利用它去探討它對生活滿意與憂鬱傾向的作用機轉，才算是把三個領域串聯在一起(見第五章)。在進入第五章之前，我們先探討老化過程及居住安排對生活滿意之影響(見第四草)。最後再回頭去探討將修正式擴大家庭嵌入戶基護航網絡的合理性(見第二章)。

單獨的研究各有其特定的目的，將它們重新組合起來，似乎也合理的呈現出本書各章的連貫性。揣其原因，有可能是三者都與角色理論有關。家庭型態、社會支持，與心理福祉都因角色變動而變動。雖然個別研究都有背後這一層關係，但是不經過串聯的思考整理也不是顯而易見。

3.資料的對策

就如上節所說，對三個領域的串聯，最好是能有一個逐年的追蹤調查。但是逐年的調查似乎又過於麻煩受訪者。退而求其次是四年一期的調查，而四年一期的調查也要考慮它的代表性，要設法彌補流失的個案。因為議題是針對老人，就必須有老年人的代表性樣本。

至於橫斷面的調查，其優點為不會不斷麻煩相同的受訪者，缺點是只能反映整體變化。而個人的實際變化只有依賴追蹤調查。如果兩者要能相輔相成，還要不同的調查單位能相互合作，或檢驗彼此的優缺點。不過，在實際操作上可能還是有其困難。或許由學術期刊邀請相關學者定期檢視相關的研究成果也是一種替代方法。在美國的多種學術期刊都可見到這種有價值的評述文章，值得台灣學習。

4.分析方法的對策

對次序變項採用一般迴歸而非ordered probit當然會有誤差。不過，能與其他研究結果相比較是它的好處。隨著應用軟體的快速發展，以及學術審查的日趨嚴謹，這一類問題應當會不再重現。

至於戶基護航網絡的建構純粹是偶然的。經過不同方面的測試，似乎是一個有意義的社會網絡指標。不過，到目前為止，似乎仍未見到被其他學者採用。希望透過本書的集結，能鼓勵後續的研究。

參考文獻

林如萍(2012)，〈台灣家庭的代間關係與代間互動類型之變遷趨勢〉，《台灣的社會變遷1985-2005：家庭與婚姻》，伊慶春，章英華主編，台北：中央研究院社會學研究所。

國家發展委員會(2010)，《中華民國2012年至2060年人口推估報告》，台北：國家發展委員會，2010。

陳肇男、徐慧娟、葉玲玲、朱僑麗、謝嫣娉(2013)，《活躍老化：法規、政策與實務變革之台灣經驗》，台北：雙葉書廊有限公司。

House, J.S. (1981). *Work Stress and Social Support. Reading.* Addison-Wesley Publishing Company.

Hoyert, D.L. (1991). "Financial and Household Exchanges Between Generations." *Research on Aging* 13(2): 205-225.

Kahn, R.C., & Antonucci, T.C. (1981). "Convoys of Social Support: A life-Course Approach." In S.B. Kiesler & V.K. Oppenheimer (Eds.), *Aging: Social Change* (pp. 383-405). New York: Academic Press.

Kaplan, B.H., Cassel, J.C., & Gore, S. (1977). "Social Support and Health." *Medical Care* 15(5): 47-58.

Litwak, E. (1960). "Geographic Mobility and Extended Family Cohesion." *American Sociological Reviews* 25(3): 385-394.

Peek, M.K., & Lin, N. (1999). "Age Differences in the Effects of Network Composition on Psychological Distress." *Social Science & Medicine* 49: 621-636.

United Nations (1991). "United Nations Principles for Older Persons." http://www.org/aging/un_principles.html.

WHO (2002). "Active Aging: A Policy Frame Work." *World Health Organization*. http://www.who.int/inf-fs/en.fact252.html.

中央研究院叢書

家庭、社會支持與老人心理福祉：二十世紀末的台灣經驗

2015年1月初版　　　　　　　　　　　　　　　定價：新臺幣480元
有著作權・翻印必究
Printed in Taiwan.

著　　者	陳　肇　男
	林　惠　玲
發 行 人	林　載　爵

出　版　者　中　央　研　究　院	叢書主編　沙　淑　芬
聯經出版事業股份有限公司	校　　對　吳　淑　芳
地　　　　址　台北市基隆路一段180號4樓	封面設計　沈　佳　德

編輯部地址　台北市基隆路一段180號4樓
叢書主編電話　(02)87876242轉212
台北聯經書房：台北市新生南路三段94號
電　　　　話：(02)23620308
台中分公司：：台中市北區崇德路一段198號
暨門市電話：(04)22312023
台中電子信箱　e-mail：linking2@ms42.hinet.ne樓
郵政劃撥帳戶第0100559-3號
郵撥電話：(02)23620308
印　刷　者　世和印製企業有限公司
總　經　銷　聯合發行股份有限公司
發　行　所：台北縣新店市寶橋路235巷6弄6號2樓
電　　　話：(02)29178022

行政院新聞局出版事業登記證局版臺業字第0130號

本書如有缺頁，破損，倒裝請寄回聯經忠孝門市更換。　ISBN　978-986-04-3838-3 (精裝)
聯經網址：www.linkingbooks.com.tw
電子信箱：linking@udngroup.com

國家圖書館出版品預行編目資料

家庭、社會支持與老人心理福祉：

二十世紀末的台灣經驗/陳肇男、林惠玲著.
初版 . 臺北市 . 聯經 . 2015年1月（民104年）. 232面 .
17×23公分（中央研究院叢書）
ISBN　978-986-04-3838-3（精裝）

1.老人學　2.家庭　3.社會福利

544.8　　　　　　　　　　　　　　　　　　103026484